JN426541

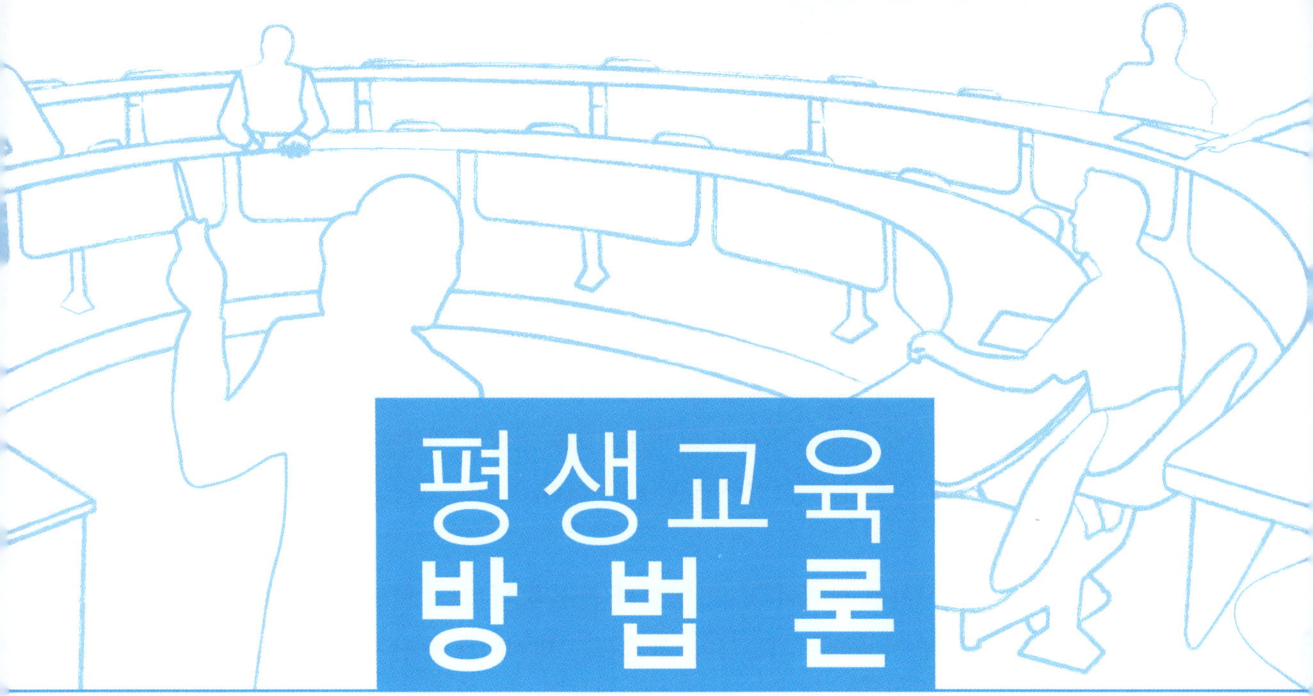

평생교육 방법론

윤옥한

YANGSEOWON
양서원

머 리 말

'아는 것'과 '아는 것을 가르치는 것'은 다르다.

누군가를 가르치고 있는 많은 사람들이 '내가 알고 있는 것을 어떻게 하면 잘 가르칠 것인가?', '내가 알고 있는 것을 어떻게 하면 다른 사람에게 잘 전달할 것인가?'에 대해 고민하고 있을 것이다.

잘 가르치는 방법이 있다. 방법의 사전적 의미는 "어떤 일을 이루거나 해결하기 위해 사용하는 기술이나 요령 또는 방식이나 수단"이다. 그러므로 방법은 상당히 중요하다. 왜냐하면 문제를 해결하는 방법에는 여러 가지가 있고, 어떤 방법을 쓰느냐에 따라 문제를 해결할 수도 있고 그렇지 않을 수도 있기 때문이다. 사업 잘하는 방법, 공부 잘하는 방법, 연애 잘하는 방법에는 여러 가지가 있다. 다양한 방법 중 어떤 방법을 사용할까? 이러한 의미에서 효과적이고 효율적인 방법이란 문제를 해결하는 지혜로도 볼 수 있다. 지혜란 지식을 활용할 수 있는 능력을 말한다.

예를 들면, 젖병에 담은 우유를 개에게 먹이려 하면 잘 먹지 않는다. 그런데 방바닥에 우유를 엎질러 놓으면 우유를 잘 핥아먹는다. 방법을 다르게 했을 경우 효과는 분명 달라진다. 정신병이 있는 환자가 회복되었는지 알아보는 방법을 예로 들어보자면, 수도꼭지에서 물이 나오는 상태로 방바닥에 물이 고이고 있을 때 하는 행동을 보면 된다. 수도꼭지를 먼저 잠그고 방바닥에 고인 물을 닦으면 정상적으로 돌아온 상태이고 수도꼭지를 그냥 두고 계속 방바닥만 닦으면 아직 병증을 보이는 상태이다. 이 또한 방법의 문제라고 할 수 있다.

평생교육방법론 관련 이론서들이 많이 쏟아져 나오고 있지만, 실제로 현장에서 경험했거나 현장에서 꼭 필요한 부분들을 중심으로 정리된 내용은 많지 않다. 이 책은 기업교육 현장에서 경험한 내용, 그리고 수많은 강의 경험을 통해 습득한 내용을 중심으로 기술했다.

본 서는 단순성(simple), 실용성(useful), 체계성(systematic), 교육적 오락(Edutainment)을 추구하고 있다. 첫째, 단순성이란 책의 내용이 단순하다는 것이다. 너무 어렵지 않고 쉽게 읽을 수 있도록 구성했다. 둘째, 실용성이란 단순한 구성이지만 실제 업무 현장에서 적용해 볼 수 있는 '현장 적용성'이 매우 높은 책이라는 것이다. 이론적 설명과 함께 실습해 볼 수 있는 내용들을 많이 소개했다. 셋째, 이론서인 만큼 체계적이고 논리적으로 전개하고 있다. 따라서 이 책 한 권을 읽으면 평생교육방법을 잘 실천할 수 있을 것이라고 생각한다. 마지막으로, 교육적 오락이라는 측면에서 이론적인 설명을 한 후 이론과 관련된 재미있는 사례들을 많이 소개했다.

2017년 9월

저자 윤옥한

차 례

개요

이 장에서는 ① 평생교육개념을 넓은 의미와 좁은 의미에서 차이를 살펴보고 ② 평생교육연구 흐름을 시대별로 살펴보고 평생교육과 관련된 학회지는 어떤 것이 있는지 ③ 교육방법의 개념을 넓은 의미와 좁은 의미에서 살펴보고 ④ 평생교육방법이란 무엇인지에 대해 살펴본다.

학습 목표

1. 광의의 평생교육의 개념과 협의의 평생교육개념의 차이를 설명할 수 있다.
2. 평생교육의 흐름을 시대별로 설명할 수 있다.
3. 평생교육과 관련된 학회지의 종류를 말할 수 있다.
4. 넓은 의미에서 교육방법과 좁은 의미에서 교육방법의 차이를 설명할 수 있다.
5. 평생교육방법의 개념을 설명할 수 있다.

학습 과제

1. 이 장의 내용을 요약하시오(A4용지 2장 내외).
2. 이 장의 내용을 시험문제로 출제하시오(객관식 7문항, 주관식 3문항).
3. '평생교육방법이란 무엇인가?'에 대해 조사하시오(A4용지 2장 내외).
4. 국제학업성취도 평가(PISA: Programme for International Student Assessment)와 국제 투명성기구(Transparency International: TI)의 부패지수에 대해 조사하시오(A4용지 5장 내외).

제1장

평생교육방법 이해

- 1. 평생교육 개념
- 2. 평생교육연구 흐름
- 3. 교육방법
- 4. 평생교육방법

1. 평생교육 개념

평생교육이란 무엇인가?

평생교육의 개념은 넓은 의미와 좁은 의미로 구분해서 볼 필요가 있다. 평생교육의 이념에 바탕을 둔 정의와, 법적·제도적 정의에는 차이가 있다. 평생교육 이념에 바탕을 둔 정의는 넓은 의미의 정의이며, 법적·제도적 정의는 좁은 의미의 정의이다. 그 차이를 표로 나타내면 아래 〈표 1-1〉 평생교육의 정의와 같다.

〈표 1-1〉 평생교육의 정의

평생교육이념에 나타난 정의 (넓은 의미의 정의)	법적 제도적 정의(좁은 의미의 정의)
• 개인이 시간적으로는 전 생애, 공간적으로는 전 삶의 공간, 형식적으로는 형식교육(formal education)과 비형식교육(nonformal education) 무형식교육(informal education)을 통칭하는 용어 • 성인 교육, 생애 교육, 계속 교육, 사회 교육 등의 비형식 교육을 포함	• 2007년에 개정된 평생교육법 제2조 제1항 • "평생교육이란 학교의 정규교육과정을 제외한 학력보완교육, 성인 기초·문자해득 교육, 직업능력 향상교육, 인문교양교육, 문화예술교육, 시민참여교육 등을 포함하는 모든 형태의 조직적인 교육활동을 말한다"라고 규정

평생교육의 이념은 1965년 랑그랑(P. Lengrand)이 평생교육에 대해 다섯 가지를 주장한 것에서 살펴볼 수 있다. 첫째, 요람에서 무덤까지 개인의 일생을 통해서 교육의 기회를 제공해야 한다. 둘째, 개인의 발달단계에 따라 필요한 교육이 있으며 발달단계에 맞게 조화롭고 통합된 교육이 이루어져야 한다. 셋째, 회사에서는 평생교육의 실현을 위하여 노력해야 한다. 즉, 교육과 문화생활을 할 수 있는 조치가 있어야 한다. 넷째, 초·중·고·대학도 지역사회학교로서의 역할과 지역문화센터로서의 역할을 잘 수행해 나가야 한다. 다섯째, 기존 교육에 대한 생각을

바꾸어 교육 본래의 모습으로 돌아가기 위해 평생교육에 대한 이념을 교육현장에 침투시키기 위해 노력해야 한다(Lengrend, 1989).

2. 평생교육 연구 흐름

평생교육은 언제, 어디서, 누구에 의해서, 어떻게, 왜 등장하게 되었는지 살펴보면 아래 〈표 1-2〉 평생교육 연구 흐름과 같다.

〈표 1-2〉 **평생교육 연구 흐름**

구분	내용
등장 및 발전	• 1965년 등장 • 1970년 유네스코 기본 교육 사업으로 채택 • 1972년 포레 리포트(Faure Report)에서 "모든 선진국과 개발도상 국가에서 평생교육을 실시하여야 한다."고 제언 • 1973년 유네스코한국위원회에서 '평생교육발전을 위한 세미나'를 개최 • 1977년 우리나라 '평생교육과 사회교육법'에 관한 전국 세미나 개최 • 1978년 우리나라 '평생교육 관계 보고서'가 제출되는 등 활발한 연구 진행 • 1982년 사회교육법 제정 • 1995년 5.31. '교육개혁'을 계기로 학점은행제도, 독학사 학위제도, 시간제 학생등록 제도, 사내대학, 원격교육 지원체제구축 • 1999년 평생교육법 제정 • 2008년 국가 평생교육진흥원 개원 • 2013년 교육부 제3차 평생교육 진흥 기본계획(2013~2017) 발표 '100세 시대 창조적 평생학습을 통한 국민행복 실현'을 비전 • 2014년 서울시 평생교육진흥원 개원
주창자	폴 랑그랑(P. Lengrand)
주창기관	UNESCO, 성인교육추진 국제위원회
평생교육 명칭	• 프랑스: 영속교육(Education Permanent) • 영어: 평생교육(Lifelong Education)

평생교육 명칭	• 일본: 생애교육(生涯教育) • 한국: 평생교육(Lifelong Education) • UNESCO: 평생교육(Lifelong Education) • OECD: 순환교육(Recurrent Education) • EU: 영속교육(Permanent Education)
평생교육 필요성	• 현대사회의 문제 극복: 인구증가, 과학기술발달 등 • 학교교육의 한계 극복: 입시위주 교육, 인간성 상실 등 ※ 생각해 보기

위 〈표 1-2〉에서 알 수 있듯이 평생교육의 개념이 등장한 것은 랑그랑의 건의로 1965년 12월 프랑스 파리에서 개최된 국제연합교육·과학·문화기구(United Nations Educational, Scientific and Cultural Organization: UNESCO) 성인교육추진 국제위원회에서 발표된 Lengrand의 L'education Permanent라는 보고서에서부터이다. 랑그랑이 소개했던 것은 영속교육(Education Permanent)이었다. 1970년 세계교육의 해 기본이념으로 평생교육이 유네스코 기본 교육 사업으로 채택되었다. 1972년에 교육발전에 관한 국제위원회의 보고서, 통칭하여 포레 리포트(Faure Report)에서 "모든 선진국과 개발도상국가에서 평생교육을 실시하여야 한다"고 제언했다. 우리나라에서는 1973년 유네스코한국위원회에서 '평생교육발전을 위한 세미나'를 개최했다. 한국에서 사회교육형태는 일제 강점기 때부터 한글교육이나 성인교육의 형태로 존재했다. 미군정기부터 사회교육이 전문용어로서 정책적으로 실시되었으며 이 시기를 한국 사회교육의 시작으로 볼 수 있다(최운실, 백은순, 최돈민, 1993). 그 이후 1973년 유네스코 한국위원회 주최로 '평생교육발전세미나'가 개최되었다. 이 시점이 한국 평생교육사의 한 획을 구분하는 계기가 되었다. 이 세미나에서 'lifelong education'이 '평생교육'으로 번역되어 공식적으로 평생교육이라는 용어를 사용하기 시작했다. 1977년에는 한국사회교육협회 주최의 '평생교육과 사회교육법'에 관한 전국세미나 개최, 1978년에는 문교부 정책연구과제로 '평생교육 관계 보고서'가 제출되는 등 활발한 연구가 진행되었다(윤옥한, 2015).

1982년 제정된 사회교육법은 1999년 평생교육법으로 전면 개정된 이후 평생교육의 흐름을 변화시킨 동기가 되었다. 이처럼 1990년대 평생교육학 팽창에 가장 큰 영향을 준 것은 평생교육정책의 변화이다. 1995년 '5.31. 교육개혁'을 계기로 학점은행제도, 독학사학위제도, 시간제 학생등록 제도, 사내대학, 원격교육 지원 체제구축, 학교의 평생교육 기능과 같은 정책들이 시행되었으며, 이와 관련된 연구들도 증가하고 있다(곽삼근, 최윤정, 2005).

평생교육법에 근거하여 2008년 국가 평생교육진흥원, 2014년 서울시 평생교육진흥원이 개원했다. 이들 기관이 개원하기 이전에 많은 평생교육관련정책들은 한국교육개발원에서 연구되었다. 한국교육개발원에서 1982년 사회교육연구실을 설치·운영하여 1986년 평생교육진흥방안 연구, 1990년 한국의 문해실태(문자해독)와, 1992년 평생교육체제의 정착 연구, 1997년 학점은행제 실시를 위한 사회교육기관 평가 연구, 1998년 평생학습사회 실현을 위한 열린교육체제 방안을 연구한 바 있다(김용현, 정기수, 2013).

2000년 이후 평생교육은 개정된 평생교육법에 의해 국가적 차원에서 평생교육정책이 체계적으로 구현되기 시작했다. 교육학계는 물론 행정, 문화, 보건, 복지, 종교 등 거의 모든 사회영역 속에서 사회과학의 새로운 거시적 담론으로 평생교육이 확산되고 있다(김진화, 고영화, 성수현, 2007). 교육부가 2013년 9월에 발표한 제3차 평생교육 진흥 기본계획(2013~2017)은 '100세 시대 창조적 평생학습을 통한 국민행복 실현'을 비전으로 하고 있다. 평생교육은 시대적 요구를 반영한 국가적인 행정체제로 정착되었으며, 평생교육은 학문과 실천영역 분야의 활동이 다른 어떤 학문보다 발전 속도가 높아지고 있다.

평생교육학회는 1995년 사회교육학연구라는 명칭으로 제1권 제1호가 발간되고 5년 후 평생교육학연구라는 명칭으로 개칭되었다. 이러한 현상으로 볼 때 평생교육에 대한 학문적 관심이 증가하고 있는 것을 알 수 있다. 평생교육과 관련된 등재후보지 이상의 학술지를 살펴보면 아래 〈표 1-3〉 평생교육과 관련된 등재 후보지 이상 학술지와 같다.

〈표 1-3〉 평생교육과 관련된 등재 후보지 이상 학술지

번호	학술지명	등재여부	발행기관	대분류	중분류	창간
1	평생교육학 연구	등재	한국평생교육학회	사회과학	교육학	1995
2	Andragogy Today	등재	한국 성인교육학회	사회과학	교육학	1998
3	열린교육연구	등재	한국열린교육학회	사회과학	교육학	2005
4	기업교육연구	등재	한국기업교육학회	사회과학	교육학	1998
5	평생학습사회	등재	한국방송통신대학교 원격교육연구소	사회과학	교육학	2005
6	농업 교육과 인적자원개발	등재	한국 농·산업교육학회	사회과학	교육학	1969
7	HRD연구	등재	한국 인력개발학회	사회과학	교육학	1999
8	한국HRD연구	등재	중앙대학교 인적자원개발전략연구소	사회과학	경영학	2006
9	직업교육연구	등재	한국직업교육학회	사회과학	교육학	1981
10	고용·직업능력 개발연구	등재	한국직업능력개발원	사회과학	교육학	2013
11	산업교육연구	등재후보	한국 산업교육학회	사회과학	교육학	1990
12	평생교육·HRD 연구	등재후보	숭실대학교 한국평생교육·HRD연구소	사회과학	교육학	2005

학술지의 경우, 한국평생교육학회에서 발행하여 1995년에 등재된 '평생교육학 연구'[1)], 한국성인교육학회에서 발행하여 2004년에 등재된 'Andragogy Today: Interdisciplinary Journal of Adult & Continuing Education(IJACE)', 한국열린교육학회에서 발행하여 2005년에 등재된 '열린교육연구', 한국기업교육학회에서 발행하

1) 윤옥한(2015). 평생교육 20년(1995~2014) 연구동향 분석: 『평생교육학 연구』 학술지를 중심으로, 평생교육학 연구, 21(2). 1-22.

여 2010년에 등재된 '기업교육연구'[2], 한국방송통신대학교 원격교육연구소에서 발행하여 2011년에 등재된 '평생학습사회', 한국 농·산업교육학회에서 발행하여 2004년에 등재된 '농업교육과 인적자원개발', 한국 인력개발학회에서 발행하여 2012년에 등재된 'HRD연구', 중앙대학교 인적자원개발 전략연구소에서 발행하여 2006년에 등재된 '한국 HRD연구', 한국직업교육학회에서 발행하여 1981년에 등재된 '직업교육연구', 한국직업능력개발원에서 발행하여 2013년에 등재된 '고용·직업능력개발연구', 한국 산업교육학회에서 발행하여 1990년에 등재후보가 된 '산업교육연구', 숭실대학교 한국평생교육·HRD연구소에서 발행하여 2005년에 등재후보가 된 '평생교육·HRD연구' 등 평생교육 관련학회들이 등장하여 학계의 주요 문제들을 다양하게 다루고 있다. 평생교육과 직·간접적으로 관련된 학술지가 늘어나고 있는 추세이다(윤옥한, 2017, 재인용).

생각해 보기

한국방정환재단 '한국 어린이·청소년 주관적 행복지수' 조사결과

한국방정환재단이 2014년에 '한국 어린이·청소년 주관적 행복지수'를 조사한 결과, 경제협력개발기구(OECD) 회원국 중 우리나라는 꼴찌로 나타났다. 이 조사는 2009년부터 시작되어 2014년까지 지속적으로 조사하고 있다. 2014년 설문조사는 3월부터 두 달간 제주도를 제외한 전국 초등학교 4학년~고등학교 3학년 학생 6,946명을 대상으로 이루어졌다.

주요연구 내용은 크게 세 가지 영역으로 첫째, 한국과 OECD어린이·청소년 행복지수 비교 영역이다. 항목은 여섯 가지로 물질적 행복, 보건과 안전, 교육, 가족과 친구관계, 행동과 생활양식, 주관적 행복이다.

둘째, 생활양식과 행복가치관 영역이다. 생활양식, 네 가지 항목은 부모와의 관계, 교육관계, 사교육실태, 일상생활이다. 행복도 및 행복가치관, 두 가지 항목은 행복수준, 행복에 대한 의식이다.

2) 윤옥한(2016). 기업교육 연구 동향 분석: 기업교육 학회지(2000~2014) 논문을 중심으로. 기업교육연구, 18(1), 159-177.

셋째, 학교폭력 및 일탈 행동 영역이다. 학교폭력 경험 및 유형분석의 네 가지 항목은 학교폭력 인식수준, 학교폭력 피해 실태, 학교폭력 가해 실태, 학교폭력 경험 유형별 특성이다. 일탈행동은 가출 및 자살 충동 경험실태가 있다. 이러한 영역에 따라 조사한 결과는 <표 1-4>와 같다.

〈표 1-4〉 2009년~2014년 한국 어린이 · 청소년 행복지수 변화

구분	물질적 행복	보건과 안전	교육	가족과 친구관계	행동과 생활양식	주관적 행복
2012년	110.1	102.6	133.9	96.7	126.6	71.4
2013년	110.8	108.4	122.9	96.1	129.1	72.5
2014년	111.9	111.1	122.2	98.9	128.8	74.0

주: OECD 국가의 평균은 100점, 표준편차는 10점.

조사가 시작된 이후 2014년까지 '어린이 · 청소년의 주관적 행복지수'는 6년 동안 최하위이다. OECD 회원국 중 이 해당 지표가 있는 국가는 23개국이다. 이 가운데 OECD 평균인 100점에 비하면 우리나라는 74점으로 점수가 가장 낮다. '언제 행복한가?'라는 질문에 초 · 중 · 고등학생들은 '좋아하는 일을 실컷 할 수 있을 때'와 '친구들과 사이좋게 지낼 때' 행복을 느낀다고 공통적으로 대답했다. '행복하지 않다고 느낄 때는 언제인가?' 하는 질문에 중 · 고등학생들은 '성적 압박이 심할 때'와 '학습 부담이 너무 클 때'로 나타났다. 초등학생은 '부모와 관계가 좋지 않을 때' 행복하지 않다고 느낀다는 비율이 20.8%로 학습부담(20.8%)이나 성적압박(15.6%)과 함께 높게 나타났다. '행동과 생활양식'(128.8점) 영역은 OECD 국가 가운데 가장 높았다. '교육'(122.2점), '물질적 행복'(111.9점), '보건과 안전'(111.1점) 영역도 OECD 평균인 100점보다 10점 넘게 높았다. '가족과 친구관계'는 98.9점으로 평균보다 약간 낮았다. '행복을 위해 가장 필요한 것은 무엇인가?'에 대한 것으로는 초 · 중등 학생은 '화목한 가정'을, 고등학생은 '돈'을 가장 많이 꼽았다(연세대학교 사회발전연구소(2014). 2014년도 한국 어린이-청소년 행복지수. 국제비교연구 조사결과보고서. 연구보고 2014-2).

생각해 보기

국제학업성취도 평가(PISA: Programme for International Student Assessment)

경제협력개발기구(OECD)가 주관하는 국제학업성취도 평가(PISA: Programme for International Student Assessment)2015 결과가 발표되었다. PISA는 OECD 회원국 중 의무교육 종료 단계에 있는 15세 학생을 대상으로 읽기, 수학 교육, 과학 교육, 문제 해결을 조사하는 것이 목적이다. 국제적인 비교를 통해 교육 방법을 개선하고 표준화 관점에서 학생의 성적을 연구하는 것을 목적으로 하고 있다. 연구 프로그램의 개발이 1997년 시작되었고, 제1차 조사는 2000년 이후 3년마다 조사하는 것으로 되어 있다.

국가별 순위의 경우 수학과 과학을 예로 들면 1위 싱가포르, 2위 홍콩, 3위 대한민국, 4위 일본, 5위 대만, 6위 핀란드, 7위 에스토니아, 8위 스위스, 9위 네덜란드, 10위 캐나다 순이다. 우리가 관심을 가져야 하는 부분은 같은 동아시아 안에서 한국만이 보여주는 독특함이다.

우리나라는 학생들이 학교에서 행복하다고 느끼는 비율이 60%에 불과하다. 65개국 중 최하위를 차지했다. 반면 싱가포르, 홍콩, 대만, 일본 등 다른 동아시아 선진국들은 모두 이 비율이 80%를 넘고 있다. 동아시아 국가들 학생들이 공부도 잘하고 비교적 행복한 것에 반해 우리나라 학생들은 공부는 잘하지만 비교적 불행하다. '나는 학교에서 행복감을 느낀다'라는 문항에 OECD 평균은 80%, 핀란드는 67%, 한국은 60%의 학생들만이 긍정적인 반응을 보였다. '나는 학교생활에 만족한다'라는 문항에서는 OECD 평균 77%, 핀란드는 72%, 한국은 65%의 학생들이 그렇다고 답했다.

이 두 문항에서 한국은 전체 참가국 중 최하위권에 머무르고 있다. '나는 학교에서 친구들을 쉽게 사귈 수 있다'라는 문항에서도 OECD평균 85.5%, 개인주의 성향이 강한 국가인 핀란드가 84%, 덴마크가 82%의 긍정적인 응답을 보인 반면, 한국은 78.6%로 전체 참가국 중 최하위 수준을 면치 못하고 있다(OECD. 2015, Asian countries top OECD's latest PISA survey on state of global education). 2015년 PISA가 우리 교육에 던져 주는 과제는 학생들을 불행하게 만들면서 밀어붙이는 현재의 교육은 개선해야 하며 교육개혁은 학업성취를 높이는 쪽이 아니라 학생들의 삶을 개선시키는 쪽으로 집중되어야 한다는 것이다.

생각해 보기

국제 투명성기구(TI: Transparency International) 부패지수 조사결과

인성교육 부재의 결과가 학교 내에만 영향을 미치는 것은 아니다. 기성세대의 인성부재로 인한 기업인 정치인들의 도덕적 해이의 결과는 각종 사회문제뿐만 아니라 우리 사회 전체를 혼란하게 할 만큼 큰 문제를 야기한다. 인성교육은 학교생활에서뿐만 아니라 사회생활을 해 나가는 데 있어서 중요한 영향을 미친다. 부패지수(CPI: Corruption Perceptions Index)는 국제투명성기구(TI: Transparency International)에서 매년 발표하는 국가별 청렴도 인식에 관한 순위이다. 국제투명성기구는 독일 베를린에 본부를 둔 부패지수를 매년 발표하는 비정부기구(Non-Governmental Organization)이다. 부패인식지수라고도 한다. 1994년에 조사한 CPI는 1995년 판부터 발표하기 시작했다. 이 지수는 공무원과 정치인이 얼마나 부패해 있다고 느끼는지에 대한 정도를 국제 비교하고 국가별로 순위를 정한 것이다. 이 지수는 가장 깨끗한 상태를 의미하는 10에서 가장 부패했다고 느끼는 것을 나타내는 0의 범위에서 평가되고 있다(2012년부터는 100점 만점으로 평가). 70%의 나라가 5 미만이며, 개발도상국에서는 90% 이상의 국가가 5 미만이다.

국제투명성기구(TI)가 발표한 2014년 한국의 부패인식지수(CPI)는 전 세계 177개국 중 45위에 그쳤다. 100점 척도로 환산한 점수에서 55점을 받은 한국은 경제협력개발기구(OECD) 34개국 평균(68.6점)에 한참 못 미쳤고, OECD 국가 중에서는 27위로 최하위권으로 밀려나 있다. 덴마크가 1위, 뉴질랜드 2위, 핀란드 3위, 스웨덴 4위, 노르웨이가 5위, 스위스 6위, 싱가포르 7위, 네덜란드 8위, 룩셈부르크 9위, 캐나다 10위, 독일 12위, 영국 14위, 일본 16위, 미국 17위, 홍콩 20위, 프랑스 25위, 이스라엘 40위를 차지했다. 177위 소말리아, 176위 북한, 175위 아프가니스탄이다.

세계 10위권의 경제대국으로 세계에서 7번째로 20-50클럽(1인당 국민소득 2만 달러, 인구 5,000만 명 이상)에 가입한 국가 위상과는 어울리지 않는 부끄러운 수준이다. 한국은 최근 국제투명성기구가 OECD 뇌물방지협약을 '거의 또는 전혀 이행하지 않는 나라'로 분류하는 불명예까지 떠안았다. 국제투명성기구는 "이 나라들은 복잡한 화이트칼라 범죄 등 대기업을 조사하기 위한 조사기관의 자원이 부족하다. 국가의 경제적 이익을 고려해 부패방지 조치를 조작한다"고 지적했다.

이 지수는 1995년부터 20년 가까이 산정되었지만 아직도 '큰' 변화들은 드물게 나타날 뿐이다. 그도 그럴 것이 이러한 부패 문제는 근본적인 국가의 '수준'이 변하지 않는다면 변하기가 매우 어렵기 때문이다. 대한민국은 90년대 중후반에 40점대에 머무르다가 2005년부터 50점을 넘어섰지만 2008년에 56점까지 오른 이후 계속 하락하거나 정체된 상황이다. 국가순위 역시 2008년 이후로 전반적으로 하락세이다. 2014년 기준으로는 55점. 예전에는 대만이 한국과 비슷한 순위권이었는데, 대만은 지속적으로 상승세를 이어 나가 2014년에는 61점으로 올라섰다.

3. 교육방법

교육방법이란 무엇을 의미하는가?

방법의 사전적 의미는 "어떤 일을 이루거나 해결하기 위해 사용하는 기술이나 요령 또는 방식이나 수단"이다. 그러므로 방법은 상당히 중요하다. 문제를 해결하는 방법에는 여러 가지가 있다. 어떤 방법을 쓰느냐에 따라 문제를 해결할 수도 있고 그렇지 않을 수도 있다. 사업 잘하는 방법, 공부 잘하는 방법, 연애 잘하는 방법 등에는 여러 가지가 있다. 어떤 방법을 사용할까? 방법이 다양하다. 밥 먹을 때 반찬부터 먹고 밥을 먹느냐? 밥을 먹고 반찬을 먹느냐? 야외에서 먹느냐? 실내에서 먹느냐? 오전에 먹느냐? 오후에 먹느냐? 혼자 먹느냐? 같이 먹느냐? 손으로 먹느냐? 숟가락으로 먹느냐? 이 모든 것이 방법이다. 이러한 의미에서 효과적이고 효율적인 방법이란 문제를 해결하는 지혜로도 볼 수 있다. 지혜란 지식을 활용할 수 있는 능력이다.

교육방법은 맥락에 따라서 수업방법(instructional method), 교수방법(teaching method), 교수기법(teaching technique) 등 다양한 용어로 사용된다. 이 책에서는 교육방법이라는 용어로 통일하여 사용한다. 넓은 의미에서 교육방법(educational method)이란, '교육의 문제를 해결하기 위하여 교육의 전체 프로세스를 어떻게 구성할 것인가?'를 의미한다. 교육목적을 어떻게 설정하고, 학습 경험을 어떻게 선정하고 조직할 것이며, 교수-학습과정을 어떻게 효과적이고 효율적으로 할 것이며, 교육평가를 어떻게 할 것인가? 이 모든 과정을 해결하기 위하여 사용하는 기술이나 요령 또는 방식이나 수단을 의미한다.

교육의 과정(process of education)은 학자들마다 다르게 제시하고 있다. 타일러(R. W. Tyler)의 합리적 교육과정 개발 모형은 논리적이면서 체계적이다. 타일러의 교육과정 모형은 구체적 목표를 정하고, 학습경험을 선정하여 학습경험을 조직하고, 실제로 가르치며 마지막으로 평가하는 순으로 모형이 이루어진다. 이 모형은 합리적 모형, 목표중심 모형, 평가중심 모형으로도 불린다. 교육의 과정은 학자들마다 다르게 제시하고 있지만 일반적으로 크게 4단계로 구분할 수 있다. 첫째, 교육목적이나 교육목표 설정, 둘째, 학습경험 선정 및 조직, 셋째, 교수-학습과정, 넷째, 교육평가이다. 이러한 네 가지 영역은 다시 두 가지 영역으로 구분할 수 있다. 교육목적과 교육방법이다. 즉, 교육목적을 달성하기 위하여, 학습경험을 선정하고 조직할 뿐만 아니라, 실제로 교육목적을 달성하기 위하여 교수-학습과정이 일어나며, 교육목적 달성을 확인하기 위하여 평가를 한다.

첫째, 교육목표이다. 이 교육목표는 '무엇을 교육하려고 하느냐?'와 관련된다. 교육목표의 결정은 수준에 따라서 국가적, 기관적, 수업적 차원으로 구분해 볼 수 있다. 국가적 차원은 정부, 국가가 있으며, 기관적 차원은 학교, 행정기관, 수업적 차원은 교사가 있다. 이러한 교육목표는 결국 가치판단과 선택의 문제와 관련되는 것이다.

둘째, 학습경험의 선정 및 조직이다. 이 단계는 교육과정(curriculum)을 개발하는 단계이다. 교육과정은 경마장에서 말이 달려가는 길(course of race)로 지칭되던 것이 학교교육에 도입되어 학생들이 이수하고 실천해야 할 교수요목(course of study)로 발전하게 되었다. 교육과정의 개념은 교육부에서 정한 교육과정의 내용과 학교에서 학생의 성장 발달을 위해 의도적으로 제공하는 경험의 총체, 그리고 지식의 내용과 구조를 교육과정으로 볼 수 있다. 교육과정 내용 선정 시 고려해야 할 점은 철학적 측면, 사회적 측면, 심리적 측면이 있다. ① 철학적 측면의 경우, 어떤 인간상을 가장 가치 있는 것으로 보느냐에 따라 달라진다. ② 사회적 측면의 경우, 현대 사회에서 살아가기 위해 요구되는 내용이 무엇인가라는 관점에 비추어 선정된다. ③ 심리적 측면의 경우, 교과과정 내용을 학생이 학습하기에 적절한가를 교수 학습의 관점에서 검토하여 선정하여야 한다. 교육과정을 조직할 경우의 일반적인 원리로는 세 가지가 있다. ① 계속성(continuity)의 원리가 있다. 즉, 학습경험의 여러 요소들을 어느 정도 계속적으로 반복 경험할 수 있도록 조직하는 것이다. ② 계열성(sequence)이다. 선행경험을 기초로 하여 다른 경험을 점차 깊이와 넓이를 더하도록 전개하는 원리이다. ③ 통합성(integration)이다. 여러 학습장면에서 얻은 학습경험들 간에 상호 연결되고 일관성이 있으며 통합되도록 조직하는 원리이다. Bruner는 이 같은 목적을 달성하기 위해 가장 적절한 조직 방법으로 나선형 조직의 원리 제시하고 있다.

셋째, 교수·학습의 과정이다. 교수학습 과정에서 학습(Learning)이란 경험이나 연습에 의해 어떤 개인의 지식, 행동, 또는 태도가 비교적 지속적으로 변화되는 것(Mayer, 1982)이다. 수업(instruction)이란 사람을 포함한 모든 형태의 매체에 의하여 전달되는 학습경험(Gagne, Briggs & Wager, 1992; Smith & Ragan, 1993)을 말하는 것으로 학습자가 계획된 학습 목표를 달성할 수 있도록 체계적이고 계획적으로 정보와 환경을 제공하는 일이다. 교수(teaching)는 살아 있는 사람, 즉 교사(teacher)에 의하여 전달되는 학습경험이다. 교사가 의도한 것은 물론이고 잠재적이고 우연적인 학습경험 까지를 포함한다고 볼 수 있다. 여기서 의미하는 교수·학습과정을 실제 수업하는 것을 말한다.

넷째, 교육평가이다. 교육평가의 1차적 목표는 교육목표 달성여부이다. 이러한 평가에는 진단평가, 형성평가, 총괄평가, 절대평가, 상대평가와 같은 것이 있다. 또한 평가(evaluation)와 측정(measurement), 사정(assessment)이 있다. 측정의 경우 물체의 특성이나 속성을 수량화하는 과정이며, 사정은 일반적으로 사람과 관련하여 이루어지는 모든 평가활동이다. 평가는 어떤 현상이나 대상의 가치나 질을 판단하는 과정이다. 측정을 통해서 얻어진 자료에 대한 해석까지를 포함한다는 측면에서 목적 지향적이며 가치 관련적인 활동이다. 커크패트릭(Kirkpatrick)은 교육평가에 대해 4단계 평가를 제시하고 있다. 1단계 평가는 반응평가이다. 반응평가는 교육의 만족도를 설문지를 통해서 알아보는 방법이다. 2단계 평가는 학습평가이다. 학습평가는 교육종료 후 학습의 정도를 시험을 쳐서 그 결과를 알아보는 평가이다. 3단계 평가는 행동평가이다. 행동평가는 교육 종료 후 3개월이나 6개월이 지난 후 현업에서 어느 정도 활용하고 있는지를 설문지를 통해서 평가해 보는 방법이다. 마지막 4단계 평가는 결과평가이다. 결과평가는 교육을 통해서 배운 내용이 경영성과에 어떻게 기여했는지를 파악해 보는 평가이다. 필립스(Phillips)는 5단계 평가를 제시했다. 5단계 평가는 투자회수율 평가(ROI: Return On Investment)로 보았다. 교육에 투자한 금액에 대비하여 실제로 조직에 얼마만큼 기여를 했는지 객관적으로 투자대비 회수율을 구해 보는 평가가 5단계 평가이다. 기업현장에서 실제로는 대부분 반응평가 수준에 머물러 있으며 몇몇 기업에서는 3단계 평가까지는 수행하고 있지만 5단계 평가는 거의 하지 못하고 있는 실정이다.

좁은 의미에서 교육방법이란 교육목적을 달성하기 위해서 사용하는 다양한 기술이나 요령 또는 방식이나 수단을 의미한다. 좁은 의미에서 교육방법은 교수 자와 학습자가 상호작용을 잘하기 위한 종합적 예술이다. 그렇기 때문에 교육방법은 유일하고 절대적인 것이 존재하는 것이 아니라 교육목적을 달성하기 위하여 교수 자가 선택하는 최적의 방법만 있을 뿐이다. 좁은 의미에서 교육방법을 더 세분화하면 교육기법(educational technique)과 교육방책(educational device)으로 구분할 수 있다. 교육기법이란 학습을 촉진시키기 위하여 활용하는 다양한 기법을 의미한다. 예를 들면 강의법, 토의법, 사례연구법, 문제 중심 학습법, 팀 기반 학습법, 실천학습법 등을 말한다. 교육방책이란 학습을 보다 확실하게 하고 기법을 향상시키는 데 활용되는 모든 특별한 수단이나 조건을 말한다. 예를 들면 수업시간에 재미있게 하기 위하여 활용하는 음악, 그림, 동영상, 게임, 유머 등을 어떻게 활용할 것인가를 말한다. 교육방법에 대한 정의를 요약하면 〈표 1-5〉 교육방법의 정의와 같다.

〈표 1-5〉 교육방법의 정의

넓은 의미의 교육방법	좁은 의미의 교육방법
• 교육방법(educational method) 예) 교육목적 달성을 위한 교육과정개발, 교수법개발, 평가방법 개발 등을 의미	• 교육기법(educational technique) 예) 강의법, 토의법, 사례연구법, 문제 중심 학습법, 팀 기반학습법, 실천학습 등
교육목적을 달성하기 위하여, 첫째, 학습경험을 선정하고 조직하며, 둘째, 교수-학습과정을 어떻게 효과적이고 효율적으로 할 것이며, 셋째, 교육평가를 어떻게 할 것인가를 해결하기 위한 방식이나 수단	• 교육방책(educational device) 예) 사진, 동영상, 게임, 유머, 사례 등

교육방법은 교육목적, 교육 내용, 교육대상자 등에 따라 달라지며, 교육목적이 지식전달, 태도변화, 기능향상에 있는가에 따라 달라질 수 있다. 블룸(Bloom)이 제시한 과제영역 중 인지적 영역, 정의적 영역, 운동·기능적 영역 중 어느 영역인가에 따라 달라질 수 있으며, 가네(Gagne)가 제시한 학습의 다섯 가지 범주, 지적 기능, 운동기능, 언어정보, 인지전략, 태도 중 어떤 과제인가에 따라 달라질 수 있다. 또한 교육대상자의 특성인 학습자 수, 학습자 지식수준, 학습자의 동기 등에 따라서도 달라진다.

4. 평생교육방법

평생교육방법을 논의할 경우에 평생교육 개념을 어떻게 정의할 것인가 고민할 필요가 있다. 즉, 넓은 의미의 평생교육과 좁은 의미의 평생교육을 먼저 생각해야 한다. 여기서는 좁은 의미의 평생교육 측면에서 평생교육방법에 대한 개념을 살펴본다. 좁은 의미에서 "평생교육이란 학교의 정규교육과정을 제외한 학력보완교육, 성인 기초·문자해득교육, 직업능력 향상교육, 인문교양교육, 문화예술교육, 시민참여교육 등을 포함하는 모든 형태의 조직적인 교육활동을 말한다.”

평생교육방법도 좁은 의미와 넓은 의미를 구분해서 보아야 한다. 먼저 넓은 의미에서 평생교육방법이란 “평생교육 목표를 달성하기 위하여, ① 학습내용을 선정 및 조직하고, ② 효과적이고 효율적인 교수·학습방법을 동원하고, ③ 교육목표 달성을 확인하기 위하여 평가를 하는 일련의 조직적이고 의도적인 교육활동”을 말한다.

좁은 의미에서 평생교육방법이란 “평생교육의 목적을 달성하기 위하여 동원되는 다양한 교육기법(educational technique), 예를 들면 강의법, 토의법, 사례연구법, 문제 중심 학습법, 팀 기반학습법, 실천학습 등을 말한다. 교육방책(educational device)이란 예를 들면 사진, 동영상, 게임, 유머, 사례 등을 활용하는 것”을 의미한다.

생각해 보기

개에게 우유를 먹이는 방법, 정신병자가 정상으로 돌아왔는지 확인할 수 있는 방법

젖병에 넣은 우유를 개에게 주면 잘 먹지 않는다. 그런데 방바닥에 우유를 엎질러 놓으면 잘 핥아먹게 된다. 방법을 다르게 했을 경우 효과는 분명 달라진다. 정신병 환자가 정신병이 회복되었는지 알아보는 방법 중 하나의 예를 들어 본다. 수도꼭지에서 물이 나오는 상태로 방바닥에 물이 많이 고여 있을 때 하는 행동을 알아보면 되는데, 수도꼭지를 먼저 잠그고 방바닥 물을 닦으면 정상적으로 돌아온 상태이고 수도꼭지를 잠그지 않고 계속 방바닥만 닦으면 아직 정상적이지 않은 상태이다. 이 또한 방법의 문제라고 할 수 있다. 이와 같이 올바른 방법을 찾기 위해 교육방법에 대한 공부가 필요하다.

생각해 보기

성공하기 위해서는 방법을 바꾸어라.

실패를 반복한다면 방법을 바꿔서 시도하라. 당신이 변하지 않는 한 이미 갖고 있는 것 말고는 아무것도 할 수 없다.

목표 달성을 위한 가장 중요한 것 중의 하나가 방법이다. 열심히 했는데도 불구하고 목표달성이 안 되면 방법을 바꾸어야 한다. 방법을 바꾸지 않고 지속적으로 열심히 한다고 해서 되는 것은 아니다. 예를 들면 나는 사무실에서 전화 마케팅을 지속적으로 열심히 했는데도 불구하고 영업이 안 되면 그 방법 대신 직접 방문 영업을 하는 쪽으로 방법을 바꾸어야 한다. 방문영업을 열심히 했는데도 실적이 안 오르면 영업 방법을 바꾸어야 한다.

나 자신이 변해야 한다. 기존 방식을 고수하는 것이 아니라 나의 자존심이나 나의 위치, 나의 생각을 버리고 한번 과감히 바꾸어서 시도해 보라. 분명 답이 나오게 된다. 고기집이 안 된다. 고기집 메뉴를 바꾸어 보라. 주차장을 바꾸어 보라. 인테리어를 바꾸어 보라. 손님 접대 방식을 바꾸어 보라. 업종 자체를 바꾸어 보라. 바꾸어 시도해 보라. 어느 분야든 마찬가지이다. 방법 바꾸기 위한 아이디어 회의를 해 보라. 즉, 해결책의 범위를 넓히고 다양화시켜 보라는 것이다.

연애할 때 사랑은 본심도 중요하지만 지혜가 필요하다. 지혜를 갖게 하는 것이 바로 방법이다. 성공적인 연애를 위한 몇 가지 방법을 제시한다.

첫째, 자주 만난다. 단순노출의 효과(mere exposure effect)를 활용한다. 상대방에 대한 호감도가 어느 정도 있으면 첫인상이 좋지 않아도 자주 만나고 자주 노출되면 친근감을 갖게 된다. 자주 보면 정이 든다. 자주 보는 TV 광고 물건을 살 확률이 높다. 호감도가 중립 이상일 경우 자주 보는 것만으로도 상대를 향한 호감도가 증가하는 현상이다. 반대로 호감도가 나쁠 경우 자주 보는 것만으로도 상대를 향한 호감도가 감소하는 현상이다. 상대방을 좋아하려면 자주 만날 수 있는 기회를 가져라. 연령대별 평등 이야기가 있다. 40대가 되면 지식이 평등해지고, 50대가 되면 외모가 평등해지면, 60대가 되면 남녀가 평등해지고, 70대가 되면 건강이 평등해지고, 80대가 되면 재물이 평등해지고, 90대가 되면 생사가 평등해진다는 것이다. 연애하는 20~30대의 경우 만날 기회의 평등이 있다. 좋아하는 사람을 자주 접촉하면 연애에 성공할 확률이 높다.

둘째, 대화주제는 영화, 취미, 책 등에 대한 것보다 여행에 대한 것이 좋다. 취미 이야기를 할 경우 상대방과 맞지 않을 수 있고, 책 이야기를 할 경우 읽지 않은 책은 공감할 수 없기 때문이다. 여행 이야기를 하면 마음이 설레게 되고 머릿속으로 좋은 곳을 상상하게 된다.

셋째, 먼저 미소를 지으며 먼저 상대방과 눈을 마주친다. 눈은 거짓말을 못한다. 미소를 지으며 눈을 자주 마주치면 상대방에게 호감이 생긴다. 웃는 얼굴이 상대방을 기분 좋게 할 뿐만 아니라 내가 웃는 모습을 보고 상대방도 따라 웃게 된다.

넷째, 데이트 장소를 자주 옮긴다. 커피숍에서 40분 이상 있게 되면 실패할 확률이 높다. 장소를 서너 군데 옮겨 다니며 데이트 한다. 한곳에 오래 머물게 되면 신선함이 떨어진다. 장소를 옮기면 기분도 전환된다.

다섯째, 심장이 두근거리게 한다. 심장이 두근거리게 하려면 놀이기구를 타거나 공포심을 일으킬 만한 장소에서 데이트를 하면 상대방에게 더 호감을 가질 수 있다. 심장을 뛰게 하는 음악을 함께 들어도 좋다. 운동을 함께해도 좋다. 장난기 있게 "우리 저기 보이는 가게까지 누가 먼저 달려가는지 시합할까요?"라고 해도 좋다.

여섯째, 상대방에게 뭐할까 자꾸 물어보지 말고 계획해서 데이트하라. "우리 밥이나 먹으러 가자"는 표현은 가장 좋지 않은 표현이다. "세상에서 스파게티를 두 번째로 잘하는 집과 세상에서 초밥을 두 번째로 잘하는 집이 있는데 어떤 것 드실래요?"라고 물어본다.

일곱째, 식사는 고기 종류인 스테이크와 후식은 당분이 들어 있는 초콜릿이나 아이스크림을 먹어라. 사랑의 분비물질인 옥시토신이 분비되어 연애 감정이 고조된다. 데이트할 때 초콜릿이나 사탕을 선물하는 것도 좋은 방법이다.

개요

이 장에서는 ① 교수이론・학습 이론의 차이를 살펴보고 ② 평생교육과 관련된 교수・학습 이론을 행동주의・구성주의・인지주의 입장에서 차이점, ③ 교육관련 용어 학습・훈련・교육・개발의 차이, ④ 교육 패러다임 변화, ⑤ 패다고지・안드라고지・제라고지의 차이, ⑥ 성인학습의 원리, ⑦ 학습 성과의 법칙 등 평생교육방법의 이론적 기초에 대해 살펴본다.

학습 목표

1. 교수이론과 학습이론의 차이를 설명할 수 있다.
2. 교수・학습 이론을 행동주의・구성주의・인지주의 입장에서 차이점을 설명할 수 있다.
3. 교육관련 용어 학습・훈련・교육・개발의 차이 말할 수 있다.
4. 교육 패러다임 변화를 설명할 수 있다.
5. 패다고지・안드라고지・제라고지의 차이를 설명할 수 있다.
6. 성인학습의 원리를 다섯 가지 이상 설명할 수 있다.
7. 학습 성과의 법칙을 여덟 가지 이상 설명할 수 있다.

학습 과제

1. 이 장의 내용을 요약하시오(A4용지 2장 내외).
2. 이 장의 내용을 시험문제로 출제하시오(객관식 7문항, 주관식 3문항).
3. 교수・학습 이론을 행동주의・구성주의・인지주의 입장에서 차이점에 대해 설명하고 이 이론들을 평생교육방법적인 측면에서 어떻게 현장에서 적용 가능한지 이론적 배경을 바탕으로 작성하시오(A4용지 5장 내외).

제2장

평생교육방법의 이론적 기초

- 1. 교수 · 학습이론
- 2. 행동주의 · 인지주의 · 구성주의 이론
- 3. 학습 · 훈련 · 교육 · 개발
- 4. 교육 패러다임 변화
- 5. 페다고지 · 안드라고지 · 제라고지
- 6. 성인학습의 원리
- 7. 학습 성과의 법칙

1. 교수 · 학습이론

교수이론과 학습이론은 차이가 있다. 학습이론은 서술적 · 간접적인 반면, 교수이론은 처방적 · 규범적이다. 학습이론은 인간이 환경과의 상호작용에 따른 수행에서 보이는 지속적인 변화의 과정을 체계적으로 기술하고 설명하고자 한다. 교수이론은 수업을 효과적으로 실시하기 위하여 교수조건, 교수방법, 학습결과 변인에 관한 처방을 한다. 학습이론을 자연과학에 비유한다면 교수이론은 응용과학에 해당되며, 학습이론은 단지 이론으로 본다면 교수이론은 현장에 응용하는 이론이다. 학습이론은 주로 엄격한 통제하에 주로 동물들을 대상으로 실험실에서 이루어지며, 교수이론은 일반적인 교실상황에서 관찰을 통하여 이루어진다. 교수이론과 학습이론의 차이를 요약하면 아래 〈표 2-1〉 교수 · 학습 이론의 차이와 같다.

〈표 2-1〉 교수 · 학습 이론의 차이

구분	학습이론	교수이론
성격	• 기술적, 간접적 • 유기체가 학습하는 과정을 서술 • 자연과학(물리학, 수학, 생물학) • 이론 ※ 생각해 보기	• 처방적, 규범적 • 학생들이 학습과제를 어떻게 하면 잘 해결할 것인가에 초점 • 응용과학(공학, 의학) • 응용
관심의 초점	유기체의 학습에 대한 포괄적 이해	교육 실제 문제의 해결에 관심
상황	실험실 상황(엄격한 통제)	교실 상황(일반적 상황)
학자	파블로프, 손다이크, 스키너 등	가네, 브루너, 라이겔루스 등

생각해 보기

창조론이 과학적 이론인가? 진화론이 과학적 이론인가?

창조론과 진화론 모두 비과학적 이론에 불과하며 신념에 관한 합리적 논거이다. 둘 다 과학이 아니라 신념이다. 창조이론이며 진화이론이다. 이론이란 "~일 것이다"로 표현된다. 자연과학적 입장에서 말하는 것이다. 과학이 되기 위해서는 법칙이 성립되어야 한다. 법칙이란 "~이다"로 표현한다. 이러한 측면에서 보면 창조론은 "하나님이 이 세상을 창조했을 것이다"의 이론이며 진화론은 "인간은 원숭이가 진화되어서 만들어졌을 것이다"의 이론이다. 법칙이 되기 위해서는 증명이 되어야 한다. 증명이란 눈으로 반복적 관찰이 가능해야 한다. 예를 들면 만유인력의 법칙, 관성의 법칙, 부력의 법칙 등이 바로 좋은 예이다. 만유인력의 법칙의 경우 "대부분 물체는 위에서 아래로 떨어질 것이다"가 아닌 "떨어진다"이다. 이것은 물건을 떨어트려 보면 바로 눈으로 몇 번이고 관찰가능하다.

창조이론과 진화이론은 증명할 수 없다. 창조이론은 하나님이 세상을 다시 한 번 창조해야 증명이 가능하며 진화이론은 다시 한 번 진화되어서 현재 상태를 만들어야 증명이 가능하다. 둘 다 증명하는 것이 아니라 증거를 가지고 이론적으로 설명할 뿐이다. 창조이론의 경우 증거는 성경과 성경에 나오는 인물, 지명 등으로 많은 증거를 제시한다. 진화이론도 마찬가지로 화석과 같은 많은 증거를 제시하고 있을 뿐이다. 따라서 두 이론은 과학적인 것이 아니라 비과학적이다. 이런 비과학적인 것을 어떤 사람은 창조론을 주장하는 사람들이 내세우고 있는 증거들을 보고, 창조론을 믿고 어떤 사람은 진화론이 내세우는 증거를 보고 진화론을 믿는다. 과학적인 것이 아니라 믿음이란 것이다.

이러한 증거들을 누가 많이 제시하느냐에 따라 믿음의 정도가 달라질 수 있다. 이러한 측면에서 지식이란 신념에 관한 합리적 논거로 볼 수 있다. 따라서 지식은 위장될 수도 있으며 지식이란 사회적 · 역사적 · 정치적 맥락에 따라서 달라질 수 있다. 특히 정치적 맥락에 따라 지식이 달라지기도 한다. 왜냐하면 자신들의 정치적 이념에 따라 올바른 증거들을 조작할 수 있기 때문이다. 따라서 지식이 절대적인 것이 아니라 상대적이며 합리성조차 관행이나 인습에 불과하다는 결론이 나온다.

2. 행동주의 · 인지주의 · 구성주의 이론

1) 행동주의 이론

행동주의 이론을 대표하는 것은 자극반응연합론(Pavlov, Thorndike, Skinner)이다. 강화와 동기유발을 강조한 행동주의 이론은 교수 학습이론의 발달에 많은 공헌을 했다. 행동주의 이론에서 중요한 것은 행동이다. 겉으로 드러난 행동의 변화를 강조한다. 그중 강의와 관련해서 행동주의 이론은 학습목표를 학습자 중심의 행동적 목표로 진술하고, 이를 위해 환경을 조절하고 통제하며, 특히 교수매체로 강화물 또는 동기 유발 요소의 활용으로 그 효과를 높일 수 있음을 강조하고 있다. 그러나 행동주의 이론은 관찰 가능한 행동과 학습결과에 대한 강조로 인하여 학습자와 학습과정을 간과했다는 비판도 있다. 이러한 행동주의 이론은 주로 동물들을 훈련시키는 데 많이 원용되고 있다.

이러한 행동주의 이론들도 자극과 반응 중 어떤 측면을 강조하느냐는 학자들마다 차이가 있다. 파블로프(Pavlov)의 경우 개 실험에서 자극과 반응 사이에서 조건자극을 강조했다. 조건자극을 어떻게 주느냐에 따라 조건반응으로 연결되어 학습이 일어날 수도 있고 그렇지 않을 수도 있다. 왓슨(Watson)의 경우 조건 자극과 조건 반응 사이에서 정서적 조건 자극을 강조했다. 정서적 조건자극이 어떻게 주어지느냐에 따라서 반응이 달라진다. 예를 들면 개학 첫날 선생님이 학생들에게 정서적 조건 자극을 기분 좋게 하거나 첫 수업에서 정서적 조건자극이 상대방에게 좋게 주어질 경우 반응이 달라진다. 거스리(Guthrie)는 조건자극이 주어질 때 마지막 조건자극이 무엇이냐에 따라 반응이 달라진다고 예를 들면 마지막으로 마신 술의 자극이 나에게 악영향을 미칠 경우 술을 끊을 수 있다고 본다. 헐(Hull)의 경우 자극과 반응 사이의 유기체가 반응에 중요한 영향을 미친다고 주장했다. 이 유기체는 감정, 정서, 충동, 성격, 동기 등 유기체의 특성이 개인에 따라 차이가 있다. 유기체의 특성을 잘 파악해야 반응을 이끌어 낼 수 있다. 톨만(Tolman)의 경우 자극과 반응 사이에 유기체의 동기나 목적에 따라 반응이 결정된다고 보았다. 배가 매우 고플 경우, 시험에 꼭 합격해야 하는 경우 등 목적이 어떤 것이냐에 따라 반응이 결정된다. 손다이크(Thorndike)의 경우 자극과 반응 중 자발적 반응의 형태에 따라 다음 행동이 결정된다고 보았다. 예를 들면 효과가 크면 다음 행동이 이어질 수 있다. 스키너의 경우 자극과 반응 중 반응한 후 강화가 어떻게 이루어지느냐에 따라 다음 행동이 결정된다고 본 것이다.

스키너의 이론을 현실과 접목하여 설명하면 다음과 같다. 지금은 동물보호 차원에서 없어졌지만, 돌물원에서 물개 쇼를 잘 살펴보면 재미있는 사실을 알 수 있다. 조련사가 물개 앞에 서서 지시할 때 기본적으로 가지고 나오는 것이 있다. 허리춤에 꽁치를 차고 나온다. 그런 다음 물개 앞에서 손으로 쇼를 하게 한다. 손으로 쇼를 하게 한 후 다시 물개가 원래 위치로 돌아오면 조련사는 물개의 코와 입을 살살 만져 주면서 허리춤에 있는 고기를 하나 꺼내어 준다. 이러한 것은 간단한 일인 것 같지만 사실은 행동주의 이론에 바탕을 둔 훈련 방식이다. 즉, 허리춤에 차고 있는 꽁치는 바로 강화물이 되는 것이다. 이 강화물을 어떻게 잘 계획하느냐에 따라 물개가 쇼를 잘할 수 있게 하는 동인이 된다.

다른 예를 하나 더 들면 원숭이에게 경례하는 방법을 가르치는 것이다. 우선 원숭이 앞에 조련사가 서서 "경례!"라는 구령과 함께 막대기로 원숭이의 머리를 힘껏 내리친다. 그러면 원숭이는 머리가 아프니까 손이 바로 올라가게 된다. 이렇게 몇 번 하고 나면 나중에는 조련사가 원숭이 앞에 서서 막대기로 머리를 내리치지 않고 말로 "경례!"라고만 하더라도 손이 올라가게 된다. 이것도 바로 S-R 이론의 대표적인 것이라고 볼 수 있다. 즉, 막대기로 원숭이의 머리를 내리치는 것은 무조건 자극(unconditional stimulus)이고 머리가 아파서 손이 올라가는 것은 무조건 반응(unconditional response)이다. 이 무조건 자극에서 무조건 반응이 조건 자극(conditional stimulus)과 조건 반응(conditional response)으로 바뀌게 된다. 즉, 막대기로 내리치지 않고 그냥 원숭이 앞에서 "경례"라고 하더라도 손이 올라가는 부분이 바로 조건 자극과 조건반응이다. 강화의 경우 개개인의 특성에 맞는 강화물을 찾아내는 것이 중요하며 또한 강화를 언제 어떻게 주느냐 하는 부분도 상당히 중요하다. 그리고 긍정적 강화와 부정적 강화를 적절하게 잘 활용하는 것도 중요하다. 행동주의 이론에서는 강화(reinforcement)가 대단히 중요한 개념이라고 볼 수 있다.

이러한 내용을 정리하면 〈표 2-2〉 행동주의 이론의 차이와 같다.

〈표 2-2〉 행동주의 이론의 차이

학자	강조점
파블로프 (Pavlov)	• 고전적 조건형성이론(개 실험) • S condition stimulus－R
와슨 (Watson)	• 정서적 행동주의: S emotion－R • 정서적 자극을 강조함, 정서적 자극에 따라 반응이 달라짐 • 예: 개학첫날, 첫 과목 수업, 첫 이미지, Ice Breaking
거스리 (Guthrie)	• 마지막 자극 행동주의: S finish－R • 마지막 자극의 중요성을 강조함 • 예: 술을 끊기 위해서는 술을 매일 먹고 마지막으로 술 마시고 난 다음 큰 실수
헐 (Hull)	• 매개자극 행동주의: S－O organic－R • 매개자극의 중요성을 강조함 • 예: 매개자극은 유기체로 감정, 정서, 충동, 성격, 동기 등 수천 가지임 • 예: Victor Frankle의 의미 요법 ※ 생각해 보기
톨만 (Tolman)	• 목적적 행동주의: S－O objective－R • 예: 목적의 중요성을 강조함
손다이크 (Thorndike)	• 연합적 행동주의(고양이): S－R spontaneity • 예: 자발적 반응을 강조함(효과의 법칙, 연습의 법칙)
스키너 (Skinner)	• 조작적 조건(쥐): S－R reinforcement • 예: 돌고래 쇼, 행동조형(비둘기 탁구 치기) • 예: Eric Berne 교류분석: Stroke(최고의 강화)

교육에 대한 정의는 다양하다. 사전적 의미로는 가르치고 육성하는 것이 교육이다. 학자들에 따라 칸트는 인간을 인간답게 하는 것이 교육이라고 한다. 어떤 학자는 잠재능력을 키워주는 것, 성숙한 사람이 미성숙한 사람을 성숙되게 하는 것, 모르는 것을 알게 하는 것 등을 교육으로 보는 사람도 있다. 교육에 대한 조작적 정의이면서 행동주의 입장에서 내린 정의를 보면 "교육은 인간행동을 계획적으로 바람직하게 변화하는 것"으로 표현한다.

여기에 인간의 행동은 겉으로 드러나는 행동도 있고, 겉으로 드러나지 않는 행동도 있다. 겉으로 드러나는 행동은 인사한다든지, 말로 표현한다든지, 눈빛을 교환한다든지, 어떤 행동을 실천한다든지 하는 것이며, 겉으로 드러나지 않는 행동은 그 사람의 내면의 세계에서 사고하거나 느끼거나 하는 부분들이다. 계획을 세운다는 의미는 어떤 대상을, 어떤 시기에, 어떤 내용으로, 어떻게 변화시킬 것인지를 사전에 설계도를 만든다는 의미이다.

그렇다면 변화는 무엇인가? 무엇을 변화한다는 것인가? 변화시키는 내용은 지식(Knowledge), 기능(Skill), 태도(Attitude)이다. 아니, 태도(Attitude)와 기능(Skill)과 지식(Knowledge)이다. 이 세 가지를 고루 갖추도록 하는 것이 바로 전인(全人)적인 인간이다. 즉, 태도와 기능과 지식을 변화한다는 의미이다. 이것이 교육인데 학교현장에서는 어떠한가? 지식과 기능에 치우치지는 않았는가? 올바른 태도 형성이 되지 않은 상태에서 지식과 기능이 주어지면 위험하다. 칼로는 다양한 것을 한다. 요리할 수도, 물건을 자를 수도 있다. 범죄자에게 칼이 주어지면 사람을 죽일 수 있지만 의사에게는 사람을 살리는 도구가 된다. 칼의 용도를 아는 것이 지식이라면 칼을 직접 사용하는 방법을 아는 것은 기능이다. 그 칼을 어떻게 사용하는가는 태도에 달려 있다. 태도가 중요한 이유가 여기에 있다.

생각해 보기

의미요법

삶이 고통스러울 때, 삶의 의욕이나 동기를 잃었을 때, 나는 어떻게 행동하는가? 지금 현재 하고 있는 일이 지겨운가? 무기력한가? 우울한가? 흥미가 없는가? 의미치료요법을 기법을 통해 삶의 의미를 찾아보기 바란다. 프랭클(Viktor Frankl: 1905~1997)은 오스트리아에서 태어난 유대인 심리학자이며 정신과 의사이다. 그는 2차 세계대전 당시 부모, 형제, 부인은 독일 나치의 아우슈비츠수용소에서 죽었다.

1945년 기준 약 600만 명(유럽 전체 유대인의 80%)이 살해당한 것으로 추정된다. 프랭클도 3년간 수용소 생활을 했으나 아우슈비츠에서 살아남은 49명 중 한 명이 되었다. 아우슈비츠는 나치 독일이 유대인을 학살하기 위하여 만들었던 강제 수용소이다. 수감자들은 일어서 있을 수 없을 정도로 좁은 방에서 생활했다. 이러한 절박한 상황에서 생을 유지시켜 줄 정도로 강력했던 의미는 무엇인가? 프랭클은 3년 동안 상상조차 할 수 없는 온갖 잔인함과 모욕, 비인간적인 대우를 겪었지만 희망을 버리지 않았다. 육체적 자유는 내 것이 아니지만 나의 마음, 나의 의지는 내 것이라 생각했다. 그리고 삶과 죽음은 통제할 수 없지만 희망의 끈을 놓는 순간 삶의 의미는 사라진다고 생각했다. 고통 속에서 죽음을 택하는 것은 가장 나태한 방법으로 생각하고 이 지옥 같은 상황을 그리고 꼭 남기겠다고 다짐했다.

프랭클은 수용소에서 생활하고 죽음을 맞는 수많은 유대인을 보면서 의미치료(logo therapy)를 창안했다. 의미치료는 고통의 불가피성과 고통의 의미를 깨달음으로 고통을 극복한다. 즉, 의미치료란 삶에서 의미를 찾아내도록 돕는 것이다. 그는 수용소 생활을 하면서 의미와 목적을 잃어버리고 절망한 사람들이 더 빨리 죽고 의미와 목적을 가진 사람들이 생존한다는 사실을 발견했다. 극한의 상황에서 '의미'가 중요하다는 사실에 대해서 프랭클은 '생존 가'(survival value)라는 용어로 설명한다. '생존 가'란 다른 조건들이 같다면 미래에 충족될 의미를 지향하는 사람들이 가장 먼저 살아남는 것을 의미한다.

극한의 상황에서 살아남은 사람들은 대부분 생존 가를 갖고 있었다. 그는 수용소에서 겪은 사례에서 한 작곡가가 1945년 3월 30일 전쟁이 끝날 것이라고 이야기했지만, 3월 30일 전쟁은 끝나지 않았다. 그 이야기를 들은 대부분의 사람들이 그 다음 날부터 감기가 걸리고 많은 사람들이 죽기 시작한 것을 목격했다. 또한 병에 걸려 누워 있어도 일을 하지 않으면 먹을 것을 주지 않는다. 그런데 자기도 먹을 것이 충분하지 않은데도 불구하고 어떤 사람은 일하지 못해 먹을 것이 없는 사람에게 매일 자기 몫을 주는 경우도 있었다.

의미치료의 기본원리는 다음과 같다. 첫째, 자유 의지(free will)이다. 이는 결정론과 반대된다. 프랭클은 사람은 최악의 상황에서도 스스로 결정을 내릴 수 있다고 본다. 최악의 상황에서도 어떤 사람은 다른 사람의 목숨을 위해 희생하고 헌신하는 사람이 있다. 죽음을 선택하는 사람도 있다. 의지를 행사한다는 것은 생물학적 차원이나 심리적 차원을 넘어서는 영적인 차원이다. 암에 걸린 사람의 경우 자신의 생을 의미 있게 마감하기 위해 봉사활동을 하는 사람이 있다. 건강을 회복하기 위해 노력하는 사람도 있다. 희망을 잃고 스스로 포기하는 사람도 있다. 이것이 바로 자유의지라는 것이다.

둘째, 의미를 찾으려는 의지(will to meaning)이다. 정신분석학의 대가인 프로이트는 마음의 핵심은 성욕(libido)의 추구에, 아들러는 권력을 중요시했다. 프랭클은 마음의 핵심은 의미의 추구에 있다. 그래서 그는 실존적인 공허감이 문제의 핵심이라고 본다. 행복과 쾌락을 찾지 말고 의미를 찾으라고 권한다. 성공을 목표로 하지 말고 행복해지려면 오히려 행복을 찾지 말아야 한다. 스퐁빌은 행복의 역설이라고 부른다. 인간은 의미를 찾으면 행복한 삶이 찾아온다.

셋째, 삶의 의미(meaning of life)이다. 삶의 의미란 ① 고통 속에서도 삶의 의미를 찾고, ② 죄 속에서도 삶의 의미를 찾으며, ③ 죽음에서도 삶의 의미를 발견하는 것을 말한다.

2) 인지주의 이론

학습에서 인지발달이론과 정보처리이론을 주장한 학자들의 견해에서 학습이란 '이해를 통한 학습자의 인지구조의 변화'라고 본다. 행동주의 이론에서 주장한 행동적 목표란 행동의 결과이지 행동 자체는 아니기 때문에 학습자가 보여 줄 사고의 과정이 교육목표가 되어야 한다는 것이다. 인지주의에서 주장하는 학습이론은 학습이란 학습자의 기억 속에 학습사태에서 일어나는 여러 가지 사상에 관한 정보를 보존하고 조직하는 인지구조를 형성함으로써 일어난다는 것이다. 이러한 인지주의 학습이론의 배경이 되는 기본적인 가정은 인간의 감각을 통해서 받아들이는 외부자극 요소들이 내포하고 있는 의미를 끄집어내는 인지 혹은 사고과정을 통하여 사고 내용이 형성되고, 이들 사고 내용이 행동을 하게 하는 원인이 된다. 인지주의 학습이론의 핵심 개념은 개념 형성, 사고 과정, 지식의 획득 등이며, 인간의 지각, 인식, 의미, 이해 등이 학습을 결정하는 중심개념이라고 간주한다.

인지주의 이론 중 브루너(Bruner)는 어떠한 교육 내용도 그 발달단계에 맞게 구성하면 어린이에게도 미적분을 가르칠 수 있다고 주장하고 있다. 발견학습에서 주장하는 지식의 표상양식(행동적 · 영상적 · 상징적)에 따른 교과내용을 조직하고 강화하는 나선형 교육과정을 제시했다. 지식의 표상양식에서 행동적이란 어린이가 유치원에서 자기 집까지 가는 길을 친구 아이에게 말로 설명할 수 없지만 직접 친구를 데리고 갈 수 있는 것이다. 이것이 정보처리체계 중 가장 기초적인 형태이다. 영상적이란 초등학교 입학 전 · 후 정보를 재현하는 과정으로, 학교에서 자기 집까지 가는 길을 친구에게 그림으로 그려서 가르쳐 줄 수 있다는 것이다. 상징적이란 초등학교 상급반 10세~14세 전후 어린이가 갖는 정보체계로 어린이가 학교에서 집까지 가는 길을 말로 설명할 수 있을 뿐만 아니라 기호로 된 수학문제들을 조합하여 풀어 나갈 수 있다는 것이다. 인지주의 이론에서 적절한 교수이론은 지식의 특성 · 학습자의 특성 · 지식획득 과정의 특성을 고려한 교수 설계의 필요성 강조하고 있다.

오스벨(Asubel)의 포섭이론에서는 학습자의 기존 인지구조는 유의미한 새로운 자료가 학습과 파지에 영향을 미치기 때문에 유의미한 학습을 촉진시킬 수 있는 선행조직자의 중요성을 강조하고 있다. 인지주의에서 중요한 것은 인지전략(cognitive strategic)이다. 이 인지전략은 지적기능, 특히 문제해결 능력이 한 특수한 영역으로 개인이 사고하고, 학습하고, 기억하는 행동을 지배하는 내적인 행동방식이다. 인지전략은 사고전략, 학습전략, 기억전략이라고 볼 수 있다. 개개인의 사고전략, 학습전략, 기억전략이 다 다르듯이 학습자가 문제해결 방법을 모색하는 과정인 인지전략은 각자에게 독특하게 나타난다. 이러한 인지전략의 학습은 학교학습에서 창의적인 문제해결능력의 개발과 관련하여 대단히 중요한 의미를 갖는데, 이러한 인지전략은 오랜 기간 경험이나 지식, 학습, 사고과정을 거치면서 형성되고 개선되며 수정된다.

인지주의자들은 교육을 "인지구조의 변화"로 보고 있다. 인지주의자들은 인간의 행동이 아니라 인간의 복잡한 정신과정에 집중한다. 즉, 사람이 인지하는 것(보고, 듣고, 만지고, 느끼고, 기억하고, 생각하는 등)을 잘할 수 있도록 변화시키는 것을 교육으로 보고 있다. 어떻게 보아야 하며, 어떻게 들어야 하고, 어떻게 느끼고, 어떻게 기억하며, 어떻게 생각할 때 인간이 보다 효과적이고 효율적인가를 연구한다. 여기에도 인간의 마음이 중요하다. 태도가 중요하다. 왜냐하면 복잡한 정신과정에서 인간의 무엇인가를 하려고 하는 동기유발 여하에 따라 결과가 달라지기 때문이다.

생각해 보기

인지부조화 이론

인지부조화(認知不調和, cognitive dissonance)란 미국의 사회심리학자 리언 페스팅어(Leon Festinger)가 1950년대에 발표한 책 『인지적 부조화 이론』을 통해 소개된 용어이다. 인지부조화는 두 가지 모순된 요소, 즉 태도와 태도, 태도와 행동의 모순을 인지했을 때 그 모순은 심리적 긴장 상태를 만들기 때문에 이 긴장을 해소하기 위해 이 두 가지 중 더 지지하는 행동을 한다. 인지부조화 이론에서 강조하는 것은 태도보다 행동이 먼저라는 것이다. 태도에 일치하도록 행동을 바꾸는 것이 아니라 행동을 하면 태도가 변한다. 행동을 하게 하면 그 행동이 지지하는 것이 된다. 자발적인 행동이든 비자발적인 행동이든 내가 다른 사람의 눈에 드러나게끔 행동을 한 경우 그 행동이 나의 태도를 바꾸게 된다.

담배를 피우는 사람이 담배가 몸에 해롭다고 생각하지만 담배를 끊지 못하고 계속 피운다. 왜일까? 담배를 피우는 행동을 했기 때문에 이 행동을 더 지지하게 되는 것이다. 생각과 행동이 일치하지 않는 인지부조화가 있지만, 나의 행동에 맞추어 태도를 바꾸기 때문이다. '담배 피워도 오래 사는 사람은 오래 산다'로 태도를 바꾸어 담배 피우는 행동을 계속하게 된다. 인지부조화가 발생하면 자기합리화나 감정전이 행동이 발동한다. 예를 들면 12월 4일 종말이 온다고 난리 법석을 떨었는데 그날 종말이 오지 않을 경우 인지부조화가 발생하고 그에 대해 우리가 기도를 열심히 해서 멸망을 피해갔다고 자위하는 것이 자기합리화이다.

명백히 잘못을 저지른 정치인, 종교인, 연예인에 대한 무분별한 지지는 인지부조화 이론의 좋은 사례이다. 오히려 어떤 경우에는 인지부조화 상태를 조장하여 사실을 왜곡하기도 한다. 예를 들면 특정 정치인, 종교인, 연예인에 대해 내가 강력한 지지 행동을 했을 경우 지지한 사람이 내가 생각했던 태도와 행동을 하지 않으면 인지부조화가 발생한다. 이때 인지부조화를 이루고 있는 상태에서 지지행동을 할 만한 아주 작은 근거라도 만들어 주면 그것이 거짓일지라도 지지하는 행동이 강화되게 된다.

인지부조화가 인간에게 해를 끼칠 수 있는 영역은 상당히 많다. 특히 종교적으로 가면 더 그렇다. 인지부조화로 인해 사이비 종교를 맹목적으로 믿는 경우, 돈을 잃을 거라 예상하면서도 계속해서 도박에 매달리는 상황, 맹목적으로 믿고 지지하는 종교인이나 정치인이 나오는 경우도 여기에 해당된다. 내가 한 행동들 때문에 나의 태도를 바꾸어 탈출하지 못하고 지속적으로 나쁜 행동들을 반복하게 된다. 이렇게 되기 때문에 내가 한 행동이 나의 태도를 바꾸게 된다. 행동이 태도를 만든다는 것이다. 아무리 부정부패가 심한 종교인, 정치인이라도 내가 지지한 행동을 했을 경우 지지하는 이유가 여기에 있다.

반대의 경우도 있다. 인지부조화를 통하여 좋은 태도로 변화시킬 수도 있다. 예를 들면 내가 싫어하는 사람 또는 존경하지 않는 사람인데도 불구하고 남들 시선 때문에 겉으로 그 사람에게 인사하거나 좋게 표현하는 행동을 할 경우 인지부조화가 발생한다. 왜냐하면 내가 그 사람을 싫어하고 존경하지 않는데 겉으로 인사를 하고 좋아한다는 표현을 했기 때문에 내적인 갈등이 발생한다. 이러한 행동을 지속하게 되면 인지부조화 때문에 싫어하는 사람에 대해 좋아하는 태도로 바뀌게 된다는 이론이다. 즉, 겉으로 드러나는 행동이 그 사람의 태도를 바꾸게 한다는 것이다.

즐거워서 웃는 것이 아니라 웃다 보면 즐거워진다. 슬퍼서 우는 것이 아니라 울다 보면 슬퍼진다. 행복해서 행복한 것이 아니라 행복하다고 믿다 보면 행복해진다. 어떤 행동을 일관되게 반복하면 그 사람의 태도가 바뀐다고 보는 것이다. 기독교에 대해 나쁜 이미지나 태도를 갖고 있는 학자에게 기독교에 대한 좋은 이미지나 좋은 측면의 글을 써 달라고 하면 그 사람은 글을 쓰는 동안 기독교에 대해 좋은 태도로 바뀔 수 있다. 태도를 바꾸기 위해서는 행동을 유도하는 것이다.

사람들은 어떤 결정을 할 때 마음속으로 생각만 하거나 분명한 행동을 하지 않는 경우 또는 내가 직접 참여하지 않은 경우에는 태도 변화가 잘 일어나지 않는다. 하지만 자발적이든 비자발적이든 자신이 일단 행동을 한 경우에는 자신이 주체가 되어 벌인 행동을 물릴 수 없다는 것을 알기 때문에 인지부조화된 상태의 불쾌감을 해소하기 위해 상대적으로 바꾸기 쉬운 마음이나 태도를 바꾸게 된다. 특히 자신감 있게 생각하고 있던 태도가 확고할수록 인지부조화로 경험되는 심리적 불편감이 커서 태도 변화가 일어날 확률도 커진다.

부정적인 태도를 변화시키기 위한 좋은 방법은 부정적인 생각을 가지고 있는 부분에 대해 직접 참여시켜 긍정적인 행동을 하도록 하는 것이다. 그런데 부정적인 태도를 가지고 있기 때문에 긍정적인 행동으로 참여시키기가 매우 어렵다. 그래서 강제로 참여시키거나 상대방에게 부탁을 하거나 도움을 요청하는 것도 하나의 방법이다.

3) 구성주의 이론

객관주의의 주요한 가정은 세계는 객관적으로 존재하고 그것은 구조화되어 있다는 것이다. 내 눈앞에 보이지 않는다고 해서 북한산이 사라진 것은 아니다. 북한산은 항상 그 자리에 존재한다. 주관주의의 경우 내가 없으면 북한산도 없다는 가정이다. 구성주의는 주관주의에 바탕을 두고 학습이란 객관적 실재의 구조를 파악하는 것이다. 구성주의의 주요한 가정은 세계는 주관적이며 실재란 학습자의 마음속에 존재한다. 각 개인의 경험이 다르듯이 구성된 실재의 모습이나 의미도 다르다. 교수목적은 학습자가 사실이나 개념, 원리 등 어떤 지식의 요소를 알도록 하는 것이 아니라, 오히려 학습자에게 세상에 대한 그들 스스로의 이해를 어떻게 하는지 보여 주는 데 있다. 구성주의에서 교수설계는 교수를 구조화시키는 것이 아니라 학습이 일어날 수 있는 환경을 설계하는 것이다. 컴퓨터, 상호작용, 비디오 및 정보통신 기술의 발달은 구성주의 관점에서 강조하고 있는 능동적인 학습자를 위한 풍부한 학습 환경 제공에 중점을 두고 있다.

구성주의는 인지주의 이론에 기초하여 학습자의 지식을 내부로부터 표상하는 과정을 강조하고 있다. 학습자가 지식을 내부로부터 우선적으로 표상하고 자신의 경험적 해석을 통하여 지식에 대한 이해를 구성해 가는 과정에 초점을 둔다. 지식은 경험으로부터 구성되며 학습자의 경험을 통하여 재구성되고 실제 생활과 관련된 맥락(context)이 중요하다. 그리고 한 개인이 세상을 통해서 얻는 지식은 개인이 알고 있는 이전의 지식에 의존하고 외부에서 계산적 과정을 통해 하나하나 추가

하는 것이 아니라 내부에 있는 구조적 과정을 통해 새롭게 창조해 나간다. 구성주의는 개인 내 인지적 과정에 초점을 둔 인지적 구성주의와 사회 환경과의 교류에 초점을 둔 사회적 구성주의로 구분할 수 있다.

인지적 구성주의의 대표적인 학자는 피아제(Piaget)이다. 피아제의 인지발달이론에서 동화(assimilation)는 새로운 정보나 새로운 경험을 접했을 때, 이미 자신에게 구성되어 있는 인지구조에 의하여 해석된다. 조절(accommodation)은 주어진 상황에 맞게 기존의 인지구조를 변화시키는 것이다. '볼펜' 하면 볼펜으로 이해하는 것은 동화라고 볼 수 있으며 볼펜이 아니라 폭탄으로 이해할 수도 있다. 즉, 볼펜폭탄을 보았을 경우 자신이 가지고 있는 인지구조상 볼펜에서 볼펜이 폭탄으로 변화하여 인식하게 되는 것을 조절이라고 보면 된다. 이러한 과정을 통하여 평형화(equilibrium)가 이루어진다. 이러한 학습자의 인지발달 단계에는 감각운동기, 전조작기, 구체적 조작기, 형식적 조작기가 있다. 적절한 교수처방은 이 발달단계에 맞게 구성해야 한다.

사회적 구성주의의 대표적인 학자는 비고츠키(Vygotsky)이다. 그는 사회 및 문화적 환경이 발달에 결정적인 영향을 미친다고 보았다. 사회적 상호작용을 통한 내면화가 인지발달에 큰 영향을 준다. 사회적 상호작용을 하는 과정에서 언어의 중요성을 강조했다. 비고츠키는 근접발달 영역(ZPD: Zone of Proximal Development)과 발판(Scaffolding)을 강조하고 있다. 근접발달 영역은 독자적으로 실행할 수 있는 수행수준인 실제발달수준과 성인의 도움을 통해 실행 가능한 수행수준인 잠재발달 수준과의 차이를 말한다. 두 가지 수행수준 간의 차이를 근접발달 영역이라고 본다. 학습은 이 근접발달영역에서 가장 잘 이루어진다. 발판의 경우 교사의 역할은 어린이들에게 근접발달 영역에 있는 경험을 제공하는 것이다. 그러므로 어린이들의 근접발달영역 안에 있거나 또는 약간 높은 수준의 과제를 제공하고 도움을 주는 것이 바로 비계설정이다. 발판은 학습초기 단계에서는 많은 지지와 조언을 하지만 단계적으로 지지를 감소시켜 점차 스스로 학습을 하게 하는 것이다. 사회적 구성주의에서는 교수를 설계할 때 사회 문화적 맥락에서 인지발달에 대한 이해와 교수 설계의 중요성 강조하고 있다.

구성주의자들은 교육을 "개인적 의미창출"로 보고 있다. 개인적 의미창출이란 자기 자신에게 무엇인가 도움이 되어야 교육이 되었다는 것이다. 아무리 좋은 지식도 나에게 도움이 되지 않으면 교육이 아니라고 본다. 개인적으로 의미를 창출하기 위해서는 내가 직접 참여해 보는 것이 중요하다. 말을 물가로 데리고 갈 수는 있어도 물을 먹고 안 먹고는 물에게 달려 있다. 여기서도 중요하게 생각하는 것이 각 개인의 태도와 마음이다. 물을 먹느냐 마느냐 하는 것은 개인의 의지에 달려 있다. 이상과 같이 교육에서 중요한 것은 지식과 기능보다 태도이다.

인지적 구성주의 학자인 피아제와 사회적 구성주의 학자인 비고츠키의 이론을 정리하면 〈표 2-3〉 개인적 구성주의 피아제, 사회적 구성주의 비고츠키와 같다.

〈표 2-3〉 인지적 구성주의 피아제, 사회적 구성주의 비고츠키

구분	피아제	비고츠키
발달의 원동력	• 발달의 원동력은 내부에 존재하듯 학습자가 발달의 주체	• 사회 및 문화 환경이 발달에 결정적인 영향을 미침 • 사회적 상호작용이 중요함
인지발달에 영향을 주는 요인	• 물리적 환경, 사회적 환경, 성숙, 학습자의 자기조절(도식, 동화, 조절, 평형화), 인지구조	• 사회구조 • 도구(언어, 문자, 제스처) • 기술
발달단계	• 감각운동기, 전 조작기, 구체적 조작기, 형식적 조작기	• 발달단계를 제시하지 않음
중요개념	• 도식, 동화, 조절, 평형화, 인지구조	• 근접발달영역(ZPD): Zone of Procimal Develop ment • 비계설정(Scaffolding)
인지발달	• 인지갈등을 해소하려는 평형화를 통하여 인지발달이 이루어짐	• 사회적 상호작용을 통한 내면화가 인지발달에 큰 영향을 미침
	• 인지발달은 언어와 관계가 없으며, 언어는 사고의 도구 역할을 할 뿐	• 언어가 사고발달에 핵심적인 역할 ※ 생각해 보기 • 원시적 언어 단계, 심리적 언어 단계, 자기중심적 언어 단계, 내적성장 언어 단계

구분	피아제	비고츠키
사적언어	• 사적언어는 인지적 미성숙(자아중심성)의 징표로 간주	• 사적언어는 인지발달에 긍정적인 영향을 미치며, 사회적 상호작용과 더불어 발달
학습과 발달	• 발달이 학습에 선행함	• 학습이 발달에 선행함
상호작용	• 성인과의 상호작용보다는 또래 간의 상호작용이 인지발달에 더 큰 영향을 미침	• 지적으로 더 유능한(또래든 나이가 많은 아동이든, 아니면 성인이든) 사람과의 상호작용이 학습과 발달에 큰 영향을 미침
교사역할	• 교사의 역할 최소화, 지시자가 아님	• 교사의 도움이 필요함, 촉진자 역할
수업전략	• 불균형의 상태를 경험하게 하는 전략	• 근접 발달 영역 내에서 지적 발판과 의미 있는 상호작용을 제공하는 전략

생각해 보기

말에는 힘이 있다. 당신의 입술에 파수꾼을 세워라.

말에는 힘이 있다. 성경에 보면 하나님이 이 세상을 무엇으로 창조했다고 나오는가? 말씀으로 창조하셨다고 나온다. "하나님이 가라사대 빛이 있으라 하시매 빛이 있었고" 등 말씀으로 세상을 창조하셨다. 말에는 이와 같이 힘이 있다. 또한 말 한마디로 사람을 살릴 수도 있고 죽일 수도 있다. 말 한마디로 천 냥 빚을 갚는다는 속담이 있지 않은가?

말이 얼마나 중요한가? 실험을 해 보자. 절대로 아래 내용을 읽으면서 상상하면 안 된다. 상상하지 말고 읽어야 한다. 말로 할 때도 마찬가지이다. 아래 말을 들을 때 절대 상상하지 말고 들어야 한다. 우선 아래 글을 읽어 보라. 이 글을 말로 표현하는 사람이 있다고 해 보자. 여러분들은 지금부터 5박 6일 동안 하와이 여행을 간다. 애인과 함께 하와이에서 6일 동안 함께 지낸다. 첫째 날은 해변에서 수영을 한다. 해변은 세계 곳곳에서 온 여행객들로 가득하다. 모든 사람들이 즐거운 시간을 보내고 있다. 해변은 너무 아름답다. 야자수가 줄지어 서 있고, 바람이 피부에 스칠 때 정말 좋다. 첫날 저녁은 레크리에이션을 한다. (중략)

이 내용을 글로 읽을 뿐만 아니라 말로 들었다고 생각해 보라. 상상하지 않고 들은 사람이 있는가? 없다. 모두 말을 들으면 뇌에 자극이 간다. 상상하지 않고 듣는 사람은 죽은 사람밖에 없다. 상상하지 말라고 하여도 결국 자동적으로 상상하게 된다. 이것이 말의 효과이고 말의 위력이다. 점을 보지 말아야 하는 이유가 여기에 있다. 점을 볼 때 점쟁이의 한마디에 사람들은 영향을 받는다. 이것이 말의 위력이다. 좋은 말을 들을 경우에는 기분이 좋지만 좋지 않은 말을 들을 때 그냥 듣고 지나가기 쉽지 않다. 그래서 부적을 사고 굿판을 벌이게 된다. 더구나 점을 보는 곳에 가면 장소 자체도 일반 밝은 곳과 다르다. 이상한 그림이나 상들이 놓여 있다. 그런 곳에서 점치는 사람복장도 이상하다. 그런 사람이 당신을 향해 한마디 말을 하면 그 말을 듣고 그냥 지나가기 쉽지 않다. 이것이 말의 위력이다.

말에는 항상 부메랑 효과가 있다. 내가 좋은 말, 긍정적인 말을 하면 반드시 좋은 말 긍정적인 말이 돌아오는데 나쁜 말 부정적인 말을 하면 반드시 나쁜 말 부정적인 말이 돌아온다. 그래서 말은 좋은 말 긍정적인 말, 사람을 살리는 말을 해야 한다. 또한 나쁜 말 부정적인 말 사람을 죽이는 말을 했을 경우에는 누가 먼저 가장 큰 손해를 보느냐 하면 나쁜 말을 하는 자신이 가장 큰 손해를 본다. 왜냐하면 욕이나 나쁜 말을 하면 가장 먼저 자기 자신의 뇌와 몸 전체, 그리고 입 등이 가장 먼저 욕이나 나쁜 말이 된 후 그 말이 상대방에게 전달되기 때문에 자신이 60% 이상 먼저 손해를 보고 나머지 40% 정도가 다른 사람을 해치게 된다. 그러므로 결국 좋은 말을 해야 하는 이유는 남을 위한 것이기보다는 자신을 위해서라고 할 수 있다.

일본의 유명한 에모토 마사루가 쓴 『물은 답을 알고 있다』라는 책을 보면 똑같은 물을 갖다 놓고 한쪽 물에는 사랑합니다. 감사합니다. 고맙습니다. 등의 말을 한 후 급속도로 냉각시켜 특수 카메라로 물을 촬영하면 물의 결정체가 육각수로 나온다. 반면에 똑같은 물에 쓸모없는 것, 더러운 것 등의 말을 한 후 급속도로 냉각시켜 특수 카메라로 물을 촬영하면 똑같은 물인데도 물의 결정체가 육각수가 아닌 찌그러진 결정체로 나온다는 사실은 말이 얼마나 중요한가를 보여주는 좋은 예라고 할 수 있다.

윗사람의 말 한마디는 생명을 살릴 수도 죽일 수도 있다. 조직의 지도자는 더욱더 사람을 살리는 말을 해야 한다. 왜냐하면 만약 조직의 지도자가 말 한마디를 잘못했을 경우 그 조직 전체에 영향을 미친다. 무심코 연못에 던진 돌멩이에 개구리가 죽을 수 있다. 조직의 지도자가 구성원들에게 "당신 무슨 일을 그 따위로 해. 회사 망칠 일 있어? 내일부터 출근하지 마!"라는 말을 했다고 가정해 보자. 그 말을 들은 사람이 회사 퇴근 후 소주를 마시거나 아니면 그 말을 듣고 그 마음으로 집에까지 간다면 아내에게는 물론 자식들에게도 영향을 미칠 수 있지 않겠는가? 극단적일 경우 마음이 너무 상해 자살할 수도 있을 것이다. 반면 "자네 요즘 힘들지! 힘내게"라는 말을 들은 사람은 자살하려다가도 말 한마디에 힘을 얻고 용기를 얻어 다시 일어설 수 있다.

지도자가 자신이 하고 싶은 말을 정제하지 않은 채 모조리 해 버린다고 생각해 보라. 얼마나 끔찍한 일인가? 조직의 지도자가 말 한마디를 잘못하여 수십 년 동안 쌓아온 명성을 하루아침에 다 잃어버리는 예가 얼마나 많은가? 특히, 정치인들은 말 한마디로 자리를 물러나는 경우가 많이 있다. 자신의 명예를 보전하는 것도 중요하지만 다른 사람들에게 미칠 영향을 생각해야 한다. 지도자는 말을 잘해야 할 뿐만 아니라 잘 말해야 한다. 감정에 치우쳐서 하고 싶은 말을 전부 한다면 지도자의 자격이 있겠는가? 인격이 성숙되지 못하면 나오는 대로 말을 하게 된다.

나는 정말로 말을 잘하고 있는가? 다른 사람들이 내 말을 듣고 피해를 볼 사람들은 없는가? 생각해서 말을 해야 한다. 말이란 그냥 나오는 대로 하는 것이 아니다. 나오는 대로 해야 할 말은 긍정적이고 사람의 기를 살리고 칭찬하는 말밖에는 없다. 지도자의 말은 한마디로 영향을 미칠 수 있는 것이 한 개인뿐만이 아니라는 사실을 명심하고 또 명심해야 한다. 그 말을 들을 그 사람이 다른 사람에게 다른 말을 할 것이고 그 말을 들은 상대방은 다른 사람에게 또 말을 할 것이다. 이것이 말의 영향력이다. 평범한 개인의 말 한마디도 중요하지만 내 말 한마디로 영향력을 행사하는 범위가 클수록 말을 조심하고 조심하고 조심해야 한다(윤옥한, 2011, 재인용).

행동주의·인지주의·구성주의를 비교하면 아래 〈표 2-4〉 행동주의·인지주의·구성주의 비교와 같다.

〈표 2-4〉 행동주의·인지주의·구성주의 비교

비교항목	행동주의 (행동과학)	인지주의 (전통적 인지과학)	구성주의 (구성적 인지과학)
대표학자	• 파블로프, 손다이크, 스키너	• 브루너, 오수벨	• 피아제, 비고츠키
철학적 배경	• 객관주의: 외부적으로 중재된 현실	• 객관주의	• 주관주의: 내부적으로 구성된 현실
패러다임	• 교수(teaching) • 수업(instruction)	• 교수(teaching) • 학습(learning)	• 학습(learning)

비교항목	행동주의 (행동과학)	인지주의 (전통적 인지과학)	구성주의 (구성적 인지과학)
학습의 정의	• 외현적 행동의 변화 • 바람직한 행동의 변화 유도, 정보 제시자	• 인지구조의 변화 • 새로운 정보를 기존 인지 구조에의 연결활동 촉진	• 주관적 경험에 근거한 개인적 의미창출 • 학습 환경 조성자
학습의 발생	• 자극과 반응, 양자간 연결 및 강화	• 정보의 입수, 조직, 저장, 인출활동 강조	• 개인적 경험에 근거한 세계에 대한 의미 창조. • 환경 또는 동료들과의 사회적 상호작용
학습의 영향요인	• 학습효과를 극대화하기 위해 외현적 자극 및 반응의 체계적 배열과 자극 시점의 결정	• 정보처리 활동을 촉진시킬 수 있는 학습자의 정신적 활동 강조	• 상황적 맥락, 학습 주체인 인간의 학습활동, 학습 대상인 지식의 역동적 상호작용
교수 · 학습 전략	• 외현적 교수전략 • 행동적 교육목표 진술	• 학습자의 내적 사고전략 • 교사의 부호화 전략, 정보처리 전략	• 학습 환경의 조성 및 상황적 맥락과 진실성 있는 과제 제공
교수 설계와의 관련	• 관찰 가능한 행동 목표 및 준거지향 평가 • 학습자의 선수지식 및 출발점 행동진단을 위한 학습자 분석 • 수업내용의 계열성 확보 • 강화를 통한 보상 체제 및 즉각적 피드백	• 학습자의 적극적 참여 학습자 통제, 메타인지 전략 • 인지과제 분석 기법 • 정보처리 과정 촉진을 위한 정보의 구조화, 계열화 • 학습결과의 효과적 전이를 위한 학습 환경의 창출	• 일반적 학습지침 제시 • 학습상황 및 적용 상황의 분석 • 일반적 학습내용의 영역 제시 및 학습과제의 맥락화 • 다양한 관점의 제시 및 사회적 협상 • 탈목표 평가관 및 학습자의 학습과정 평가

3. 학습 · 훈련 · 교육 · 개발

〈표 2-5〉 훈련 · 교육 · 개발

구분	훈련(Training)	교육(Education)	개발(Development)
정의	• 보통 단순한 행동을 습관적 수준 또는 규칙적으로 자동화된 수준에 이르도록 되풀이하는 실천적 활동 • 지능이나 신념의 작용이 적은 행동 형성 방식의 하나 • 인간 활동에도 훈련적 요소가 많이 있으나, 동물훈련이란 말에서 알 수 있듯이 이를 지나치게 강조하면 고차적 인간학습의 측면이 외면될 가능성이 많음	• 인간행동의 계획적 변화과정 • 인간의 정신적, 신체적 성장과 발달을 어떤 가치기준에 의하여 통제하거나 조력하는 일련의 인위적 과정	• 지식이나 능력 등을 더 나아지도록 이끄는 것
시간적 측면	• 현재의 직무와 관련된 학습	• 확정된 미래의 다른 직무에 대한 준비	• 현재나 미래의 특정 업무와는 무관하지만 조직 및 개인적 성장을 위한 학습
효과적 측면	• 당장 효과에 초점	• 좀 더 나중의 효과에 초점	• 효과가 가장 늦게 나타나지만 부가가치가 높은 것에 초점

교육과 관련된 용어로는 많이 있지만 여기에서는 훈련 · 개발 · 교육 · 학습이란 말들이 어떤 점이 다른지에 대해서 먼저 살펴본다. 학습이란 한마디로 배우고 익히는 것이다. 배우고 익히는데 어떤 경험이나 연습에 의해서 비교적 영속적인 변화가 일어났을 때 학습되었다고 이야기할 수 있다. 여기서 중요한 것은 "경험이나 연습에 의한"이라는 말은 약물과 같은 것에 의한 변화나 자연적인 성숙, 발달은 학습이 아니라고 보면 된다. 또한 영속적인 변화라고 했을 때, 이 말은 일시적인

변화의 경우 학습으로 볼 수 없다. 학교현장에서 학습이라는 말을 사용할 경우에는 이와 같은 정의를 주로 사용한다. 그러나 산업현장에서 학습이란 말은 좀 더 폭넓게 사용하고 있다. 즉, 학습에 대한 개념을 어떤 목적을 달성하기 위한 수단으로 사용하고자 하는 경향이 있다. 학습이란 정보와 지식(knowledge) 자체이며, 변화(change)를 일으키는 것이고, 심지어는 일 자체(work)를 학습으로 보는 경우도 있으며, 성과(performance)를 일으키는 것이고, 문제를 해결(problem solving)하는 것으로 보고 있다. 즉, 학습을 통해서 달성하고자 하는 목적 자체를 학습으로 보는 경향이 있다. 학습이라는 용어 외에 훈련(training) · 교육(education) · 개발(development)이라는 용어가 있다. 이들에 대한 정의와 상호관계는 앞의 〈표 2-5〉와 같다.

4. 교육 패러다임 변화

교육패러다임 변화를 이해하기 위해서 우선 21세기 환경변화에 대해서 이해할 필요가 있다. 21세기 환경변화의 특징은 어떻게 설명할 수 있을까? 21세기 환경변화의 특징을 설명한다면 다음과 같다. 첫째, 21세기 환경변화 중 하나는 가속적(exponential)이다. 즉, 환경변화가 선형적(liner)인 것이 아니라 기하급수적으로 변화한다는 것이다. 선형적인 변화란 변화가 거의 일률적으로 일어나는 것이지만 가속적인 변화는 아주 급격하게 일어나는 것이 특징이다. 이런 가속적인 변화는 기하급수적인 변화라고 할 수 있다. 예를 들면 하루에 1원으로 시작하여 매일 두 배씩 돈을 지급한다고 하면 첫째 날에는 1원, 둘째 날에는 2원, 셋째 날에는 4원, 넷째 날에는 8원, 다섯째 날에는 16원으로, 한 달(30일)이 되면 5억 4,000만 원이 되는 것이다. 이와 같이 21세기의 변화는 기하급수적이라는 것이다. 그리고 그 기하급수적 변화의 시점, 즉 변곡점(turning point)이 되는 것이 바로 현재 우리가 살고 있는 시대라고 볼 수 있다.

둘째, 확산적(spread)이다. 한 부분에 변화가 있으면 다른 부분에 영향을 미치게 마련이다. 그런데 과거에는 변화가 있어도 파급 효과가 미미했지만 오늘날에는 파급효과가 대단히 크다. 예를 들어 미국의 주가가 한국의 주가에 영향을 미친다든지, 서울 시내 한 지점에서 교통사고가 났을 경우 전 시내의 교통에 영향을 미친다든지 우리의 개인 일상생활에 전혀 영향을 미치지 않을 것 같은 변화도 사실상 큰 영향을 미치고 있다는 것이다.

〈표 2-6〉 물결이론에 따른 사회변화의 특징

구분	제1의 물결	제2의 물결	제3의 물결	제4의 물결
사회	농업사회	공업・산업사회	정보사회	공동・창조사회
산업 가치	노동집약사회	기술 집약사회 자본집약사회	정보사회 지식집약사회	공동창조사회 사회자본
자원	유형자원인 토지	유형 자원 (man, material, machine)	유형+무형자원 (정보, 지식, 문화)	무형자원 (신, 생태계, 환경)
인재상	근면, 성실	모범생, 규격품	세계인, 정보인	학습인, 창조인, 봉사인
생산	소품종 소량	소품종 대량	다품종소량, 단품	다품종 단품
물적 자원	철, 도구	증기기관, 에너지	컴퓨터	3D프린트, 가상현실, 인공지능, 드론
중요한 가치	Reading	Reading, Writing, Arithmatic	Information, Innovation, Integrity, Imagination, Change, Competition, Customer	Small, Soft, Speed, Simole
학습관	Learning by teaching	Learning how to follow rules	Learning by doing	Learning by networking Learning by how to learn

셋째, 단절성(severance)이다. 과거의 변화가 예측 가능한 변화였다고 본다면 앞으로의 변화는 예측이 거의 불가능하다. 어떤 학자는 해도(海圖) 없는 항해의 시대라고 하면서 오늘날의 변화의 방향에 대한 예측 불가능성을 설명하기도 한다. 앨빈 토플러의 물결이론은 더 구체적으로 설명하면 앞의 〈표 2-6〉 물결이론에 따른 사회변화의 특징과 같다.

21세기 환경변화와 함께 교육적인 측면의 패러다임을 이해할 필요가 있다. 21세기 환경변화에 대한 부분은 많은 학자들이 다양하게 환경변화에 대해 예측을 하고 있지만, 여러 학자들을 중심으로 21세기 환경변화의 키워드를 중심으로 기업교육의 패러다임 변화를 살펴보고자 한다.

21세기 환경변화의 Key Words를 든다면 정보화, 세계화, 창조화이다. 즉, 정보화의 경우 인터넷과 지식기반 사회를 바탕으로 가속화되고 있으며 우리나라의 경우 정보화 사회가 아니라 이미 정보 사회라고 볼 수 있다. 세계화의 경우 정보통신의 발달로 인하여 전 세계는 지구촌화되었으며 실시간으로 이미 먼 나라에서 일어나고 있는 아주 사소한 일들을 샅샅이 알 수 있는 시대가 된 것이다. 그리고 지식의 양이 폭발적으로 증가하고 지식에 대한 내용이 공유가 가능함으로써 일상적인 지식보다 창조적이고 독창적인 지식이 진가를 발휘하는 시대에 살게 되었다.

이러한 21세기의 환경 변화 속에서 인적자원개발 분야에서의 중요한 패러다임을 든다면 e-Learning, MOOC, 소셜미디어(social media) 활용, 역량중심학습(CBL: Competency Based Learning)과 성과 중심학습 등이다.

e-Learning의 경우, e에 대해 재미있게 표현해 볼 수 있다. electronic, 즉 전기전자를 바탕으로 하는 二, 두 개의 세상인데 하나는 Off Line 세상, 또 다른 하나는 On Line 세상, 異, 다른 세상 우리가 살아왔던 세상과는 별개의 세상, e, 이런 세상 저런 세상, e, 이 편한 세상 등 다양하게 생각해 볼 수 있다. 그러나 학습측면에서 e-Learning이라고 했을 때 e-Learning의 경우 적절한 대상(right people)에게, 적절한 장소(right place)에서, 적절한 시기(right time)에, 적절한 내용(right contents)을, 적

절한 만큼(right much) 실시하는 것이 e-Learning의 본질이라고 본다.

무크(MOOC: Massive Open Online Course)란 온라인을 통해서 누구나, 어디서나, 원하는 강의를 무료로 들을 수 있는 온라인 공개강좌 서비스를 말한다. 무크는 고대 그리스 시대 플라톤의 아카데미 이후 대학 체제의 두 가지 근간인 학점 인정 권한과 등록금 책정 독점권을 흔들고 있다. 하버드대학교 총장은 무크시대의 도래를 두고 미국 대학체제에 대한 '지진(seismic)'이라고 했으며, 스탠퍼드대학교 총장은 미국 대학에 "쓰나미(Tsunami)가 몰려오고 있다"고 했다. 무크는 기존 대학 체제에 미칠 대학 혁명이라고 해도 과언이 아니며, 10여 년 전 시작된 미국 명문대의 공개 강의(OCW: Open Course Ware)와는 차원을 달리한다. 첫째, 무크는 온라인으로 진행하지만, 강의, 시험, 채점, 토론, 수료증 등이 정규 수업과 똑같이 진행된다. 수업당 인원수에 제한이 없고 수업료도 거의 무료이다. 둘째, 무크가 대학들의 정규 학점으로 인정될 가능성이 점점 높아지고 있다. 미국 여러 주에서는 법적인 보완이 이루어졌다. 앞으로 5년 내 세계 유명 대학이 제공하는 무크 강좌는 급격히 늘어날 전망이며, 교양수업과 전공 입문 수업은 무크로 대체하는 3년제, 2년제 대학도 생겨날 것이다. 이렇게 되면 대학 등록금도 지금보다 4분의 1 혹은 2분의 1 수준으로 줄어들 것으로 예상된다.

소셜미디어는 블로그(Blogs), 마이크로 블로그(Micro blog), 위키스(Wikis), 팟캐스트(Pot casts), 유튜브(YouTube) 등 참여, 공개, 대화, 커뮤니티, 연결 등의 특징을 가진 소셜미디어(Social Media)는 교육에서도 학습자들이 사회적 상호작용을 통해 지식과 정보를 생산, 구성, 공유하는 것을 지원하는 도구로 활용되고 있다. 교과는 물론 교과 외 활동에서 자료 공유, 프로젝트 또는 탐구학습 활동, 전문가와의 교류, 교실 간 협력, 학습경영 등을 위해 SNS와 같은 소셜미디어가 활용된다(이준 · 김지경 · 이윤옥 · 구양미 · 임진숙 · 정순원 · 이은환, 2012). 그러나 소셜미디어는 종류가 매우 다양하며 그 특성도 각기 다르기 때문에 소셜미디어를 교과와 교과 외 활동에서 효과적으로 활용하기 위해서는 무엇보다도 소셜미디어를 사용하고자 하는 목적을 명확히 하고 교육활동에 적합한 것을 선택하여야 한다.

SNS의 유형은 의사소통, 협업, 콘텐츠 공유, 엔터테인먼트로 분류할 수 있다. 블로그, 마이크로 블로그 등은 의사소통 유형(예: 페이스북, 트위터 등)이며, 위키스는 협업 유형이다. 또한, 팟 캐스트와 유튜브는 콘텐츠를 공유하는 유형이다. 따라서 자료 전달 및 공유, 질의·응답과 같이 교사와 학생, 학생과 학생 간 의사소통을 목적으로 한다면 블로그, 마이크로 블로그를 선택하여 사용하는 것이 적합하다. 그리고 학생들 간의 협력을 통해 공동으로 지식을 구축하고자 한다면 위키스를 활용할 수 있다. 교육활동에 관련된 사진과 동영상을 공유하기 위해서는 팟 캐스트나 유튜브를 활용하는 것이 적합하다. 그러나 한 가지 활동에서 여러 종류의 소셜미디어를 활용하는 것은 학습활동에 혼란을 초래할 수 있으므로 학습활동을 가장 잘 지원할 수 있는 소셜미디어를 한 가지 선택하여 활용하는 것이 바람직하다. 두 가지 이상의 소셜미디어를 사용하고자 할 경우에는 매체 간에 연동이 가능한 것을 선택할 필요가 있다.

다음으로 역량에 바탕을 둔 교육과정개발과 기업에서 성과를 대단히 강조하는 경향이 인적자원개발 분야의 큰 흐름이라고 볼 수 있다. 특히 우리나라의 경우 1997년 IMF 체제하에 들어서게 되면서 기업교육에서 성과에 대한 부분이 대단히 강조되기 시작했다. 모든 교육은 성과와 직결되지 않는 것은 하지 말고 경영성과에 기여하는 꼭 필요한 교육만 실시해야 된다는 목소리가 커지게 되었다. 이러한 맥락에서 대부분의 교육부서에서는 경영성과에 큰 관심을 가지게 되었으며 학습 또한 경영성과에 기여하는 것만 하되 그렇지 않은 교육은 해서는 안 된다는 인식이 확산되었다. 따라서 기존의 교육체계를 한꺼번에 뒤흔드는 대수술이 시작되었으며 교육부서도 과거의 패러다임에서 탈피하고자 많은 노력을 기울인 것이 사실이다. 이렇게 인적자원개발 부서에서 많은 노력과 관심을 바탕으로 인적자원개발 분야도 미시적인 부분에서 성과를 기준으로 다양하게 변화를 시도하고자 노력했다. 그러한 부분들이 바로 학습에 대한 개념이나 학습주체, 학습형태, 학습대상, 학습방법, 학습내용 부분에서 구체적으로 나타나게 되었다.

교육의 패러다임이 훈련(training)에서 학습(learning)으로 바뀌어 간다는 것이다. 재미있는 이야기로 과거에는 운동복 입고 훈련하던 교육이 이제는 속옷 입고 교육한다고 이야기하기도 한다. 훈련이라는 패러다임의 경우 타율적이고 수동적인 데 반해 학습이란 자율적이고 자발적이라는 것이다. 따라서 과거의 경우 '피교육생' 하면 '춥고 배고프고 졸리다'는 말이 있었다. 그러나 오늘날 교육의 경우 춥고 배고프고 졸리면 교육은 이미 끝난 것이다. 그렇게 해서는 안 되고 교육적 오락(edutainment)이 되어야 한다. Edutainment란 교육(education)과 즐거움(entertainment)의 합성어로 교육적 오락이다. 교육이 춥고 배고프고 졸리는 것이 아니라 아주 신나고 즐겁고 재미있는 것이 되어야 한다. 이렇게 하지 않으면 안 된다. 교육의 패러다임이 이렇게 훈련에서 학습으로 바뀌어야 한다.

기업에서 과거에는 전원 의무교육, 즉 모든 직원들을 다 교육시키려고 했지만 이제는 핵심인력 중심으로 교육한다. 인재를 선발할 때에도 과거에는 그물형으로 그물에 걸려드는 인재를 모두 선발하는 방식이었다. 그 다음으로 낚시형은 낚싯대를 드리워서 잡히는 물고기를 선발했고, 지금은 작살형으로 정말 필요한 인재를 작살로 찍어서 선발하는 쪽으로 바뀌었다. 교육을 할 때에도 모든 직원을 대상으로 다 교육시키는 것이 아니라 핵심인재를 대상으로 교육을 시키고자 하는 방향으로 바뀌어 간다. 즉, 핵심인재를 어떻게 선발하고 육성하고 관리할 것인지에 대한 관심이 증가하고 있다. 21세기에는 핵심인재를 어느 기업이 얼마나 확보하느냐가 기업의 흥망을 결정한다. 교육을 할 경우에 이러한 것들을 고려해서 해야 한다.

5. 패다고지 · 안드라고지 · 제라고지

패다고지(Pedagogy)는 학교교육, 안드라고지(Andragogy)는 성인교육, 제라고지(Geragogy)는 노인교육을 말한다. 패다고지는 주로 어린아이와 젊은이들을 대상으로 하는 학교교육을 의미한다. 제라고지는 노인의 성공적인 노화를 지지하고, 행복한 삶의 주인공이 되도록 안내하는 학문이다. 패다고지와 안드라고지, 제라고지의 차이점에 대해서 살펴보면 〈표 2-7〉 패다고지(Pedagogy) · 안드라고지(Andragogy) · 제라고지(Geragogy)와 같다.

〈표 2-7〉 패다고지 · 안드라고지 · 제라고지

구분	패다고지(Pedagogy)	안드라고지(Andragogy)	제라고지(Geragogy)
의미	어린이를 가르친다.	성인학습을 돕는다.	노인의 성공적 노화 지지
학습자	학생(student) 의존적	학습자(learner) 자발적 존재	성공적 노인 생활자 ※ 생각해 보기
학습풍토	긴장, 경쟁, 권위지향	신뢰, 상호존중, 지원적	실제적 참여, 실천 강조
동기부여	외적 보상이나 벌	내적 보상, 호기심	노년기 결핍시기가 아닌 학습을 통한 삶의 질 보존
교수자	교사(teacher)	촉진자(facilitator) ※ 생각해 보기	촉진자(facilitator)

첫째, 패다고지는 어린이를 가르친다. 안드라고지는 성인학습을 돕는다. 제라고지는 노인들의 성공적인 노화를 지지한다. 패다고지의 경우 교사가 학생에게 일방적으로 지식을 가르쳐 주는 입장이다. 따라서 학생은 수동적인 입장이 될 수밖에 없다. 즉, 성숙한 사람이 미성숙한 사람에게 지식이나 경험을 일방적으로 주입하는 입장이다. 반면에 안드라고지의 경우 교사는 성인에게 학습을 가르치는 것이 아니라 학습자가 학습을 잘할 수 있도록 도와주는 조력자 역할을 한다. 따라서 학습자는 능동적이며 자발적이고 교사는 학습을 잘할 수 있도록 지원해 주는 역할을 한다는 것이다. 제라고지는 노인들이 성공적인 노년생활을 할 수 있도록 지지해 준다.

둘째, 학습자는 학생(students)으로 의존적인 반면, 안드라고지는 학습자(learner)로 자발적인 존재이다. 제라고지는 성공적인 노인 생활자이다. 패다고지의 경우 학습대상자는 의존적인 존재로 보고 안드라고지 입장에서 학습대상자는 자발적인 존재로 본다. 제라고지의 경우 학습자일 뿐만 아니라 노년생활자이다. 따라서 학습 방법 측면에서 안드라고지와 제라고지의 경우 학습자들의 자발적인 참여를 많이 유도하는 것이 바람직하다. 그리고 피교육생의 경우 언제, 어떻게, 무엇을 배울 것인가를 교사가 일방적으로 결정하지만 성인학습의 경우 언제, 어떻게, 무엇을 배울 것인가를 학습자가 결정할 수 있다.

셋째, 패다고지의 경우 학습풍토의 경우 긴장, 경쟁, 권위지향적인 반면, 안드라고지나 제라고지의 경우 신뢰, 상호존중, 지원적이다. 학교교육의 경우 입시위주의 교육, 성적제일주의 등으로 인한 학생들 간의 긴장이나 경쟁이 심할 뿐만 아니라 교사들의 경우 학생 위에 군림하고자 하는 권위지향적인 성향이 많이 있다. 성인교육이나 노인교육의 경우 학습자들은 상호 믿음 관계에서 서로 존중하는 분위기에서 학습이 가능하다. 왜냐하면 어떤 평가를 위한 학습이 아니기 때문이다. 그리고 강사는 학습자들이 최대한 학습을 잘할 수 있도록 지원적인 분위기 형성에 노력하는 편이다. 즉, 학교교육의 경우 형식적, 권위 지향적, 평가적인 반면 성인교육의 경우 비형식적, 신뢰와 수용적, 지원적이다.

넷째, 동기부여의 경우 패다고지의 경우 외적인 보상과 벌이 더 많이 작용하지만, 안드라고지나 제라고지의 경우 내적인 인센티브나 호기심이 더 많이 작용한다. 학습의 동기는 학교교육의 경우 학생들이 잘하면 칭찬이나 보상을 주고 못하면 질책이나 벌 또는 부적인 강화에 의해 동기부여가 이루어지지만 성인학습자들의 경우 외적인 보상이나 벌보다는 자기 자신이 스스로 동기유발이 될 수 있다.

다섯째, 패다고지의 경우 강사의 역할은 선생(teacher), 교사이지만 안드라고지나 제라고지의 경우 지원자, 조력자(facilitator)이다. 교사는 일방적으로 가르쳐 주는 역할이 주 임무이지만 지원자 조력자의 경우 일방적으로 가르쳐 주는 것이 아니라 학습을 잘할 수 있도록 도와주는 역할을 할 뿐이다.

생각해 보기

바람직한 촉진자

내용	맞다	때에 따라	틀리다
1. 암탉이 울면 집안이 망한다.			
2. 아는 것이 병이다.			
3. 모르는 것이 약이다.			
4. 선무당이 사람 잡는다.			
5. 사공이 많으면 배가 산으로 간다.			
6. 뭉치면 살고 흩어지면 죽는다.			
7. 참을 인 자 셋이면 살인을 면한다.			
8. 백지장도 맞들면 낫다.			
9. 얌전한 강아지 부뚜막에 먼저 올라간다.			
10. 매에는 장사가 없다.			
11. 열 번 찍어 안 넘어가는 나무가 없다.			
12. 시작이 반이다.			
13. 급할수록 돌아가라.			
14. 구관이 명관이다.			
15. 뱁새가 황새 쫓아가면 가랑이 찢어진다.			

- 진행 중인 사안들과 한 그룹에 대해 합리적이고 의도적인 조정을 가하는 것
- 그룹에게 부여된 목표를 보다 효과적으로 달성하도록 돕는 것
- 전적으로 아무 행위도 하지 않는 기술이지만, 또한 전적으로 어떠한 사항도 미완성인 채로 두지 않는 능력
- Facilitator는 사람들이 그가 존재한다는 사실을 거의 깨닫지 못할 때가 최적의 상태
- 사람들이 Facilitator의 말을 잘 따르고 그를 환호하는 것은 그리 좋은 현상이 아니며, 반대로 사람들이 Facilitator를 무시하는 것은 더욱 좋지 못함
- 사람을 존경하지 않으면, 그들도 당신을 존경하지 않는다. 그러나 말을 그다지 하지 않는 훌륭한 Process 조력자라면, 작업이 끝나고 임무가 수행되었을 때, 사람들이 이렇게 이야기할 것이다. "이 일은 우리 스스로가 했지."

생각해 보기

성공적인 노년 준비

UN에서는 전체 인구 중 65세 이상의 노인이 차지하는 비율이 7% 이상이 되면 고령화 사회(aging society), 14% 이상이면 고령사회(aged society), 20% 이상이면 초고령사회(superaged society)로 정의한다. 우리나라의 경우 2010년에 노인인구가 5,356,000명, 2020년에는 8,310,000명, 2030년에는 13,540,000이 된다. 남한의 전체인구를 50,000,000명으로 볼 때 이미 고령화 사회를 넘어 고령사회가 되어 가고 있다. 생활환경개선과 의료기술의 발달로 평균수명도 늘어나고 있다. 100세 시대, 120세까지 산다고 한다. 노년을 제대로 준비하지 않으면 재앙이 된다.

노년이 되기 전에 노년 준비를 해야 한다. 노년 준비를 위한 교육이 절실히 필요하다. 앞으로는 1명의 자녀가 나, 아내, 자식, 양가부모 7명을 먹여 살려야 한다. 그러므로 자식에게 모든 것을 투자해서는 노년 준비를 제대로 할 수 없다. 자식에게 모든 정성을 쏟는 이유는 자식이 잘되어야 내가 산다는 생각 때문이다. 우리나라 역사를 보면 조선시대 500년이 신분사회이다. 양반과 상놈으로 구분되는 사회이다. 양반으로 태어날 확률은 10% 정도밖에 안 된다. 90% 정도가 상놈으로 태어난다. 그중에서 충청도는 10% 정도 되지만 경상도는 4%도 되지 않는다. 그래서 충청도 양반이란 말이 있다.

신분제도가 무너지고 이를 대치할 만한 제도로 등장한 것이 바로 학교이다. 그러므로 좋은 부모들은 좋은 학교에 보내려고 하는 것은 어떻게 보면 당연한 것이다. 자녀를 대학교까지 졸업시키는데 들어가는 비용이 약 3억 정도 된다. 한국은 대학 진학률이 70%, 일본은 50%, 유럽은 30%이다. OECD 국가 중 사교육지출비 1등 국가이다. 매년 20조가 든다. 또한 늙은 부모를 찾지 않는 국가 중 1위이다. 60대의 부모가 자식 뒷바라지하는 비율이 80%, 70대는 64%나 된다. 일본은 9%, 홍콩은 11% 정도이다.

늙은 부모 구박하는 비율은 아들이 54%, 며느리 14%, 딸 11%로 아들 둘이면 108%가 된다. 딸 2명이면 금메달, 딸 1명, 아들 1명이면 은메달, 아들 2명이면 목메달이란 말이 있다. 이러한 시대에 자녀를 효도시키는 방법이 있다. 첫째, 자식에게 모든 것을 바치지 말고 자신에게 투자하라. 노년을 준비하라는 것이다. 연금과 저축을 미리 설계하여 준비한다. 늙어서 자식에게 돈을 달라고 하면 구박받는다는 것을 미리 깨달아야 한다. 둘째, 죽기 전에 절대로 재산을 물려주지 말라. 재산을 물려주면 부모에게 찾아오지 않는다. 재산을 물려받기 위해서라도 효도하게 만들어야 한다. 셋째, 나이들수록 집을 넓히지 말라. 넷째, 돈을 모아 두었다가 손자들이 오면 관람료로 용돈을 지급한다. 그러면 아이들도 용돈을 받기 위해서라도 가끔씩 온다는 것이다.

6. 성인학습의 원리

성인학습과 관련하여 성인학습의 특성, 학교교육과 성인교육의 차이에 대해 살펴본다.

성인학습자의 경우 첫째, 다양하고 풍부한 경험을 가지고 있다. 지금 제가 강의하고 있지만 저보다 더 다양하고 풍부한 강의 경험을 가지고 있는 분들도 있을 수 있다. 경험하니까 눈이 동그래지는 사람들이 많은데, 처음이 중요하지 한 번 경험하면 그 다음부터는 경험한 것에 대해서는 별로 신기해 하지 않을 수도 있다. 어른들의 경우 경험이 다양할 뿐만 아니라 풍부하다. 경험이 많다 보니 노련해진다. 강의도 마찬가지이다. 처음이 중요하며 경험이 다양하고 풍부해질수록 노련한다는 뜻이다.

둘째, 자신의 책임하에 자신을 통제한다. 외부의 간섭이나 통제를 싫어하고 무엇이든지 자기 자신이 주인공이 되고 싶어 한다. 즉, 남이 시키거나 남이 지시하는 것을 싫어할 뿐만 아니라 자기 일을 스스로 책임지고 수행해 나간다. 그러므로 비록 강의로 진행되는 수업일지라도 중간에 성인들이 참여하는 시간을 많이 할애하는 것이 중요하다. 질문을 많이 하여 발표하게 만들거나, 토론을 붙이거나, 워크숍을 시키는 등 스스로 주인공이 될 수 있도록 진행하는 것이 중요하다.

셋째, 스스로 왜 학습해야 하는지를 알고 있다. 아이들의 경우 싫어도 부모의 등쌀에 못 이겨 억지로 학습하는 경우가 대부분이다. 그러나 성인의 경우 자신이 싫으면 언제든지 학습을 하지 않아도 된다. 그러나 이들은 왜 학습해야 하는지를 분명히 알고 있다.

"과장님, 왜 강의를 들으십니까?"라는 질문을 받았을 때, "회사에서 이 강의를 듣지 않으면 안 된다고 하니까"라는 대답을 하는 것은 매우 어린이적인 발상이다. 학점이수를 위해, 승진을 위해, 자기개발을 위해 등 목적이 분명해야 한다.

넷째, 내부적 자극에 의해 학습동기를 부여받는다.

"5만 원씩 드릴 테니 홈페이지 제작과정을 배우시겠습니까?"

성인들은 내부적인 자극에 의해 동기를 받는다. 즉, 내가 원하는 것이나 내가 하고자 하는 것이면 누가 시키거나 강요하지 않아도 자발적으로 하지만 그렇지 않을 경우 강요해도 하지 않는다. 어린이도 마찬가지이지만, 성인들의 경우에는 특히 심하다. 예를 들면 골프 좋아하는 사람은 뙤약볕 아래서도 아랑곳하지 않는다. 뜨거운 여름날 18홀 거리를 다녀오라고 심부름을 시키면 아무도 가지 않으려 할 것이다. 성인의 경우 내부적인 자극이 발동하면 더욱더 강하게 어떤 일을 해 나가게 된다.

다섯째, 성인학습자들은 변화가 쉽지 않다. 성인학습자들은 거부감이 심하다. 그러므로 변화가 쉽지 않다. 왜냐하면 성인학습자들의 경우 독립적 자율적인 자아개념을 가지고 있기 때문이다. 강사가 아무리 좋은 이야기를 하더라도 본인의 가치관에 비추어 맞지 않으면 변화하지 않는다. 그러므로 성인학습자들을 변화시키는 것은 대단히 어려운 일 중의 하나이다.

7. 학습 성과의 법칙

학습 성과를 향상시키는 법칙들은 많이 있지만 여기에서는 몇 가지만 살펴본다.

첫째, 연습의 법칙이 있다. 연습의 법칙은 연습의 횟수가 많을수록 결합이 강화된다. 기계적 반복을 함으로써 학습이 이루어진다는 법칙으로 자극과 반응의 결합이 더욱 빈번히 연습되거나 사용되면 그 결합이 강화된다. 시험 공부할 때 한 번 외우는 것보다 두세 번 외워야 더 잘 기억할 수 있는 것과 같은 것이 연습의 법칙이다.

둘째, 효과의 법칙이 있다. 이 법칙은 학습 결과가 만족스럽게 성취되면 자극과 반응의 결합이 강화되고 불만족하면 결합이 약화된다. 내가 공부한 내용을 생활 속에서 바로 적용하여 효과를 보면 그 학습은 효과가 있고, 그렇지 않을 경우 효과가 없다.

셋째, 강화의 법칙이 있다. 어떤 자극에 대해 특정반응을 일으켰을 경우 그 반응에 대해 보상함으로써 특정반응의 확률을 증가시킬 수 있다. 강화의 법칙에는 긍정적인 강화, 부정적인 강화, 그리고 강화 계획이 있다. 이 강화를 어떻게 하느냐가 대단히 중요하다.

넷째, 준비성의 법칙이 있다. 준비된 상황에서 허용할 때 쾌의 상태 또는 학습이 더 잘 일어날 수 있다. 새로운 지식, 기능, 태도의 습득을 위해서는 신체적 · 정신적인 일정 수준의 성숙이 이루어져야 만족한 학습결과를 얻게 된다.

다섯째, 직접경험의 법칙이 있다. 학습은 직접적인 경험을 통해서 실시했을 때 가장 효과가 크다. 수업은 아동의 직접 경험에 바탕을 두고 스스로 직접 해 보도록 하는 것, 즉 learning by doing을 강조하는 것이다. 아동들이 직접 경험을 통한 현장학습이나 직접 사물을 관찰, 실습하고 자료를 수집하여 검증하는 등 다양한 경험을 통하여 언어적 설명보다는 구체적 사물을 직접 제시하거나 경험하게 하는 원리이다.

여섯째, 개별화의 법칙이다. 학습은 학습자 개개인의 사정(개인차)에 맞추어 실시했을 때 그 효과가 크다. 개별화의 법칙은 교육방법의 가장 핵심적인 활동원리이며 모든 지도의 출발점이라고 할 수 있다. 모든 아동들의 지식, 경험, IQ, 환경 등이 모두 다 다르기 때문에 이들의 개인차를 인정하고 개인차에 맞는 수업을 했을 경우 가장 효과적이다. 개별화의 법칙이 사교육에서 성행하는 이유가 바로 여기에 있다. 과외는 1대1 수업을 지향하는 것이다. 개인별 수준에 맞게 교육을 하기 때문에 효과가 크게 나타날 수 있다.

일곱째, 자발성의 법칙이다. 학습의 효과는 학습자신의 자발성(적극적인 참여의사)이 높으면 높을수록 크다. 수업활동에서 학습자는 수동적이고 소극적인 반면교사의 활동이 적극적인 것은 문제가 있다. 과거 교사 중심 수업에서는 학습자의 자발성이 많이 무시된 것이 사실이다. 자발성의 법칙이란 교사 중심이 아니라 학습자 중심에서 학습자들이 스스로 모든 측면에서 능동적으로 활동할 수 있도록 교사가 도와주어야 한다. 자발성의 원리란 동기가 내재된 학습을 하도록 하는 것이다.

여덟째, 사회화의 법칙이다. 일반적으로 학습은 개별적으로 하는 것보다 집단적으로 실시할 때 효과가 클 경우가 있다. 이것은 개별화의 원칙과 모순되는 것 같으나 집단적으로 학습이 실시될 경우 학습자 서로가 자극제가 되어 학습에 수반되는 곤란을 극복하기가 수월하기 때문이다. 교육은 개성을 존중해서 최대한 발휘하도록 하는 것과 더불어 사회적 발달을 또한 신장시켜야 한다. 사회화의 원리는 사회적인 틀 속에서 학습을 함으로써 학습자의 사회적 인격을 형성하고자 하는 것이 사회화의 원리이다.

아홉째, 피드백의 법칙이다. 이 법칙은 학습이 결과에 대한 정오(正誤)의 확신 및 교정 등에 의해 효과를 높일 수 있다. 시험을 치고 난 후 시험 친 부분에 대해서 문제 풀이를 할 경우 학습의 효과가 더 높게 나타날 수 있다는 것이다(윤옥한, 2008).

개요

이 장에서는 ① 사례 연구법(case study), ② 사건 처리법(incident process), ③ 서류함 기법(in basket)에 대해 살펴보고 사례작성 실습 및 서류함기법에 대해 실습해 본다.

학습 목표

1. 사례 연구법을 설명할 수 있다.
2. 사례 작성방법에 따라 사례를 작성할 수 있다.
3. 사건 처리법을 설명할 수 있다.
4. 서류함 기법을 설명할 수 있다.
5. 모의상황에서 서류함 기법을 적용해서 문제를 해결할 수 있다.

학습 과제

1. 이 장의 내용을 요약하시오(A4용지 2장 내외).
2. 이 장의 내용을 시험문제로 출제하시오(객관식 7문항, 주관식 3문항).
3. 사례작성방법에 따라 학교현장에서 자주 발생하는 갈등상황 사례를 작성하시오(A4용지 3장 내외).

제3장

사례 연구법

1. 사례 연구법

사례 연구법(Case Study)은 현재 일어나고 있는 현상적인 문제(case, incident, problem 등)를 개인적인 연구 및 집단적인 토론으로 그 본질을 규명하고 이것으로 구체적인 해결법을 찾거나 내재하는 원칙이나 이론을 도출하여 이해하려는 방법이다. 이 기법은 문제 해결능력을 향상시키려는 데에 목적이 있다.

사례 연구법 시 공통적인 유의사항은 다음과 같다. 첫째, 대상층을 다양하게 하는 것이 좋다. 다양한 사고방식이나 입장을 이해할 수 있으므로 사례 연구에 참여하는 대상층의 경우 사원, 과장, 부장 또는 여성, 남성 등 다양하게 구성하는 것이 바람직하다. 둘째, 참가자들이 참가하기에 앞서 이 기법의 특징 진행 방법 등 어느 정도 예비지식을 가지고 있으면 더욱더 효과적으로 진행할 수 있다. 이 기법은 기업 또는 학교현장 내의 현상을 비교적 간단히 한 문제, 즉 사례의 형식으로 제시하고 그룹에 의한 토론을 주로 하여 문제의 본질을 규명하는 기법이다. 사례 연구법에는 〈표 3-1〉 사례 연구법의 종류와 같다.

〈표 3-1〉 사례 연구법의 종류

종류	내용
하버드 방식	복잡한 배경을 내포한 중·장문의 내용
소 사례 방식	MTP(Management Training Program) 사례와 같은 단문의 사례
Incident Process	간략한 사례 제시 후 상황진행에 따라 추가 정보 제시
경과 사례 방식	시간의 흐름에 따라 사례를 분할하여 제시
행동 사례 방식	Role Play를 통한 사례 제시
In-Basket 방식	미결 서류, 전화메모 등의 현안업무처리
기타	Simulation, Busyness Game 등

이들 사례 연구법 중 Case Study와 Case Method의 유사점과 차이점은 아래 〈표 3-2〉 Case Study와 Case Method와 같다.

〈표 3-2〉 Case Study와 Case Method

<table>
<tr><th>Case Study ※ 생각해 보기</th><th>Case Method</th></tr>
<tr><td colspan="2">어떤 현상을 비교적 간단한 문제, 즉 사례의 형식으로 제시하고 그룹에 의한 토론을 주로 하여 문제의 본질을 규명해 내는 방식이다.</td></tr>
<tr><td>문제설정에 대한 기술이 5페이지 정도</td><td>문제 설정에 대한 기술이 15페이지 전후</td></tr>
<tr><td>지도자나 참가자가 설정된 문제의 밖에 있는 제3자의 입장에서 제기된 문제를 객관적으로 보는 가운데 그 본질을 생각</td><td>참가자가 문제 속에 있는 당사자로서 스스로 대책을 생각</td></tr>
<tr><td>사례 설정이 쉽다.</td><td>사례 설정이 어렵다.</td></tr>
<tr><td>예) '만수가 잘못한 일을 길동이가 선생님에게 고자질을 했다. 이럴 때 만수라면 어떻게 하겠는가?' 같은 아주 간단한 문제를 사례로 만들어서 제시하고 토론을 하여 문제에 대한 답을 유도한다.</td><td>예) 좀 더 복잡한 예를 제시하여 내가 그 문제에 처해 있다고 생각해서 문제를 해결해 나가도록 하는 방식이다.</td></tr>
</table>

사례 작성 시 유의할 점은 다음과 같다. ① 의논할 여지가 많은 사례를 작성한다. ② 급하게 해결해야 할 문제로 작성한다. ③ 교내 또는 사내에서 일어날 가능성이 있는 내용으로 한다. ④ 통일성이 있어야 한다. 즉, 사례의 앞뒤가 맞아야 한다. ⑤ 사례 작성자는 객관적이어야 한다. ⑥ 문제의 표현은 분명한 형식을 취하지 말고 점차적으로 파악할 수 있도록 연구해서 작성해야 한다. ⑦ 실제의 고유명사는 숨기는 것이 바람직한 표현 방식이다.

사례 작성의 구조는 〈표 3-3〉 사례작성의 구조와 같다.

〈표 3-3〉 사례 작성의 구조

구성	세부내용
게시문	사례의 첫 시작 단락으로 사례에서 다룰 주제가 무엇인지 직접적으로 제시하고 읽는 독자로 하여금 토론할 문제가 무엇인지를 인지할 수 있도록 해야 함
회사소개	회사의 일반적인 개요를 기술함. 즉, 영업성과, 운영상황, 조직체계 등을 간략히 기술함
소재배경	사례에서 토론할 소재의 배경 설명과 중요성을 묘사함
사건묘사	소재와 관련된 구체적 사건의 발단 초기부터 해결방안을 모색하는 시점까지 상세하게 묘사하는데, 이때 사건과 관련된 주요인물을 등장시켜 그들의 대화내용이나 주장하는 바를 대비시키고 생동감 있는 일종의 시나리오를 작성함
대안제시	사건 묘사 후 해결책으로 여러 대안을 제시하며 아울러 회사의 미래경영방안이나 비전을 제시함
맺음말	의사결정의 마감시간이나 긴박성 등을 묘사하여 중요성을 재 강조함

생각해 보기

소 사례의 예

전자 부품회사에 근무하는 김 대리는 바로 위 상급자와 부딪히는 경우가 많이 있다. 김 대리의 나이는 바로 위 상급자인 이 과장보다 두 살 많지만 입사일이 늦어서 상급자로 모시게 된 것이다. 또한 김 대리는 부서장과는 의사소통이나 인간관계가 잘되고 있지만 이 과장과는 인간관계가 좋지 않은 편이다. 한번은 김 대리가 업무 처리를 해 나가는 과정에서 이 과장에게 보고를 하지 않고 직접 부서장인 차부장과 단독으로 일 처리를 한 적이 있었다. 또한 차 부장은 김 대리에게 업무를 직접 지시하는 일이 많아졌다. 이런 관계로 김 대리와 이 과장은 더욱 사이가 좋지 않게 되었다. 이런 와중에 새로운 신입사원이 입사하게 되었고 신입사원은 김 대리와 이 과장, 그리고 차 부장 모두 본인의 마음에 들지 않는다고 다른 부서로 전보 발령을 요청한 상태이다. 전보 발령을 요청한 상태에서 이 과장도 다른 부서로 전보 발령을 요청한 상태이며 차 부장은 두 사람이 다른 부서로 옮길 경우 부서 운영상 문제가 있기 때문에 전보 발령을 보류하고 있는 실정이다.

<소 사례분석 예>

1. 문제는 무엇인가?

2. 그 증거는?

3. 원인이라고 생각되는 것은?

4. 해결을 위한 대책은?

5. 실시하는 구체안?

6. 결과의 검토

생각해 보기

소 사례의 예

A 회사에서 정기 인사이동이 있었다. 그래서 오 주임도 입사 후 3년간 근무했던 부서에서 판매 부서로 자리를 옮겼다. 인사이동 후 첫 업무가 스크랩을 정리하는 일이었다. '자, 이런 일이라도 하고 있으면 형편을 알게 될 거야, 일은 그 뒤부터야'라고 선배 사원이 말해 주어 다소 실망했던 오 주임도 곧 마음을 고쳐먹었다. 그러나 2주일이 지나도록 부서의 일이 어떻게 돌아가는지 도무지 짐작이 가지 않았다. 그의 마음에 약간 불안이 스며들기 시작할 무렵, 간신히 담당업무가 정해졌다. 도매점의 신용조사였다. "선임자인 이 대리는 그 방면의 베테랑이니까, 지도를 잘 받도록" 하라고 팀장이 말해 주었다. 오 주임은 '자, 이제부터다'라고 마음속 깊이 다짐했다.

다음 날, 이 대리가 오 주임에게 간단히 업무 내용을 설명해 주더니, "이 일은 경험과 센스가 중요해. 내가 하는 방법을 보고 있으면 차츰 알게 될 거야. 자, 먼저 이 데이터로 조사 자료를 만들어 주지. 잘 모르는 것은 저 파일을 참조하면 지금까지의 조사 자료를 대충 파악할 수 있을 거야"라고 말할 뿐, 바쁘게 다른 일을 시작했다.

오 주임은 몹시 당황했으나, 곧 정신을 차리고 두꺼운 파일을 꺼내 자료를 검토하기 시작했다. 그날 오후 오랜 시간이 걸려 간신히 만든 조사 자료를 불안스럽게 가져갔더니, 이를 검토해 본 이 대리는 "이건 안 되겠어. 자네가 팀장의 입장이라면 이 조사 자료로 충분히 판단할 수 있겠는가? 좀 더 요점과 문제점을 분명히 해요"라며 말도 못 붙이게 했다.

다음 날도 두 번이나 고쳐 썼으나 "안 돼"의 연속이었다. 약간의 울화가 치민 오 주임은 "어디가 잘 안 되었는지 지적해 주십시오"라고 말했다. 그러자 이 선배는 '조사 방법에는 공식이 없어. 자신이 생각하여 판단할 수 없으면 조사자의 자격이 없어요. 무슨 일이든 경험이 첫째야" 하고 잘라 말했다. 말 한마디 못하고 자리로 돌아온 오 주임은 가만히 생각에 잠겼다.

'전 부서에 처음 배속되었을 때는 신입사원이라는 점 때문이었던지 업무의 개요나 사무의 흐름 등을 자세히 가르쳐 주고, 담당 업무에 대해서도 신경을 써 주었는데, 같은 회사라도 부서에 따라 굉장히 다르군. 하긴, 판매부 신용 조사팀처럼 우수한 인재가 모여 각 팀원들이 프로답게 독립적 방법으로 일하는 곳에서는 이게 당연할지도 몰라. 집으로 돌아갈 때 경영진단 참고서라도 사 가지고 가서 어쨌든 혼자 공부라도 해야겠어. 그렇긴 해도, 모두들 어쩌면 이렇게 냉담한 사람들뿐일까?'

소 사례 토의 결과

• 오 주임의 업무 태도는?

• 위 사례의 교훈은?

생각해 보기

소 사례의 예

1. 당신은 어떤 상사(교수)가 좋은가?

2. 당신은 어떤 상사(교수)가 싫은가?

3. 당신은 어떤 상사와 근무하고 싶은가?

2. 사건 처리법

사건 처리법(Incident Process Method)은 1950년대 MIT의 피고서(Pigoth)가 개발한 훈련기법으로 Case Method의 단점을 보강한 것이다. 진행방법의 특징은 단순한 일(사건)을 간단히 제시하고 Incident를 5개의 프로세스를 통해 점차 명확하게 하는 가운데 상황을 파악하게 한다.

이 기법의 목적은 문제처리의 프로세스를 경험하는 데 있다. 진행요령은 다음과 같다. 첫째, 사건을 읽는다. 참가자 전원에게 사건을 적은 종이를 나누어 준다. 불과 몇 분 안에 다 읽을 수 있는 간단한 내용이다. 이 안에는 문제에 대한 답, 즉 해결방법이 나와 있지 않으며 그저 해결에 대한 길잡이가 어딘가에 숨겨져 있을 뿐이다. 또한 이 사건에는 예를 들어 '○○○의 입장에서 생각하도록'과 같은 식의 지시사항이 들어 있다. 어떤 특정인의 입장에서 문제를 해결하도록 하는 것이다.

둘째, 사실을 수집한다. 이 기법의 특징은 문제의 설정에 있어서 처음부터 사실을 다 제시하지 않는다는 점에 있다. 따라서 사건으로 제시된 자료 이외에도 몇 가지의 사실이 더 있는 것이다. 여기서 참가자는 추측하지 말고 사실만을 엄밀하게 모아 케이스의 전체를 파악하려 한다. 또한 사실 수집 시에는 지도자한테만 질문할 수 있을 뿐 다른 참가자들한테는 하지 못하게 한다. 지도자는 질문 받는 것에만 대답해 줄 뿐 여타에 대해서는 자진해서 가르치는 일이 없다. 그렇지만 중요한 사실을 깨닫지 못할 때는 적절한 시점에서 가르쳐 주기도 한다.

셋째, 해결해야 할 문제를 결정한다. 첫 단계에서 특정인의 입장이 주어져 있으므로 당사자의 입장에서 해결해야 될 문제가 어떤 것이며 또한 지금 당장 손을 써야 할 당면문제가 무엇인지 참가자 전원이 토의해 가면서 결정한다. 이 단계에서는 아직도 해결책에 대해서 생각하지 않는다.

넷째, 의사결정과 이유를 부여한다. 이 단계에서는 참가자가 다른 사람과 의논하는 일 없이 혼자서 문제를 해결할 수 있는 방안을 결정한다. 종이에 방안과 이유를 적어 지도자에게 제출한다. 이어 똑같은 대책을 제시한 사람들을 모아 그룹을 만들어 그룹 사이에 토의를 하며 그룹의 의견을 종합해서 발표한다.

다섯째, 피드백 기회를 갖는다. 이상과 같은 과정을 하면서 배운 것들에 대해 서로 이야기를 나눈다.

생각해 보기

Incident Process의 예

2004년 1월 5일 아침 9시쯤 인사부 이 과장과 연수부 김 과장, 총무부 서 과장이 회의실 앞에서 논쟁을 벌이고 있었다.

인사부 이 과장: 김 과장, 말이라고 함부로 다하면 곤란한데! 아무리 연수가 중요하다고 하더라도 업무가 산더미처럼 쌓여 있는데 교육을 자꾸 보내라고 하면 어떡하란 말이야! 나도 교육을 보내고 싶지만 지금은 안 되니 다음 기회로 좀 미뤄 줘.

연수부 김 과장: 이 과장, 지난번에도 김 계장 교육 들어올 때 똑같은 이야기했으면서 결국 교육을 받지 않았잖아. 지금 나하고 농담하자는 거야? 교육이 무슨 듣고 싶으면 듣고, 듣고 싶지 않으면 안 들어 와도 되는 거냐 이 말이야! 이러니까 우리 회사교육이 엉망이지. 아니, 인사부 직원부터 협조가 되지 않잖아!

총무부 서 과장: 김 과장, 그러니까 김 과장도 연수부 있지 말고 다른 부서로 옮겨! 그러면 편하잖아. 괜히 듣고 싶지 않다는 교육 억지로 잡아다가 교육시킬 필요 뭐가 있어? 안 그래? 남들은 교육 받고 싶어도 못 받는데.

세 사람의 언성이 높아지고 있는 이 상황을 고 부장이 지나가다 보았다. 고 부장은 심상치 않은 분위기를 탐지하고 일단 그 장소에서 벗어나 세 명 모두가 각자 자리로 돌아가게 했으나, 이 과장이 인사과장이 된 이후부터 인사과 분위기가 이상하다고 느끼고 있었다.

<토의 구성원에게 대한 과제>

당신이 고 부장이라면 이 문제에 대해 어떻게 대처할 것인지 생각해 보시오.

생각해 보기

사례 만들기 실습

구성	세부내용
게시문	
회사소개	
소재배경	
사건묘사	
맺음말	

3. 서류함 기법

서류함 기법(In Basket Method)은 실제상황과 유사한 가상 상황을 설정하여 가상의 요구사항에 따라 의사 결정 기술을 평가하거나 개발시키기 위한 훈련 기법이다. 즉, 참가자가 어떤 직장의 관리자가 되었다는 가정하에 책상의 미결제 서류함에 있는 보고서, 메모, 신청서 등의 서류를 하나하나 검토해 나가는 형식으로 일정한 시간 내 필요한 조치를 하는 훈련기법으로 1952년 프린스턴대학교의 프레드랙센(Fradricsen)이라는 사람이 교육훈련효과의 측정법으로 개발한 교육훈련의 기법이다. 진행요령은 다음과 같다.

첫째, 참가자들에게 보고서, 메시지, 메모, 지시 등의 형식에 의한 20~30종의 각종 정보가 우선 주어진다. 참가자는 어떤 직위의 관리자라는 상황이 설정되어 있으며 이들 서류를 보고 일정 시간 안에 의사결정을 하도록 지시를 받는다. 즉, 참가자는 휴가나 출장에서 금방 복귀했거나 또는 신임자로 선임되었다는 가정을 하게 된다. 참가자는 보통 2~3시간 내에 서류를 검토하여 중요성이나 긴급성을 보고 단독으로 결정을 내리는 한편 보고서나 지시를 문서화해야 한다.

둘째, 다음 단계로는 작은 그룹을 편성한다. 흔히 특정상황에서 똑같이 처치를 한 사람들끼리 모아서 그룹을 만들게 한다. 그 그룹 속에서 지도자를 결정하고 지도자를 중심으로 개인의 연구결과를 토의하고 마지막으로 그룹지도자가 그룹의 의견을 종합한다.

셋째, 전체적인 토의와 평가이다. 각 그룹 지도자가 차례로 자기 그룹의 의견을 발표하고 이에 대해서 전체 참가자가 토의를 갖게 된다. 즉, 마땅히 취해야 했던 처지에 빠진 것이나 실수가 없었는가? 토의를 하게 되며 의견을 주고받게 된다. 또는 어떤 이유로 해서 그 처치를 취했는지 이야기를 나누게 된다.

서류함 기법 사용 시 고려해야 할 사항으로는 첫째, 학습자에게 흥미를 유발할 수 있는 것, 둘째, 학습자의 적극적인 참여가 가능한 것, 셋째, 업무관련 자료에 노출시킬 때, 중요하고 긴급한 내용부터 가벼운 일상적인 업무까지 다양하게 구성한다.

• 서류함 기법 사례

과업 지시서(Task Description)	주의사항(Notice)
본 과제는 서류함 기법(In-basket) 과제입니다. 1. 실제 업무에서 발생할 수 있는 상사의 지시, 전화, 전자 우편, 보고서, 공문, 고객 방문 등의 형태로 제공되는 각종 자료를 검토한 후 2. 주어진 현안 업무들을 처리합니다. 3. 주어진 현안업무: 교육부 학교정책관과 관련한 현안 업무들을 처리해야 합니다. 서류함 기법의 작성 및 인터뷰 시간은 아래와 같습니다. 1) 자료 검토 및 문서 작성: 50분 2) 인터뷰: 10분	서류함 사례는 총 15쪽으로 구성되어 있습니다. 과제를 수행하기 전에 전 누락된 페이지나 인쇄의 오류와 잘못된 페이지는 없는지 확인하시기 바랍니다. 본 과제에 제시된 사례는 현실 상황을 반영하여 평가 목적에 맞게 재구성된 것이므로 내용이 사실과 다르더라도 사례에 주어진 상황에 맞게 과제 해결에 임해야 합니다. 서류함 기법은 주어진 자료에 기반을 두어 진행하여야 합니다. 임의로 상황을 만들거나 주어진 자료에 없는 내용으로 과제를 진행하시면 안 됩니다. 자신이 자료에 제시된 역할에 해당하는 인물이라고 생각하고, 진지하게 최선을 다해 역할을 수행해야 합니다.

상황 개요

귀하는 이 과제에서 교육부 학교 정책관 권상순 사무관 역할을 수행하게 됩니다. 정부는 지금까지 학교 정책과 관련하여 전문가들과 협의하여 선행학습 금지에 대한 의견을 모으고 있습니다. 선행학습 금지와 관련된 전문가들의 의견이 엇갈리고 있는 가운데 학부모와 사교육, 공교육 현장에서 많은 갈등이 야기되고 있습니다. 따라서 교육부 학교 정책관에서는 전문가들의 의견을 모으기 위해 공청회를 실시해 왔습니다.

그러나 이런 와중에 2014년 2월 20일, 국회 본회의에서 '공교육 정상화 촉진 및 선행교육 규제에 관한 특별법'이 통과되었습니다. 이 법은 박근혜 대통령의 대선 공약이기도 했던 '공교육 정상화 특별법'과 교육시민단체인 〈사교육 걱정 없는 세상〉에서 2년여 전부터 제기해 온 '선행교육 금지법'을 병합한 것입니다.

이 법은 통과되자마자 적잖은 논란을 불러일으켰는데, 이 논란의 상당 부분은 이 법이 '선행학습 금지법'이라고 불렸던 데서 유래했습니다. 그런데 이 법은 학생 자력으로 하는 선행 '학습'을 규제 대상으로 삼지 않습니다. 또한 선행교육 교습행위에 대한 '금지' 조항이 국회 논의과정에서 제외되었습니다. 따라서 이 법률을 '선행학습 금지법'이라고 부르는 것은 부적절하며, '선행교육 규제법'으로 약칭하는 것이 타당합니다.

오늘은 12월 15일(수)이고 학교 정책관 권상순 사무관은 2일간의 선행학습 금지 수정 법안 마련을 위해 국회상임위원회 교육 분과 김상철 위원 방문 출장을 위해 아침 10시에 출발할 예정입니다. 조찬 회의를 마치고 9시에 사무실을 찾은 권상순 사무관은 출발하기 약 1시 전, 아래와 같이 관련된 업무를 처리해야 합니다.

☞ 참가자 역할 및 해결 과제

실습 참가자는 교육부 학교 정책관 권상순 사무관의 역할을 수행하게 됩니다.

선행학습 금지 수정 법안 마련을 위하여 국회상임위원회 위원인 김상철 의원과 관련한 여러 가지 현안 이슈를 검토하여 해결해야 합니다. 처리해야 할 과제는 다음과 같습니다.

① 선행학습 금지 수정 법안 제출과 관련된 현황, 문제점, 개선방안에 대한 보고서 작성(해결안 Sheet ①에 작성)

② 전국 학원단체연합회 단체 항의 민원에 대한 회신(해결안 Sheet ②에 작성)

③ 담당 사무관에게 선행학습과 관련된 공청회 간담회 후속조치 마련 지시(해결안 Sheet ③에 작성)

서류함 기법 모의상황 과제

- 과제 유형: 서류함 기법
- 과제 주제: 선행학습 금지 수정 법안 마련 현안 업무 처리 과제 수행
  1) 자료 검토 및 문서 작성: 50분
  2) 인터뷰: 10분
- 실습 참가자: 교육부 학교 정책관 권상순 사무관
  ① 보고서 작성
  선행학습 금지 수정 법안 제출과 관련된 현황, 문제점, 개선방안에 대한 보고서를 작성하여 교육부 학교 정책관 과장에게 제출
  ② 항의 민원에 대한 대응
  전국 학원단체 연합회 단체 항의 민원에 대한 회신
  ③ 공청회 간담회 후속 조치 마련 지시
  담당 사무관에게 선행학습과 관련된 공청회 간담회 후속조치 마련 지시

제시된 사례 내용 순서
사례 1. 교육부 조직도
사례 2. 윤호상 과장의 전자우편
사례 3. 학원단체 연합회 시위 관련 신문기사
사례 4. 선행학습 금지법 현황 보고서
사례 5. 선행학습 금지 시행관련 내용
사례 6. 학원단체 연합회 항의 민원
사례 7. 선행학습 금지에 대한 찬반논의
사례 8. 정형돈 사무관의 전자우편
사례 9. 전국 학원단체 연합회 간담회 관련 사례

사례 1. 교육부 조직도

조직		이름	직급	수행업무
장관 차관 기획 조정실 학교 정책실 대학 정책실	학교 정책관	윤호상	과장	학교 정책관 총괄업무
		신민희	서기관	공교육 진흥과 관련 업무
		권상순	사무관	교원 정책관련 업무
		김기선	사무관	교원복지 연수관련 업무
	교육과정 정책관	정형돈	사무관	교육과정 정책과
		손창돈	주무관	교과서 정책과
		김형수	주무관	교육과정 운영과
		이지은	주무관	인성체육예술교육과

사례 2. 윤호상 과장의 전자우편

제목: 선행학습 금지수정 법안제출과 관련된 현황, 문제점, 개선방안에 대한 보고서 작성요청

보낸 사람: 윤호상 과장(min-woo777@korea.kr)

받은 시간: 2017년 11월 20일(수) 오전 8시 45분

받은 사람: 권상순 사무관(minsun1016@korea.kr)

권상순 사무관, 나 윤호상 과장이에요.

오늘 오후부터 국회상임위원회 교육 분과 김상철 위원 방문 출장 한다면서, 출장 준비는 잘됐나요?

다름이 아니라, 가기 전에 급하게 처리해 줘야 할 업무가 있어서 메일 보내요.

오늘 전국 학원단체 연합회 단체 항의 농성 시작한 거 뉴스에서 봤죠?

게다가 대규모 집회도 앞두고 있어서 오늘 오후에 장관님이 긴급회의를 소집하셨어요.

지금 전국 학원단체 연합회 단체에서 요구하는 내용과 관련 정책 현황, 문제점, 개선방안까지 간단하게 작성해서 출장가기 전에 나한테 메일로 좀 보내줘요.

정신없겠지만 시급한 사안이라 부탁 좀 할게요.

그럼 수고.

사례 3. 학원단체 연합회 시위 관련 신문 기사

학원단체 연합회 시위 대규모 집회 예고… 긴장감 고조
"학원 죽이기 그만두라" … 학원 학생 수 줄어드는 대책 마련 촉구 나서

[앵커 멘트]
전국 학원단체 연합회에서는 선행학습 금지 폐지를 요구하며 전국 최대 규모의 종로와 강남 대치동을 중심으로 대규모 집회를 예고했습니다. 소규모 학원들은 학생들이 없어서 문을 닫는 등 학원들의 어려움을 호소하고 있다는 이유에서입니다. 이성우 기자입니다.

[리포터]
전국 학원단체 연합회 전원과 강사들 20여 명이 국회 의사당 앞 농성장에서 단식 농성을 시작했습니다.
정부를 상대로 ▲ 선행학습 금지 폐지 ▲ 학원비용 자율화 대책 등을 관철시키기 위해서입니다. 이들은 학생이나 학부모들이 선행학습 금지 폐지를 주장함에도 불구하고 정부에서 일방적으로 선행학습을 금지한다면서, 이로 인해 학원들이 문을 닫게 생겼다고 울분을 토했습니다.

[현장 음]
"이렇게 죽으나 저렇게 죽으나 마찬가지야!"

[리포터]
현재 학원에서는 학생들이 없어서 적자를 본다는 것이 이들의 주장입니다.

[인터뷰: 노선형](○○학원 대표)
IMF보다도 지금이 더 힘들다고 보죠. 임대료와 강사료는 비싸고… 그러니 학원 운영자는 손해를 보다 못해 이제는 전부 폐업하는 실정입니다.

[인터뷰: 임관우](학원 협회장)
학생 감소 대책을 위해서는 우선 학생들이 마음대로 학원을 다닐 수 있으며, 야간 시간도 운영할 수 있도록 해 줘야 하는데, 정부는 사교육 증가 부담 핑계만 대고 있는 실정입니다. 공교육뿐만 아니라 학원들도 운영이 가능하도록 선행학습 금지를 폐지하고 학생들이나 학부모들이 마음 놓고 교육을 할 수 있도록 강력하고 철저한 이행을 촉구하는 바입니다.

[리포터]
학원 단체 협회는 자신들의 요구안을 받아들이지 않으면 다음 달 2일까지 전국의 3개 지부가 돌아가며 국회의사당 앞에서 릴레이 집회를 가질 계획입니다.

사례 4. 선행학습 금지법 현황 보고서

'공교육 정상화 촉진 및 선행교육 규제에 관한 특별법'(선행학습 금지법)이 시행된 지 1년째이다. 정부는 지난해 9월 12일 사교육을 줄이고 공교육을 정상화한다는 목표 아래 '선행학습 금지법'을 시행했지만 오히려 그 반대의 결과를 낳았다는 비판이 나온다.
이 같은 논란은 선행학습금지법이 박근혜 대통령의 공약으로 제시되어 작년 2월 국회를 통과한 뒤부터 시작됐다. 공교육 정상화를 촉진하기 위한 법이 공교육만 규제한다는 지적 때문이다. 사교육의 경우 선행교육을 직접 규제하지 못하고 광고만 금지하기 때문에 '학원 배만 불린다.'는 지적이 많다.

◇ 선행학습 금지에도 사교육비 더 늘어

지난 2월 교육부가 통계청과 공동으로 전국 초·중·고 1,189개교의 학부모와 학생 7만 8,000명을 대상으로 실시한 '2014년 사교육비 의식조사'에 따르면 선행학습금지법 시행 후 학생 1인당 월평균 명목 사교육비는 24만 2,000원으로 시행 전인 2013년(23만 9,000원)보다 1.1%(3,000원) 늘었다. 초등학교는 23만 2,000원으로 전년과 같았지만 중학교는 1.2%(26만 7,000원→27만 원), 고교는 2.9%(22만 3,000원→23만 원) 증가했다. 학교 내 선행학습 금지로 학원으로 빠져나간 학생들이 증가했다는 이야기이다. 반면 공교육이 받은 타격은 크다. 법 시행 이전에는 적지 않은 학생들이 학내 방과 후 학교에서 선행학습을 했다. 특히 가정 형편이 넉넉하지 않은 학생에게 방과 후 학교는 학원수업을 대체하는 효과가 컸다.

정부가 사교육비 경감과 교육격차 완화를 위해 2006년부터 시행한 방과 후 기존의 특기적성교육과 수준별 보충학습이 통합되어 출범한 것이다. 중학교 방과 후에서는 기적성교육도 이루어지지만, 대입을 앞에 둔 고교 방과 후 수업은 국어·수학·영어 등 수능과목에 초점을 맞춘 선행·보충학습이 대부분이다. 방과 후 학교에서는 월 4~5만 원대의 수업료만 내면 선행학습이 가능하다. 사교육 수요를 공교육 내로 흡수하기 위해 시행된 측면이 있어 교육청 지원도 받는다.

하지만 법 시행 후 방과 후 학교에서의 선행학습이 차단되면서 이 수요가 학원으로 빠져 나갔다. 현장 교사들이 관련 규제를 풀어달라고 요구한 이유이다. 강북지역 A여고 교감은 "방과 후 학교의 선행학습을 금지하면 가정형편이 어려운 학생들은 예습할 방법이 마땅치 않다"고 주장했다. 이 같은 '풍선효과'에 놀란 교육부도 결국 방과 후 학교에 한해 선행학습을 허용하기로 했다. 지난 4일에는 방과 후 학교의 선행학습 규제를 푸는 내용의 '선행학습 금지법 개정안'을 마련, 국회 입법에 착수했다.

사례 5. 선행학습 금지 시행관련 내용

지난 2월 제정된 '선행학습 금지법'이 시행됩니다. 정부 당국은 9월 12일부터 시행령을 발효해, 공교육 정상화를 꾀한다는 입장입니다.

시행령의 내용은 다음과 같습니다. 일단 ▲ 선행학습이 금지됩니다. 초·중·고교는 수업이나 방과 후 과정에서 정규 편성된 교과과정의 범위나 수준을 벗어나는 학습을 할 수 없습니다. 문제 출제도 예외는 아닙니다. 교내 시험이나, 고교 배치고사, 대학입시에서도 범위를 벗어난 내용을 출제할 수 없습니다. 대학이 이를 어기면 입학정원을 축소하는 등의 제재를 받게 됩니다.

애초 입법예고보다 완화된 부분도 있습니다. ▲ 초등학교 1, 2학년의 영어교육입니다. 초등학교 3학년 때부터 배우는 영어를 1, 2학년 방과 후 수업 때 배울 수 있도록 허용해준 겁니다. 초등학교의 반발과 사교육 증가에 대한 우려를 반영한 결과입니다.

문제는 사교육에 대한 제재입니다. 공교육의 선행교육은 엄격히 금했다지만 학원에 대한 규제는 미흡하기 때문입니다. 학원 등과 같은 사교육이 선행학습 광고나 선전을 하지 못하도록 한 것이 전부이고, 별다른 제재 수단도 없습니다. 이번 시행령이 오히려 사교육의 과열을 부추긴다는 우려가 나오는 이유입니다.

사례 6. 학원 단체 연합회의 항의 민원

제목: 선행학습 금지법으로 인한 피해 보상을 촉구합니다.
보낸 사람: 학원단체 연합회 유한석(pro-kym@nongmin.org)
받은 시간: 2017년 11월 20일 수요일 오전 6시 10분
받은 사람: 권순상 사무관(minsun1016@korea.kr)

안녕하세요, 권순상 사무관님.

전국 학원단체 연합회장 유한석입니다.

선행학습 금지법으로 학원들이 날마다 문을 닫고 폐업을 하는 기관들이 날로 들어나서 학원단체 연합회를 대표해 짧은 글 올립니다. 지난 2014년 선행학습 금지법이 제정 시행된 이후에 학원 들은 100개의 기관 중 25가구가 폐업을 신청했습니다.

학생 수가 감소할 뿐만 아니라 선행학습 금지로 인하여 학원에 등록하는 숫자가 줄어들면서 학원들은 계속해서 손해만 보는 현실에 신물이 납니다. 정부는 공교육 정상화도 좋지만 학원들의 경영난으로 인해 피해를 입은 학원들이 날로 늘어나는 것을 감안하여 선행학습 금지 및 학원시간 자율 조정 등에 대해 학원들에게 자율적으로 맡겨 주시길 당부드립니다.

평생 학생들을 가르치고 학교에서 1대1로 학습할 수 없는 학생들에게 멘토 역할과 진학지도를 위해 열심히 일하다가 학생들이 감소하여 폐업을 하면 도대체 뭐로 먹고 살라는지 이해할 수가 없습니다. 공교육 정상화도 좋지만 배움의 사각지대에 있는 학생들이 학원에서 도움을 받을 수 있도록 선행학습 금지법을 폐지해 주시고 학원운영의 자율권을 주지 않는다면 학원단체 연합회에서는 대대적인 시위를 벌일 것입니다.

희망을 잃은 학원들의 절규에 귀를 기울여 주십시오.

전국 학원단체 연합회장 유한석
받은 시간: 2017년 11월 20일

사례 7. 선행학습 금지에 대한 찬반 논의

−찬성입장

• 김지혜 학생기자(보성중)

학년이 올라가면 올라갈수록 배워야 할 내용이 어려워지기 때문에 다음 학년 과정을 전에 미리 공부해 놓는다면 다음 학년 때 공부하기가 훨씬 수월해질 것이다. 또한 다음 학년 과정이 현재 학년 과정에서 익혀야 하는 개념을 배우는 데에 도움이 되기도 한다. 물론 이 과정에서 학원을 다녀야 하고 사교육비가 드는 것은 사실이다. 하지만 현 교육 체계에서 '선행'이라는 것은 학생들에게 '필수'가 되었다고 봐도 과언이 아니다. 이런 상황은 전혀 바꾸지 않은 채로 선행만 무조건 금지하라는 것은 현실과 동떨어진 정책이라고 생각한다. 물론 정말 과도한 선행으로 위화감을 조성하고, 수업 분위기를 흐리는 등의 행위는 철저히 처벌해야 할 것이다.

• 이생물 학생기자(흥성중)

선행학습을 규제해야 한다는 목소리가 커지고 있다. 하지만 이에 반대한다. 선행학습은 기존의 학습 내용 수준보다 높은 수준의 내용을 미리 습득하여 현행을 따라가는 데에 지장이 없도록 하는 것이 주된 목적이다. 지나친 선행학습은 공교육을 단절시키는 부작용을 줄 수 있지만, 한 학기 정도의 선행학습은 학교 수업 과정을 보조하는 긍정적인 효과가 더 크다고 생각한다. 한 번 배웠던 내용을 다시 학교 선생님을 통해 배우면서 복습할 수 있는 것은 물론 자기가 모르고 넘어갔던 부분까지 다시 짚고 넘어갈 수 있기 때문이다. 물론 배운 내용이라고 간과하는 친구들도 있을 것이다. 그렇다고 하더라도 한 번 배운 것과 두 번 배운 것에는 분명한 차이가 있다고 생각한다.

−반대 입장

• 김가송 학생기자(늘동중)

학교에서 하는 수업은 다 배웠던 내용이기 때문에 흥미를 느끼기 어렵고, 수업시간은 지루하고 따분한 시간으로 바뀐다. 수업태도가 좋아질 리 없고, 이는 열심히 공부하는 다른 친구들에게도 피해를 주게 된다. 너무나도 많은 학생들이 선행을 하기 때문에 반대로 학교공부에만 충실한 아이들은 상대적 피해를 입게 된다. 사교육비는 눈덩이처럼 불어나고, 가계는 어려움에 처하게 된다. 이처럼 선행학습은 득보다 실이 더 많은, 근절되어야 할 폐단이다. 따라서 나는 선행학습에 반대한다. 정부가 보다 더 강력한 수단을 동원해 선행학습을 막고 공교육을 정상화해 주었으면 한다.

• 김생수 학생기자(청송중)

많은 사람들이 선행학습을 하게 되면 내신관리는 물론 성적도 올릴 수 있다고 말하지만 나는 그 반대 입장이다. 선행은 진도를 빨리 빼는 것이 목적으로, 보통 학기 또는 학년 과정을 방학 3개월 정도에 끝내게 된다. 이렇게 선행을 하면 정작 중요한 학교 수업시간에는 소홀해질 수밖에 없다. 당장 시험 출제자인 선생님이 중요하게 짚어 주는 포인트들을 간과하고 넘어가기 쉽고 이는 시험 성적에도 악영향을 미치게 된다. 물론 선행을 하고 수업도 성실히 들을 경우, 예습과 복습을 하는 것과 비슷하게 효율적인 공부를 할 수 있겠지만 사실상 이렇게 수업을 듣는 학생은 많지 않다.

사례 8. 정형돈 사무관의 전자우편

제목: 학원단체 연합회 간담회 후속 조치 마련 지시
보낸 사람: 차관 비서실 정형돈 사무관(younhee@korea.kr)
받은 시간: 2017년 11월 19일(화) 오후 7시 15분
받은 사람: 권상순 사무관(minsun1016@korea.kr)

안녕하세요. 권상순 사무관님.
차관 비서실 정형돈 사무관입니다.
다름이 아니라, 어제 차관님 주재로 실시했던 학원단체 연합회 간담회에서 논의된 내용에 대해 후속 조치 계획을 수립하라는 차관님의 지시가 있어서 이렇게 메일 보내드립니다. 시기가 시기인 만큼, 하루 빨리 간담회 논의 내용을 점검하여 정책에 반영하려는 의지가 강하십니다.
사무관님께서는 오늘 오후부터 국회 교육상임위원회에 출장이 계획되어 있다고 들었습니다.
차관님께서 일주일 후에 후속 조치 추진 계획 수립 진행 상황을 점검하실 예정이므로 출발하시기 전에 교육 업무 총괄 사무관에게 후속 조치 추진계획 수립을 자세하게 지시해 주시길 부탁드립니다.
간담회 개요, 제안 내용, 차관님 당부 사항 등을 정리한 파일 첨부해서 같이 보냅니다.
감사합니다.

– 정형돈 사무관 드림

첨부파일 1개: 학원단체 연합회 간담회 개요 및 제안사항.hwp

사례 9. 전국 학원단체 연합회 간담회 관련 사례

1. 개최 목적
   전국 학원단체 연합회의 애로사항 공유 및 해결책 논의

2. 제도 및 운영 시스템 개선(안) 토의
   건의 사항 및 제안 사항 검토 후, 정책 반영

3. 간담회 일자 및 장소
   2017년 11월 19일
   서울시 강남구 대치동 강남 학원연합회 대회의실 3층

4. 참석자: 총 56명 참여
   -시 · 군 학원단체 연합회 대표 등 30여 명
   -시 · 도 의원 및 관계 공무원 26명

5. 간담회 개최 결과 후속 조치
   제안사항 총 10건에 대해 실행 가능성 및 우선순위 검토
   각 제안 사항에 대한 이해관계자 파악 및 장애요인 검토
   추진 결정 시 추진계획 수립

6. 차관 당부 사항
   -차관 주재 간담회인 만큼 면밀한 검토 후, 정책에 반영할 것
   -기 추진 정책 및 단기 추진 정책을 중심으로 계획을 수립할 것
   -추진 계획서 작성 요망(추진 계획 개요, 세부 추진 계획, 소요 재원, 관련 법제도 정비 필요 사항, 관련 기관 협의 필요사항 및 협의 상황, 문제점 및 대책 등)

개요

이 장에서는 ① Nine Position, ② 바다에서의 조난에 대해 살펴보고 각각의 게임을 실습해 본다.

학습 목표

1. 게임법을 설명할 수 있다.
2. Nine Position과 바다에서의 조난 실습을 통하여 게임법의 효과를 설명할 수 있다.
3. 평생교육현장에서 적용 가능한 게임법을 말할 수 있다.

학습 과제

1. 이 장의 내용을 요약하시오(A4용지 2장 내외).
2. 이 장의 내용을 시험문제로 출제하시오(객관식 7문항, 주관식 3문항).
3. 교재에 나와 있는 내용과 유사한 내용의 게임을 조사하시오(A4용지 3장 내외).
4. 평생교육현장에서 적용 가능한 게임법을 조사하시오(A4용지 3장 내외).

제4장

게임법

1. Nine Position

게임법의 경우 게임의 여러 가지 속성을 활용해 학습자들이 학습내용과 관련된 규칙 범위 내에서 경쟁적인 요소를 가미하여 학습목적이 달성하도록 하는 학습방법이다. 일반적으로 게임하면 일정한 규칙이 있으며, 거기에 흥미가 가미된다. 학습의 장에서도 이러한 게임의 장점을 활용하여 학습목적을 달성하기 위해 게임의 형태로 진행하는 교수기법이다. 게임을 통하여 학습목적을 달성하기 위해서는 우선 게임 자체가 학습목표와 연관되는 부분을 가지고 있어야 하며, 게임의 규칙이 있어야 하고, 게임이 실행되는 동안 교수자는 지속적인 관심을 가지고 학습자 전원이 게임에 참여하게 촉진하는 것이 좋다. 게임이 끝나면 반드시 피드백 과정을 거친다.

생각해 보기

NINE POSITION

이 게임은 일본 산업교육기관에서 퍼즐을 하다가 힌트를 얻어서 만든 게임으로 교육목적은 문제해결의 프로세스 속에서 정보의 수집, 음미, 검토, 정리 등의 작업을 통해 협동 작업의 바람직한 자세에 대해서 배우며 그룹을 전원 참가에 의한 문제해결의 분위기로 만들고 개인이 갖는 정보나 능력자원(사고방식, 사고력, 경험 등)을 그룹에서 활용하는 것이 필요하다는 것을 깨닫도록 하기 위해서이다.

학습 성과로는 ① 상호 간의 친밀감 형성, 구성원이 갖고 있는 불안감, 긴장감 해소, 구성원의 참여의식 고취, 구성원의 협동심 함양, 집단의사결정 과정을 이해, 문제해결능력 배양, 문제해결과정에서 팀원들 사이의 서로 다른 접근방법이 미치는 영향에 대해서 깨달을 수 있다, ② 문제해결에서 나타난 지도자 활동을 관찰할 수 있다, ③ 평소의 경험과 맞지 않는 새로운 상황에서 문제해결의 어려움을 해소할 수 있다 등이다.

교육 보조 자료로는 과제시트, 정보카드, 회고표 등이 있으면 된다. 문제는 과제시트를 읽고 각각의 정보카드를 가지고 9명의 포지션의 정답을 찾아낸다. 정보카드는 총 16개이므로 혼자일 경우 16개를 가지고 하고 두 명이면 8개씩 나눠 가지며 4명일 경우 4개씩 가지고 풀면 된다.

과제 시트(문제)

당신은 ○○○ 회사의 직원입니다.

이번 주 일요일에 A라는 회사와 야구대회가 있습니다. 그런데 A사에게 야구포지션 때문에 몇 번 연락을 했지만 아직 연락을 받지 못했습니다. 이 업무는 이 대리의 담당이었습니다만, 이 대리는 이번 주 월요일부터 출장으로 너무 바빠서 이 업무를 잊어버린 듯합니다. 그래서 지금 A라는 회사와 연락을 취하기 위해 전화를 해 보았지만 A회사는 휴일이고 A회사의 야구부장의 자택에 전화를 해 보았지만 출장 중인 것 같습니다. 그래서 공장에서 일하는 사람의 자택으로 전화를 걸기도 하여 여러 가지 조사해 보았지만 이 대리의 수중에 모인 것은 다음과 같은 단편적인 정보뿐입니다(단편적인 정보는 카드로 되어 있고 그 정보는 열여섯 가지임). 하지만 무슨 일이 있어도 오늘 중으로는 포지션을 정해야 하기 때문에 이 정보 카드로 포지션을 알아내야만 합니다.

♧ 정보카드

1. 이강돈 선수는 3루수와 같은 아파트에 살고 있다.
2. 김기태 선수의 누이동생은 2루수와 약혼 중으로 결혼식은 아무래도 내년 봄일 것 같다.
3. 유격수와 3루수, 그리고 구동우 세 사람은 곧 잘 어울려 경마 구경을 간다고 한다.
4. 외야 중 한 사람은 아무래도 류중일 선수나 선동렬 선수인 듯하다.
5. 선수들은 곧 잘 어울려 골프를 치러 간다고 하는데 김재박, 이강돈, 구동우는 아무래도 포수와 2루수에게는 못 이긴다고 한다.
6. 선동렬 선수는 포수와 매우 사이가 좋다고 한다.
7. 김동기 선수는 구동우 선수보다 키가 크고, 류중일 선수는 구동우 선수보다 키가 작다. 그러나 이 세 사람은 모두 1루수보다 키가 작다.
8. 투수, 포수 등 내야 전원은 이순철, 이강돈, 선동렬 이 세 선수를 제외하면 모두 외야수 강기웅 선수보다 키가 작다.
9. 중견수는 우익수보다 키가 크지만 발은 우익수 쪽이 빠르다고 한다.
10. 포수의 장남과 3루수의 차녀는 초등학교의 같은 반이라고 한다.
11. 투수는 마작을 매우 잘한다고 한다. 이번 달에도 김재박 선수와 이순철 선수에게서 5천 원씩 땄다고 한다.

12. 강기웅 선수는 부인과 사이가 좋지 않다고 한다. 가까운 장래에 이혼할 것이라는 소문이 나돌고 있다.
13. 투수의 부인은 3루수의 여동생이라고 한다.
14. 선수들 중 독신자는 김기태, 김재박, 김동기 선수, 그리고 중견수와 우익수의 5명이다.
15. 선수들 중 술을 마시지 않는 사람은 김재박 선수와 선동렬 선수, 그리고 유격수, 세 사람이라고 한다.
16. 김기태 선수는 외야수 친구와 마작을 하는 일이 잦다고 한다.

♧ 포지션의 회고표 작성

1. 회의의 계기를 만든 것은 누구의 어떤 발언이었습니까?

2. 어떻게 할 것인가? 하는 방법을 사전에 명확하게 했습니까?

3. 방법을 제안한 사람은 누구였습니까?

4. 작업은 전원의 이해와 납득하에 진행되었습니까? 두세 명이 결정한 의견에 따라 강제로 진행되지는 않았습니까?

5. 누구의 어떤 발언이 과제의 달성에 필요가 있었습니까?

6. 그룹 전체의 팀워크에 대한 노력의 정도는 몇 점 정도였다고 생각하십니까?

7. 그것은 어떤 점에서 그렇습니까?

8. 이 실습에서 일상의 업무에 적용될 만한 교훈을 예측해 주십시오.

9. 기타, 느낀 점이나 깨달은 점이 있다면 무엇입니까?

2. 바다에서의 조난 게임

이 게임의 목적은 집단 활동으로 합의(consensus)와 탐구 행동의 효과를 체득하며 집단의사 결정의 결과와 관련하여 시너지의 의미를 이해한다. 진행방법으로는 1개조 10명 내외로 편성된 각 조가 하나의 조직으로 활동하며 진행요원은 목적, 개념, 진행요령에 대해 간략히 설명한다. 먼저 개인 의사결정을 한 후 조별 토론을 통한 집단 의사결정을 한다. 각조 1명의 관찰자는 의사결정에 참여하지 않고 조의 집단의사결정 과정 체크리스트를 참고로 관찰한다. 조별 의사결정사항을 정리, 발표하고 Feed-Back을 실시한다.

1) 진행요령

- 실시단계 1은 개인적으로 의사결정을 한다. 타인과 협의 없이 혼자서 문제를 해결하고 결정된 사항을 의사결정표에 기입한다.
- 실시단계 2는 집단의사결정을 하는 단계이다. 조장은 조원 개개인의 결정사항을 집계한 후 각 항목에 따라 토론을 거쳐 집단의사를 결정한다.
- 실시단계 3은 검토단계이다. 즉, 발표 및 강평을 한다. 그룹집계 표를 참고로 각 조별 조장 및 관찰자는 2분 동안 발표한다.

2) 유의사항

- 개인별 의사결정사항은 당신 자신의 결정이므로 충분히 납득할 수 있는 이유 없이 변경해서는 안 된다.
- 조별 토의 시 전원이 판이한 견해도 성실하게 경청한다.
- 다른 사람의 판이한 견해도 성실하게 경청한다.
- 자기주장을 너무 고집하거나 논쟁하는 것은 피해야 한다. 그러나 논쟁을 피한다는 이유로 자신의 의견을 바꾸지 말고 충분히 설명한다.
- 특정 개인이 집단의사결정을 주도하는 일은 피한다.
- 의사결정을 할 때 다수의결이나 흥정하는 식의 방법은 피한다.

바다에서의 조난

지시사항: 당신은 지금 개인 요트를 타고 남태평양에서 표류하고 있다. 그러나 원인불명의 화재로 요트 대부분과 요트에 실었던 물건이 거의 전부가 소실되었다. 요트는 지금 서서히 침몰하고 있다. 당신과 다른 선원들은 화재를 진화하려고 당황과 혼란을 겪었고 항해 장비들의 파손으로 당신의 현재 위치는 불명이다. 여러 가지로 판단해 보자면 아마도 가장 가까운 육지로부터 남남서방향으로 약 1,800km 떨어진 듯하다. 아래에 적은 열다섯 가지 물건들은 파손되지 않고 현재 남아 있는 물건들이다. 이 물건 외에도 당신과 선원들이 타고 열다섯 가지 물건들을 실을 수 있는 노가 달린 고무구명보트 하나가 있다. 생존자들의 호주머니에 남아 있는 물건은 모두 합쳐 담배 한 갑, 성냥갑 몇 개, 그리고 만 원권 지폐 5장뿐이다. 아래의 열다섯 가지 물건들을 당신이 생존하는 데 필요한 중요성에 따라 1~15까지 등급을 매겨 본다. 첫째로 중요한 것에는 1, 둘째로 중요한 것에는 2, 그리고 셋째로 중요한 것은 3, 이런 방법으로 열다섯 가지 물건에 모두 등급을 매기면 된다(가장 중요하지 않은 물건이 15가 된다).

- 바다에서 전체의 각도를 측량하여 위도와 경도를 측정하는 데 사용하는 기계
- 면도하는 데 쓰는 거울
- 물 한 병
- 모기장

- 군 야전용 식량 한 상자
- 태평양의 지도
- 방석(물에 뜬다)
- 윤활유와 휘발유가 혼합된 기름
- 소형 트랜지스터라디오
- 상어 쫓는 약
- 8.8m의 불투명한 플라스틱 양동이
- 프에리토리코산 80도짜리 술 한 병
- 4.5m 길이의 나일론 줄
- 기다란 초콜릿 두 상자
- 낚시도구 상자

〈표 3-4〉 활동 검토표

그룹명	그룹 활동 이전(개인결정)			그룹 활동에 의한 결과(집단결정)				
	최저 오차	최고 오차	평균 오차	그룹 결정 오차	그룹 효과	그룹점수보다 좋은 점수를 받은 사람 수	가장 좋은 개인오차 -그룹점수	팀효율
1조	24	48	44	34	10	5	10	22%
2조	19	44	34	30	−4	7	−11	−11%
3조								
4조								

－최저오차: 개인이 결정한 순위에서 정답과의 차이 중 점수가 가장 낮은 것
－최고오차: 개인이 결정한 순위에서 정답과의 차이 중 점수가 가장 높은 것
－평균오차: 개인이 결정한 순위에서 정답과의 차이점수를 각 조별로 평균한 것
－그룹결정오차: 그룹이 결정한 순위와 정답과의 차이점수
－그룹효과: 평균오차－그룹결정오차
－팀효율: 그룹효과 / 평균오차
※ 위의 표를 보고 Feed-Back
1조는 팀 효율이 높은 경우이고 2조는 팀 효율이 낮은 경우

〈표 3-5〉 정답 집계표

품목	제1단계	제2단계	제3단계	제4단계	제5단계
	개인이 정한 순위	팀이 정한 순위	정답	1과 3의 차이	2와3의 차이
면도거울					
혼합기름					
식수					
식량 1상자					
양동이					
초콜릿					
낚시도구					
나일론줄					
방석					
상어 퇴치 약					
술					
라디오					
태평양지도					
모기장					
기계					
				개인의 합계점수	팀의 합계점수

【회고표】

1. 이 실습 중에 당신은 자신의 의견을 충분히 주장했습니까?

2. 자신의 감정을 자유롭게 나타냈습니까?

3. 구성원은 서로의 의견을 잘 들었습니까?

4. 전원합의에 의한 집단결정을 해 보고(다수결과 비교해서) 어떻게 느꼈습니까?

5. 결정하기 위한 절차에 대해 어떤 합의가 있었고 그 결과는 어떠했다고 느꼈습니까?

6. 토의 프로세스에 대해 깨달은 점을 몇 가지 구체적으로 열거하시오.

7. 집단 결정을 내릴 때에는 어떤 리더십 또는 멤버십의 작용이 필요 또는 유효하다고 봅니까?

개요

이 장에서는 ① 토론법과 토의법의 차이, ② 자유토의법, ③ 대결토의법, ④ 집단토의법의 종류, ⑤ 토의 시 요령 및 토의 매트릭스 활용, ⑥ 전원일치 토의법에 대해 살펴본다.

학습 목표

1. 토론법과 토의법의 차이를 세 가지 이상 설명할 수 있다.
2. 자유토의법 중 브레인스토밍 방법에 대해 설명할 수 있다.
3. 대결토의법을 설명할 수 있다.
4. 집단토의법의 종류를 네 가지 이상 설명할 수 있다.
5. 토의진행 방법을 설명할 수 있다.
6. 토의 시 토의 매트릭스를 활용할 수 있다.
7. 전원일치 토의법에 대해 설명할 수 있다.

학습 과제

1. 이 장의 내용을 요약하시오(A4용지 2장 내외).
2. 이 장의 내용을 시험문제로 출제하시오(객관식 7문항, 주관식 3문항).
3. 학교현장에서 문제가 되고 있는 주제를 선정하여 토의 매트릭스를 활용하여 해결방안을 작성하시오(A4용지 5장 내외).

제5장

토론법과 토의법

- 1. 토론법과 토의법의 차이
- 2. 자유토의법
- 3. 대결토의법
- 4. 집단토의법
- 5. 전원일치 토의법

1. 토론법과 토의법의 차이

토론법, 토의법, 전원일치 토의법에 대해서 각각의 차이점을 알아본다. 의사소통이란 광의의 측면에서 토의법 내에 구체적으로 완전일치 토의법과 토론법이 있다고 볼 수 있다. 즉, 운동에서 탁구경기를 연상해 보자. 단식 경기일 경우 선수 두 명과 심판, 탁구공이 있다. 여기서 선수는 송신자와 수신자로 볼 수 있고 탁구공은 메시지이며 심판은 토론을 관리하는 사람이다. 탁구의 경기는 서브로부터 시작된다. 한 선수가 서브를 넣으면 상대방은 그것을 받아 넘긴다. 이러한 과정에서 만약 상대방 선수가 탁구공을 넘기지 않는다면 경기는 이루어지지 않는다. 탁구를 치는 과정에서 규칙을 어길 경우에도 경기는 진행되기 어렵다. 토론의 과정도 마찬가지이다.

영어사전에서 토론(debate)을 보면 a discussion or argument carried on between two matched sides according to fixed rules로 나와 있다. 즉, 정해진 규칙에 따라 대립되는 두 팀 사이에서 이루어지는 토론이나 의논으로 정의하고 있다. 토의나 의논의 경우에는 반드시 찬성 측이나 반대 측의 대립되는 두 팀이 전제되는 것은 아니다. 또한 발언의 순서나 시간제한 등 일정한 규칙이 있는 것도 아니다.

토의(discussion)는 대립된 의견을 통합시키기 위하여 집단 구성원이 각자의 의견을 제시하고, 그 시비를 논의하는 과정이다. 완전일치 토의법(consensus method)이란 미국의 우주항공국(NASA)에서 개발된 것으로 토의를 해 나가는 과정에서 나의 의견과 상대방의 의견의 차이를 점차 줄여나가면서 결국 두 사람이 합의를 통해 하나의 의견으로 모으는 과정이라고 볼 수 있다. 전원일치 토의법은 여러 가지 토의법 중의 하나라고 보면 된다. 이러한 측면에서 토론의 경우 형식적인 측면과 내용적인 측면에서 토론(debate)과 토의(discussion)의 차이가 있다는 것이다. 그 차이점은 다음과 같다. 첫째, 토론은 자신이 이미 갖고 있는 해답이나 가치를 상대방에게 이해하고 설득한다. 토의는 나와 상대방이 서로 협력하여 회의나 토의를 거쳐 해답을 얻어 가는 과정이다. 둘째, 토론은 나와 상대방이 사전에 의견이 대립되어 있으며 대립적인 틀 안에서 발전적인 과정을 모색해 보고자 하는 변증법적 사고이다. 셋째, 토의는 일종의 집단 사고과정이다. 넷째, 토론은 일정한 규칙과 방식이 있다. 토의는 일정한 규칙이나 방식 없이 자유롭게 의논하는 것이 특징이다. 다섯째, 토론의 경우 토의가 끝나는 시점부터 토론이 시작된다고 보면 된다. 여섯째, 토론의 경우 사실과 논리에 바탕을 두고 상대방을 내 편으로 만들어 가는 것이다. 토의의 경우 마음의 문을 열고 허심탄회하게 아이디어를 교환하는 것이 중요하다.

공식적인 토론을 예로 든다면 아마 재판이 될 것이다. 즉, 재판의 경우 하나의 논제(소송)를 가지고, 원고와 피고 양 당사자 사이에서, 일정한 규칙에 따라, 검증에 기초를 둔 의논이 행해지고(심리), 판결이 내려진다. 이러한 과정에서 재판의 결과는 어느 한쪽이 승소하게 되는 것이다. 어느 쪽도 맞을 수 있다는 애매하고 허용적인 태도는 재판과정에서 있을 수 없다. 토론도 마찬가지이다. 애매한 태도를 취하는 것이 아니라 자신이 갖고 있는 찬성이든 반대이든 그 입장을 상대방에게 설득하여 내 편으로 만드는 과정인 것이다. 그러므로 토론법을 통하여 우리는 객관적 분석능력과 논리적 사고력, 발표력, 정보수집능력, 적극적 경청능력, 지도자 능력이 함양될 수 있다.

이러한 사고능력을 배양하기 위하여 상대방을 내 편으로 만드는 과정에서 인간이 사고하거나 논리를 펼치는 방법에는 두 가지가 있다. 하나는 귀납적 방법이고, 다른 하나는 연역적 방법이다. 인간이 사고하거나 논리를 펼쳐 나갈 때 주로 귀납법이나 연역법을 통해서 이루어진다. 귀납법이란 여러 가지 구체적인 사실을 먼저 파악하여 이것을 바탕으로 일반적인 법칙을 이끌어 내는 것이다. 예를 들면 '이순신은 죽었다. 강감찬도 죽었다. 이순신과 강감찬은 인간이다. 그러므로 모든 인간은 죽는다'라는 3단 논법을 이끌어 내는 것이 귀납법이다. 즉, 귀납법이란 구체적인 사실들을 먼저 말하고 결론은 나중에 말한다. 이러한 귀납법은 동양인들이 자주 사용하는 경향이 있다.

연역법이란 하나의 법칙에서 개별적인 사항들을 이끌어 내는 것이다. 예를 들면 '모든 사람은 죽는다. 이순신은 사람이다. 그러므로 이순신은 죽는다'라는 3단 논법을 이끌어 내는 것이 연역법이다. 연역법이란 결론을 먼저 말하고 구체적인 사실은 나중에 말하는 것이다. 이러한 연역법은 서양인들이 잘 사용하는 화법이다.

직장에서 보고할 때의 예를 들면 다음과 같은 것이 있다. 결론부터 이야기하라는 것이다. 우리나라 말은 끝까지 다 들어봐야 안다는 말이 있다. 결론이 끝에 나온다는 말이다. 연역적 사고를 하는 입장에서 보면 답답할 수 있다. 서양인의 경우 결론부터 먼저 이야기하고 나중에 구체적인 이야기들을 덧붙여 나간다. 그러나 동양인의 경우는 그 반대이다. 그러므로 보고를 할 때 오죽하면 결론부터 이야기하라는 교육을 시킬 정도이다. 즉, 영업사원이 계약을 했는지 못했는지에 대한 보고를 할 때 "결론부터 말씀드리면 계약을 성사시키지 못했습니다. 그 이유는…" 하고 이야기해야 하는데, 계약하지 못한 이유만 계속 늘어놓는다면 듣는 사람은 답답할 수 있다는 것이다.

일반적으로 말의 구조에서 처음에는 결론이 나오고 나중에 부수적인 이야기를 하는 편이 더 바람직하다. 그 이유는 결론부터 먼저 말할 경우 훨씬 더 빨리 듣는 사람이 이해할 수 있기 때문이다. 즉, 무엇을 말하고 싶은지를 먼저 처음부터 알 수 있기 때문에 뒤에 말하는 내용을 더 잘 이해하게 된다. 이에 비해서 귀납적인 화법의 경우 결론이 제일 마지막에 나오기 때문에 주의해서 듣고 있지 않으면 도중에 무슨 말을 하는지 이해할 수 없을 뿐만 아니라 어느 것이 본론이고 어느 것이 부수적인 이야기인지 도대체 이해하기 어렵다.

토론의 형식으로는 사법기관에서 행해지는 사실심리나 법률심리, 공청회, 기타 TV 토론 등 여러 가지가 있지만 모든 형식에 공통적으로 사용되는 원칙은 다음과 같다. 첫째, 인원수가 동일하다. 즉, 찬성 또는 긍정적인 측과 반대 또는 부정적인 측의 인원수를 동일하게 구성한다. 둘째, 시간사용을 균등하게 한다. 양측에 배분되는 시간을 균등하게 한다. 셋째, 최초와 최후에는 반드시 찬성 또는 긍정적인 측이 말하는 것으로 한다. 이렇게 하는 이유는 토론의 논제가 찬성 또는 긍정적인 측의 주장을 표현한 것으로 되어 있기 때문에 긍정적인 측에서 먼저 이야기를 하게 한다. 토론진행방식의 경우 전통적인 토론의 진행방식과 심문형 토론진행방식이 있다. 전통적인 토론진행방식은 〈표 5-1〉과 같으며, 심문형 토론진행방식은 〈표 5-2〉와 같다.

〈표 5-1〉 전통적인 토론진행방식

주장	반론
긍정적 입장 첫 주장 10분	부정적 입장 첫 반론 5분
부정적 입장 첫 주장 10분	긍정적 입장 첫 반론 5분
긍정적 입장 두 번째 주장 10분	부정적 입장 두 번째 반론 5분
부정적 입장 두 번째 주장 10분	긍정적 입장 두 번째 반론 5분

〈표 5-2〉 심문형 토론진행방식

주장	반론
긍정적인 입장 첫 주장 10분	부정적인 입장 첫 반론 5분
부정적인 입장에 의한 첫 번째 심문 3분	긍정적인 입장 첫 반론 5분
부정적인 입장 첫 주장 10분	부정적인 입장 두 번째 반론 5분
긍정적인 입장에 의한 첫 번째 심문 3분	부정적인 입장 두 번째 반론 5분
긍정적인 입장 두 번째 주장 10분	
부정적인 입장에 의한 두 번째 심문 3분	
부정적인 입장 두 번째 주장 10분	
긍정적인 입장에 의한 두 번째 심문 3분	

토론의 논제 설정은 다음과 같은 것이 있다. 토론의 대상이 되는 주제를 논제(proposition)라고 하는데, 이 논제에는 사실논제, 가치논제, 정책논제가 있다. 사실논제의 경우 가능성이 높은 과거, 현재, 미래의 어떤 현상의 존재 유무에 관한 사

실을 토론의 대상으로 정하는 것이다. 예를 들면 과거 사실의 경우 '일본의 도예공들은 조선인이 대부분이었다', 현재 사실의 경우 '초등학교 학생 대부분은 과거 80년대 학생들에 비해 학력이 저하되고 있다', 미래 사실의 경우 '21세기 세계의 중심국가는 대한민국이 될 것이다' 등이다. 가치논제의 경우 사실에 대한 가치판단이 의논의 대상이 된다. 즉, 과거의 가치는 '세종대왕은 인재를 고루 등용하고 백성들의 생활에 실질적으로 도움이 되는 문화 정책을 추진한 훌륭한 임금이었다', 현재 가치는 '우리나라 학교교육은 비인간적이다', 미래 가치는 '임금피크제도는 기업에 유익한 제도가 될 것이다' 등이다. 정책논제의 경우 토론에서 가장 자주 사용되는 논제이기도 하다. 즉, 사실과 가치판단에 기초를 두고 어느 행정정책이 정해져야 한다고 하는 것이 정책논제이다. 예를 들면 "교육인적자원부는 학교교육의 정상화를 위해 전인교육을 실시해야 한다", "기업이 종업원들의 복지를 향상시키기 위해 주 5일 제도를 도입해야 한다" 같이 정책논제에서 주의해야 할 것은 논리 중에 "○○○을 해야 한다"의 의미이다.

이러한 논제를 결정할 때 다섯 가지 필수조건은 첫째, 논제는 토론이 가능하고 화제가 될 만한 것, 둘째, 한 가지의 중심적인 과제를 선정할 것, 셋째, 감정적인 표현은 피할 것, 넷째, 추상적인 표현을 삼갈 것, 다섯째, 긍정적인 주장을 하는 편에서 입증책임을 지게 하면서 현 상태에서의 중대한 변화를 표명할 것 등을 바탕으로 논제를 결정하는 것이 바람직하다.

추론의 기본모델로는 다음과 같은 것이 있다. 다른 사람의 의론에 반론을 하려고 할 경우에는 결론(claim), 사례(data), 논거(warrant)의 세 가지 요소를 우선 장악하는 것이 중요하다. 추론의 기본 과정은 이 세 가지 요소에 세부적으로 세 가지 요소를 추가하여 여섯 가지 요소로 구성된다. 이 여섯 가지 요소를 하나씩 살펴보면 다음과 같다. 즉, 결론(claim)은 토론과정에서 입증하고자 하는 의논의 결론이다. 자료(data)의 경우 토론과정에서 결론을 내리기 위해 제시하는 증거자료이다. 논거(warrant)의 경우 자료로부터 결론으로 전개해 나가는 과정을 정당화하는 소결론이다. 뒷받침(backing)의 경우 논거를 위한 믿을 만한 근거가 되는 것이다. 한정(qualification)의 경우 결론이 갖는 설득력의 강도를 말한다. 조건(rationale)은 결론이 성립되기 위해서 숨은 유보조건이다. 토론법이 다 좋은 것은 아니다. 토론법을 고수할 경우 지나치게 이론만 따지는 경향이나 지나치게 자기합리화를 하려는 경향이 있다. 교육목적에 따라 토론법이나 토의법, 완전일치 토의법 또는 발상법과 같은 것을 활용하는 것이 도움이 될 것이다.

2. 자유토의법

자유토의는 지도자 1명과 5~6명이 참가해서 실시한다. 그리고 좌석배정 시 모든 참가자들의 얼굴이나 몸짓을 볼 수 있도록 배려해야 한다. 우선 지도자가 토의를 하는 배경에 대해서 설명하고 아울러 토의의 목표와 주제를 발표한다. 이때는 참가자의 발언이 허용되며 진행절차에 있어서 의견이 있으면 지장이 없는 한 받아들이도록 한다. 발언이 없을 때는 지도자가 적당히 질문을 함으로써 참가자들의 발언을 유도한다. 그러나 지도자 자신은 발언을 삼가고 토의가 진행 중이거나 끝났을 때 문제점을 정리하여 결론을 내린다. 이렇듯 자유로운 토의에 의해서 참가자들은 상호 간의 입장이나 생각을 충분히 이해하게 되고 마침내는 일치된 결론에 도달하게 된다. 브레인스토밍(brainstorming)과 유사한데, 미국의 광고대행회사인 BBDO의 사장이었던 오스본(Osborn)이 그의 저서 『창의력을 펴라』에서 광고에 관련된 아이디어를 내기 위한 회의 방식을 브레인스토밍이라고 한 것이 그 시작으로 1938년에 고안된 이래 세계에서 가장 널리 활용되는 기법이다. 'Brain Storm'은 말 그대로 원래의 의미는 두뇌의 폭풍, 두뇌착란이라는 의미였으나 오스본의 고안에 의해 오늘날에 와서는 달라졌다. "구성원이 자발적으로 제출하는 아이디어를 축적해서 어떤 구체적인 문제를 해결할 방법을 찾아내려는 그룹적인 시도이며, 실제적인 회의의 기법을 말한다."

네 가지 원칙은 다음과 같다. 첫째, 비판금지(감정의 장벽제거), 즉 판단보류(differed judgement)이다. 아이디어를 내면서 그때마다 판단을 내린다는 것은 사고의 유창함을 막는 결과를 초래하므로 상대방이 낸 아이디어에 대해서 판단을 보류해야 한다. 둘째, 질보다 양 추구(quantity oriently)이다. 미국의 버팔로 시 시장으로 항구에 세워진 새로운 다리의 이름을 의뢰 받았을 때의 일이다. 오즈본은 BS를 통해 다리 이름을 정하는 데 3,800개의 아이디어가 나왔다. 그 가운데서 가장 좋은 것을 선택하기만 하면 된다. 또는 서투른 총 솜씨라도 많이 쏘면 한 발로 명중시키려고 노력하는 것보다는 많이 맞출 수 있을 것이다. 이처럼 성공할 확률이 낮다고 해서 단념할 것이 아니라 확률이 낮더라도 수많은 것 가운데에는 반드시 진귀한 보물이 있으리라는 적극적인 사고방식이 브레인스토밍에서는 대원칙이다. 셋째, 자유분방(문화의 장벽제거, free-wheeling)이다. 자유롭게 마음껏 아이디어를 제시하라. 상식 외의 아이디어를 환영하라. 아무런 제약도 존재하지 않음을 강조하라. 넷째, 결합과 개선(편승환영, cross-fertilize)이다. 브레인스토밍은 그룹으로 행하기 때문에 회의 중 다른 구성원들로부터 많은 아이디어가 제시된다. 따라서 다른 사람이 제기한 아이디어에 자극을 받아서 별개의 아이디어를 많이 내는 것이 중요하다. 즉, 다른 사람이 낸 아이디어라도 개선하거나 수정하거나 조합해서 새로운 아이디어로 만들어 낼 수 있다.

BS를 실제로 할 경우 다음과 같은 방식으로 이끌어 나가는 것이 효과적이다. 즉, 브레인스토밍을 하더라도 말을 잘 못할 수 있기 때문에 첫 단계에서는 Free Wheeling 방식으로 토의 초기에 순서에 상관없이 자발적으로 아이디어를 발표하고 그대로 기록하는 방식이다. 자발적으로 아이디어가 나오지 않을 경우 Round Robin 방식으로 앉은 순서대로 고스톱 방향으로 발표하고 몇 번씩 아이디어를 계속 발표하게 한다. 다음으로는 Slip Method 방식으로 아이디어를 포스트잇에 무기명으로 기록하여 아이디어를 제출하여 수집하는 방식을 사용할 수 있다.

3. 대결토의법

대결토의법(토론의 형식을 빌린 찬반토의법)은 어떤 주제에 대한 각자의 사고방식의 차를 노출시킬 목적으로 사용된다. 보통 지도자 1명과 10명 내지 15명 전후의 인원을 두 개 그룹으로 나누어 실시한다. 즉, 이들 두 그룹은 지도자가 제시한 문제에 대해서 찬성하고 반대하는 정반대의 입장을 취하게 된다. 지도자는 양쪽의 의견을 총괄해서 정리한다. 대결토의법은 15명 전후가 적합하며 그 이상이 될 때는 강의법 내지는 다음에 이야기하는 집단토의법을 사용해야 한다. 예를 들면 뇌사를 인정하는가? 반대하는가? 찬반 토론이 대결 토의법이다.

4. 집단토의법

1) 배심토의(Panel Discussion)

4명~6명을 선정하여 토론을 시키며, 이들을 배심원이라 부르는데 특정한 문제를 놓고 참가자들 앞에서 의견을 말하게 한다. 3분의 2 정도의 시간이 지났을 때 지도자가 발표된 내용을 개괄하고 또한 설명한다. 이어 참가자들이 배심원들에게 질문하게 하고 또한 답변을 하게 한다. 배심원들 서로가 재차 토의를 하여 보충적인 의견을 말한 다음 끝낸다. 상당히 많이 사용되는 기법으로 어떤 특정한 주제에 대해 풍부한 지식을 가지고 있는 사람의 의견을 청중들이 자유롭게 들을 수도 있다. 배심토의의 경우 공식적인 발표나 강의를 하지 않고 다소 비공식적인 대화를 중심으로 이루어지고 논리적이고 체계적인 정보의 제시는 어려울 때가 많다. 예를 들면 한글 전용에 대한 토의의 경우 한글학회 1명, 한문전공자 1명, 일반시민 1명, 언론인 1명, 교사 1명 등으로 선정하여 토의를 시키는 경우이다.

2) 심포지엄(Symposium)

패널 토론과 비슷하지만 패널 멤버가 독립된 분야에 대해 전문적인 의견이나 견해를 말할 뿐 토의는 하지 않는 것이 보통이다. 또한 심포지엄의 경우 주로 한 가지 주제만을 다룰 수 있다. 참가자가 질문을 했을 때에도 개별적으로 대답하는 데 그친다. 이것은 특정 주제에 대한 전문가의 견해를 이해하는 데 목적이 있다. 예를 들면 학술심포지엄이나 수능 제도에 대한 심포지엄의 경우 학교장, 교육부 장관, 대학교수 등이 참석하여 자신들의 독립된 분야에 대해 전문적인 의견이나 견해를 말하고 상호 간의 토의는 하지 않는다.

3) 콜로퀴(Colloquy)

Colloquy란 대담 내지 회담의 뜻이 있는데, 이것도 역시 패널 토의와 비슷하지만 정보 제공자로서 수명의 전문가를 출석시킨다는 점이 다르다. 지도자는 토의 중에 이들 전문가의 정보를 구할 수 있지만 이 경우에 그들은 정보 제공으로 끝난다. 이 기법은 참가자들이 요구하는 각도에서 전문가의 깊은 의견을 요구하는 데 적합하다. 예를 들면 한글전용에 대한 예의 경우 패널 디스커스가 동일하지만 토의에 전문가들만 구성하는 점이 차이가 있다. 즉, 패널 멤버로 한글학자 1명, 한글학 전공 대학교수 1명, 한글수호위원회 1명 등 한글전용과 관련되는 전문가들만 참석하고 일반인들은 참석하지 않는 것이 보통이다.

4) 공개토의(Forum)

포럼은 여러 형태로 어떤 주제에 관해 새로운 사고방식이나 정보, 자료나 분석 결과 등을 제공하고 참가자에게 그 문제에 대해 질의응답을 함으로써 관심과 열의를 북돋우고 나아가서 필요한 정보를 부여하여 문제를 명백히 밝히고 참가자의 사고를 더욱 활발히 하는 방법이다. 포럼에 있어서 정보제공방법의 차이에서 강의에 의한 것을 Lecture Forum, 대담에 의한 것을 대담 포럼, 찬반양론에 의한 토의, 흑백 토의에 의한 것을 Debate Forum, 영화나 슬라이드 비디오에 의한 것을 Film Forum이라고 한다.

5) 세미나(Seminar)

세미나의 경우 참가자 모두가 어떤 주제에 대해 권위 있는 전문가나 연구자들로 구성된다. 세미나는 특정 주제와 관련된 공식적인 보고와 함께 세미나에 참여자들이 의견을 개진하거나 질의응답을 통하여 이루어진다. 세미나는 특정 주제에 대한 전문적인 연수나 훈련의 기회를 제공하는 데 목적이 있다. 따라서 세미나 참석자 대부분은 전문가로 구성된다는 것이 특징이다.

6) 워크숍(Work-Shop)

작업장이나 일터 또는 공작실의 뜻을 가지고 있다. 대집단을 몇 개의 작은 그룹으로 나누어 그 그룹마다 지도자를 정하여 토의를 함으로써 결론을 내는 방법이다.

생각해 보기

토의 시 토의 Matrix 활용하기

어떤 상황에서든지 토의를 할 경우 아래 <표 5-3> 토의 Matrix 1, 2, 3과 같은 토의 매트릭스를 활용하면 매우 효과적이다.

〈표 5-3〉 토의 Matrix 1. 토의 시작 시 사전에 공유할 내용

활용계획			구체적 내용
누가	주관	추진기관	
언제	일정	시간계획	• 토의 시간계획을 구성하여 토의하게 함 10:00~10:10 인사 및 진행 10:10~10:30 토의 내용 공유 10:30~11:00 좋은 사례까지 토의 11:00~12:00 장애요인까지 토의 12:00~12:30 정리 및 성찰
어디서	장소	공간활용	

활용계획			구체적 내용
누가	주관	추진기관	
무엇을	내용	주제 토의 내용	• 토의할 내용을 명확히 구체화함
어떻게	방법	해결방안 장애요인	• 오늘 토의를 통하여 해결해야 할 방안을 명확히 함
왜	목적	예상결과 성과	• 구체적인 토의 성과를 제시함

〈표 5-4〉 토의 Matrix 2. 토의 시 해결방안 양식

영역	과제명	현재 상태	바라는 모습	좋은 사례	중요한 성공 요인	구체적 아이디어	아이디어 평가			장애 요인	극복 방안
							현실성	경제성	창의성		
수업 개선											
평가 방법											

• 토의 매트릭스 활용은 매트릭스 자체가 사회자 역할을 함
가로축과 세로축의 내용은 다양하게 구성할 수 있음. 가로축의 내용도 재미있게 구성 가능함
예: 대상자의 특성에 따라 재미있게 축소하여 구성할 수 있음(인간관계 개선 토의 시 남녀 인간관계 개선의 경우 섭섭해요, 이해가 안 돼요, 이렇게 해 주세요로 구성)

• 가로축에 작성 시 반드시 포스트잇에 작성하여 붙이게 함(포스트잇을 적극적으로 활용)

〈표 5-5〉 토의 Matrix 3. 토의 후 실행계획 양식

실행계획							
과제명	누가	언제	어디서	무엇을	어떻게	왜	예산

생각해 보기

토론을 잘하는 방법

토론을 잘하는 방법에는 몇 가지 규칙이 있다. 토론을 잘하기 위해서는 세 가지를 갖추고 있어야 한다. 첫째, 책을 많이 읽고, 경험을 많이 하고, 대화를 많이 해야 한다. 둘째, 토론의 형식과 절차를 잘 알고 있어야 한다. 셋째, 인생철학, 역사관, 마음 수양이 잘되어 있어야 한다.

대화나 토론의 형식과 절차에 대해서만 생각해 본다. 말하는 방법에는 두괄식과 단계식이 있다. 두괄식이란 결론부터 말하는 방법이다. 반면 단계식의 경우 서론과 본론을 말한 후 결론을 제일 마지막에 말하는 방법이다. 두괄식으로 말할 때는 사람이 많을 때, 시간이 부족할 때, 공적인 자리일 때, 보고할 때 등의 경우이다. 단계식으로 말할 때는 사람이 적을 때, 시간이 많을 때, 사적인 자리일 때 등이다. 두괄식으로 말하지 못하는 이유는 무용담을 자랑하고 싶거나, 아는 것이 많아서 청자를 무시하고 있는 사람, 가슴에 맺힌 한이 많거나, 매사에 진지한 사람, 분명하게 말하면 싸우게 될까 봐 핑계 대는 사람, 시간을 끌어 진실을 감추기 위해, 준비가 부족하여 정리가 안 되었거나 주위가 산만한 사람의 경우 두괄식으로 말하지 못한다.

두괄식으로 말하는 방법에는 두 가지가 있다. 첫째, '요지는', '왜냐하면', '예컨대', '그래서'와 같이 말하는 방법이 있고, 둘째, '두 가지만 말씀 드리겠습니다', '세 가지만 말씀드리겠습니다'와 같은 방법으로 말하는 것이다. 두괄식으로 말하는 방법 중 첫째 경우 ① '요지는' 동기적 논쟁을 먼저 말하는 방법이다. 즉, "제 결론은 이것입니다"라고 말하는 것으로, 자신의 주장이나 의견을 분명히 말하는 것이다. ② '왜냐하면'은 본질적 논쟁이다. 즉, 주장의 이유나 근거를 말하는 것이다. ③ '예컨대'는 권위적 논증이다. 이는 사례와 증거를 제시하는 것이다. ④ '그래서'는 마지막으로 주장의 결론을 내는 단계이다. 이상과 같은 입론 준비를 잘해야 한다. 그 다음으로는 교차질문 조사 목록을 작성하는 것이다. 교차질문이란 질의와 심문과 질문이 있다. 질의란, 사실을 확인하는 것이고, 심문이란, 사실을 계속 조사하는 것이고, 질문이란, 의견을 파악하는 것이다. 이러한 교차질문을 상대방에게 어떻게 할 것인가를 미리 준비해 둘 뿐만 아니라 상대방이 나에게 교차질문할 것에 미리 준비하는 것이다. 이렇게 할 때 상대방과의 논쟁에서 이길 확률이 높다.

생각해 보기

랭커의 실험

미국의 여성 사회심리학자인 랭커(Langer)의 실험 예이다. 도서관에서 복사하기 위해 줄을 서서 사람들이 기다리고 있다. 늦게 온 사람이 앞 사람의 양보를 얻어 내기 위한 방법에 대한 실험이다. 실험내용은 첫째, "죄송합니다. 제가 먼저 하면 안 될까요?"라고 한 결과 60%의 양보를 얻었다. 두 번째, 그냥 "죄송합니다. 제가 먼저 하면 안 될까요?" 문장은 똑같이 하고 "왜냐하면 아주 바쁜 일이 있거든요"라고 '왜냐하면'이라는 단어를 넣어서 말한 결과 94%의 양보를 얻었다는 것이다. 이 실험은 상대방을 설득할 때 적합한 이유가 필요하다는 것이다. 더욱 재미있는 사실은 세 번째 실험이다. "죄송합니다. 제가 먼저 하면 안 될까요? 왜냐하면 지금 복사를 해야 하거든요"라고 논리적으로 맞지 않는 엉터리 문장을 사용했다. 그 결과 93%의 양보를 받았다.

이는 두 번째 한 말과 거의 비슷한 실험결과를 나타낸다. 이 결과는 논리성보다 "왜냐하면"이라는 특정단어가 상대방을 설득하는 데 도움이 된다는 사실이다. 설득을 잘하는 데 도움이 되는 단어가 있다. ① 이익이 되는 ② 보장하는 ③ 증명하는 ④ 안전한 ⑤ 쉬운 ⑥ 지금 ⑦ 무료 등의 단어는 상대를 설득하는 데 도움이 된다.

5. 전원일치 토의법

전원일치 토의법(Consensus Method)의 경우 찬반양론의 토론법과 달리 모든 사람이 합의에 의해 결론을 도출해 나가는 방법이다. 전원일치 토의로 결론을 도출해 나갈 때 우선 팀원들은 첫째, 결론의 방법을 다수결로 하지 말아야 한다는 것이다. 완전일치 토의법에서 추구하는 것은 Consensus, 즉 합의에 의해 정답을 만들어 내야 한다는 것이다.

둘째, 개인별 의사 결정 사항은 당신 자신의 결정이므로 충분히 납득할 수 있는 이유 없이는 변경해서는 안 된다. 논리적으로 설득이 가능할 때 의사결정에 대한 변경이 있어야 한다.

셋째, 다른 사람의 판이한 견해도 성실하게 경청하도록 한다. 즉, 많은 사람들이 정답이라고 하더라도 한 번 더 신중히 생각해 볼 필요가 있다. 소극적인 사람의 경우 자신이 확실히 정답이라고 알더라도 적극적으로 발표를 하지 않아서 망설이는 경우가 있기 때문에 다시 한 번 확인해야 한다.

넷째, 자기주장을 너무 고집하거나 논쟁하는 것은 피해야 한다. 그러나 논쟁을 피한다는 이유로 자신의 의견을 바꾸지 말고 충분히 설명한다. 목소리 큰 사람이 이긴다고 정답이 아니지만 설득이나 목소리 큰 것으로 윽박질러 정답으로 하는 경우가 있다. 이것을 조심해야 한다.

다섯째, 특정 개인이 집단의사결정을 주도하는 일은 피한다. 발표도 잘하고 열심히 하는 사람에게 정답을 맡겨두고 다른 사람들은 담배 피고 휴식하고 하는 일이 없도록 해야 한다. 여섯째, 의사결정을 할 때 다수의결이나 흥정하는 식의 방법은 피한다. 여기서는 완전일치 토의법의 여러 가지 중 지면관계상 한 가지 방법만 소개한다.

• 신체언어 이해

아래 가, 나, 다, 라, 마, 바, 사의 내용이 보기에 있는 1, 2, 3, 4, 5, 6, 7 중 어디에 해당되는지 찾아보시오.

〈보기〉 1. 의미를 찾는다. 2. 의심한다. 3. 환심을 산다. 4. 흉금을 터놓는다. 5. 긴장한다. 6. 무료함을 나타낸다. 7. 방어한다.	
가. 상의의 단추를 연다. 다리를 꼬지 않는다. 바짝 다가선다. 팔짱을 끼지 않는다.	
나. 의자 끝에 앉는다. 몸을 약간 앞으로 구부린다. 머리를 약간 기울인다. 손에 볼을 댄다. 볼을 어루만진다. 곁눈질한다. 입을 삐쭉 내민다. 안경을 천천히 주의 깊게 닦는다. 눈을 보고 일방적으로 살짝 미소 짓는다.	
다. 의자 끝에 앉는다. 발돋움한다. 선 채로 양손을 뒤로 잡는다. 상의의 단추를 연다. 머리를 기울인다. 가까이 다가선다. 접촉한다. 손바닥을 비빈다. 얼굴을 똑바로 하여 너그러운 표정으로 미소 짓는다.	

라. 팔짱을 낀다. 주먹을 쥔다. 양팔을 잡는다. 다리를 꼰다. 눈을 내리 뜬다. 한쪽 다리를 의자 옆에 놓는다. 옆에서 힐끗 쳐다본다. 외면한다. 곁눈질한다. 약간 몸을 움직인다.	
마. 걷는다. 콧대를 만진다. 머리를 수그린다. 입에 손을 댄다. 눈을 문지른다. 옆을 향해 본다. 코를 문지른다. 귓등을 문지른다. 양발 또는 신체가 모두 출구를 향한다.	
바. 숨이 차다. 양손을 굳게 잡는다. 양손을 비튼다. 기침을 한다. 손바닥을 머리 뒤에 댄다. 의자에 앉아 머뭇거린다. 발목을 가볍게 꼰다. 손등을 긁거나 문지르거나 한다. 팔꿈치 또는 팔을 잡는다.	
사. 테이블을 친다. 머리를 감싼다. 문을 내리 뜬다. 낙서한다.	

개요

이 장에서는 ① 브레인라이팅, ② 희망점 열거법, ③ 결점 열거법, ④ 형태 분석법, ⑤ 체크리스트법, ⑥ SAMM법, ⑦ 초점법, ⑧ 육색사고 모자기법, ⑨ SCAMPER, ⑩ Jigsaw, ⑪ World Cafe, ⑫ 교차 인터뷰, ⑬ 고민상자 등 토의 기법의 종류에 대해 살펴본다.

학습 목표

1. 브레인라이팅을 진행할 수 있다.
2. 희망점열거법, 결점 열거법을 설명할 수 있다.
3. 형태분석법을 설명할 수 있다.
4. 체크리스트법을 설명할 수 있다.
5. SAMM법을 설명할 수 있다.
6. 초점법을 설명할 수 있다.
7. 육색사고 모자기법을 진행할 수 있다.
8. SAMPER를 설명할 수 있다.
9. Jigsaw, World Cafe, 교차 인터뷰, 고민상자를 진행할 수 있다.

학습 과제

1. 이 장의 내용을 요약하시오(A4용지 2장 내외).
2. 이 장의 내용을 시험문제로 출제하시오(객관식 7문항, 주관식 3문항).
3. 새롭게 개발할 제품을 한 가지 정하고 토의 기법 세 가지를 적용하여 새로운 아이디어를 제시하시오(A4용지 3장 내외).
4. Jigsaw법이나 World Cafe, 교차 인터뷰를 친구들과 적용해 보고 적용한 예를 작성하시오(A4용지 2장 내외).

제6장

토의 기법의 종류

- 1. 브레인 라이팅
- 2. 희망점열거법
- 3. 결점열거법
- 4. 형태분석법
- 5. 체크리스트법
- 6. SAMM법
- 7. 초점법
- 8. 육색사고 모자기법
- 9. SCAMPER법
- 10. 직소 학습법
- 11. 교차 인터뷰
- 12. 고민상자

1. 브레인 라이팅

형태분석법의 전문가인 독일의 호리겔(Holliger)이 브레인 스토밍법을 개량한 발상기법으로 발상하는 것 대신에 용지에 쓰기 때문에 '브레인 라이팅(Brain Writing)'이라 불린다. 이 기법은 처음에는 6-3-5법으로 불렸다. 그 이유는 6명의 참가자가 3개씩의 아이디어를 5분마다 차례차례 생각해 나간다는 뜻에서 유래되었다. 이 기법의 특징은 한 사람 한 사람의 참가자가 자기의 의견을 말하지 않고 용지에 기록하게 하여 개인의 사고를 최대한 살리기 위해 개발된 것이다. 이것을 제외하면 브레인스토밍과 비슷하다. 즉, 브레인스토밍의 원칙들이 그대로 적용된다.

〈진행방법〉

1. A3용지 한 장씩 갖고 있는 사람부터 하나의 포스트잇에 아이디어를 적는다.
2. 다 적었으면 옆으로 패스 외치면서 왼쪽으로 돌린다.
3. 적은 내용을 읽어 보고 "Good!" 또는 "excellent!" 하고 외친다.
4. 작업이 끝나면 개별 아이디어에 대해 별표를 한다. 마찬가지로 팀 전원이 별표를 한다.
5. 작업이 끝나면 작업내용을 보고 아이디어가 좋은 곳에 스티커를 붙이며 평가한다. 평가한 내용을 오른쪽으로 돌린다. 좋은 내용은 무조건 다 스티커를 붙인다.
6. 스티커가 가장 많이 붙여진 순서대로 플립 차트에 붙인다.

사업수행프로세스 단계별(영업 및 견적, 실행) 일하는 방식의 개선

홍길동	이순신	장동건	김유신	남몰라

한 장의 전지에 나온 아이디어의 포스트잇을 그룹핑하여 전지에 붙인다.

아이디어	독창성	실시 가능성	경제성	효과성

2. 희망점열거법

결점열거법은 문제점을 파악하는 방법으로는 소극적이다. 이것에 비해 희망점열거법은 적극적인 의미를 가지고 있다. 물론 희망점열거는 '그 물건에 대해 이랬으면 좋겠다고 생각하는 것'을 정리하는 것이므로 단순히 결점을 뒤집는 것이다. 그러나 적극적으로 희망을 말하게 하면 단순히 결점을 뒤집는 것 이상의 것이 나온다. 적극적인 희망으로 설명하면 나올 수도 있다. 원래 위대한 아이디어는 적극적인 꿈에서 나오는 것이 많다. 당치도 않은 꿈을 가지고 그 실현을 위해 노력한다는 것은 발명왕 에디슨식의 방법인데, 적극적인 꿈에서 셀 수 없이 많은 발명과 발견이 있었다.

예〉 이런 옷이 있었으면

단추가 없는 옷, 그렇다면 어떻게?

무게가 없는 옷, 그렇다면 어떻게?

펼치면 보자기가 되는 옷, 그렇다면 어떻게?

안팎으로 입을 수 있는 옷, 그렇다면 어떻게?

입으면 자세가 좋아지는 옷, 그렇다면 어떻게?

물에 쉽게 빨 수 있는 옷, 그렇다면 어떻게?

원하는 대로 색이 변하는 옷, 그렇다면 어떻게?

여름에 시원하고 겨울에 따뜻한 옷, 그렇다면 어떻게?

언제나 몸에 꼭 맞는 옷, 그렇다면 어떻게?

여러 가지 용도로 입을 수 있는 옷, 그렇다면 어떻게?

3. 결점열거법

아이디어를 내는 것은 문제가 있기 때문이다. 문제가 있다는 것은 본질적으로 어떤 결점이 있다는 것이다. 결점이 발견되면 그 결점을 없애기 위해 어떻게 해야 할지에 대한 아이디어를 내기 쉽기 때문에 결점을 열거해 보는 것이 바로 결점열거법이다.

예〉 우산의 결점

끝이 위험하다, 그렇다면 어떻게?
잃어버리기 쉽다, 그렇다면 어떻게?
천이 찢어진다, 그렇다면 어떻게?
바람에 뒤집힌다, 그렇다면 어떻게?
비가 그치면 짐이 된다, 그렇다면 어떻게?
뼈대가 녹슨다, 그렇다면 어떻게?
심한 비에는 어깨 아랫부분은 젖어 버린다, 그렇다면 어떻게?
앞을 보기가 불편하다, 그렇다면 어떻게?
빨리 마르지 않는다, 그렇다면 어떻게?
자루가 빠진다, 그렇다면 어떻게?
버스 안에서 남의 바지를 적신다, 그렇다면 어떻게?
살이 잘 부러진다, 그렇다면 어떻게?
손으로 들어야만 한다, 그렇다면 어떻게?

예〉 안전모의 결점

잘 깨진다, 그렇다면 어떻게?
갑갑하다, 그렇다면 어떻게?
들리지 않는다, 그렇다면 어떻게? 보청기?

무겁다, 그렇다면 어떻게?

덥다, 그렇다면 어떻게?

머리가 헝클어진다, 그렇다면 어떻게?

시야가 좁다, 그렇다면 어떻게?

안경 착용이 힘들다, 그렇다면 어떻게?

머리가 큰 사람은 불편하다, 그렇다면 어떻게?

김이 서린다, 그렇다면 어떻게?

4. 형태분석법

형태분석법(Morphological Analysis)은 캘리포니아 공과대학의 우주공학 교수인 프리즈 즈위키(Fritz Zwicky) 교수가 개발한 것이다. 이 방법은 어떤 개발상품의 특성을 축으로 하고 그 축 위의 변동 가능성을 형태적으로 배열하고 온갖 가능한 배합을 만들어 하나하나 검토해 나가는 것이다. 당시 즈위키 박사는 화학적 에너지에 의해서 동작이 가능한 제트엔진을 몇 개의 요소(독립변수)로 분해하고 그것을 위한 가능한 조합을 찾는 데서 시작되었다. 이들 독립된 요소 여섯 개의 가능한 방법으로 18개가 나왔다. 이 18개의 방법을 조합시키면 무려 576개의 조합을 생각할 수 있다. 연구가 시작된 당시에는 고정추진 연료 로켓 등 단지 다섯 개의 조합 밖에 존재하지 않았다. 대부분의 가능성은 아직 미개발 상태였던 것이다. 바로 숫자의 마술이라 할 수 있겠는데 나머지 571개의 가능한 조합에서 그 후 몇 가지나 되는 특허를 획득하기에 이르렀고 즈위키 박사는 이 기법에 확신을 가지게 되었다.

나이와 시간, 색, 식사, 질문에 따른 모든 것을 조합하여 하나의 산물을 만들어 낼 수 있다.

• 나이와 시간, 색, 식사, 질문에 따른 모든 것을 조합한 예

나이	아기, 어린이, 취학 전 아동, 청소년, 성인, 노인 등
시간	초, 분, 시간, 아침, 점심, 저녁, 하루, 일주일, 한 달, 분기, 1년, 10년, 세기 등
색	빨강, 노랑, 주황, 파랑, 연두, 갈색, 분홍, 검은, 흰 등
식사	아침, 점심, 저녁, 야식 등
질문	누가, 무엇을 언제, 어디서 어떻게, 왜 등

5. 체크리스트법

체크리스트법(Checklists Method)은 개선점을 찾고자 할 때 그저 막연하게 생각하기보다 생각할 수 있는 가능성을 미리 써 놓고 그것을 하나씩 대조하면 중요한 점을 빠뜨리지 않게 하는 것이다. 개선점을 구하기 위해 모든 질문을 설정하고 하나씩 체크하면서 아이디어를 낸다.

체크리스트법에는 카탈로그법, 속담발상법, 역전환법, 오스본의 체크리스트법 등이 있다. 카탈로그법이란 힌트를 카탈로그와 잡지에서 구한다. 즉, 색채가 풍부한 사진과 그림 등이 많으면 더 좋다. 속담발상법은 힌트를 속담에서 구한다. 예를 들면 금강산도 식후경, 등잔 밑이 어둡다 등에서 힌트를 얻어 아이디어를 얻어내는 방식이다. 역전환법은 목적과 언뜻 보기에 반대라고 생각되는 방향으로 생각하는 방법이다.

MIT 체크리스트법은 다음과 같다.

1. 기능의 증가: 보다 좋은 물품을 설계할 경우에는 현재 이상의 기능을 할 수 있도록 생각한다.

2. 성능의 향상: 제품의 품질을 좋게 하여 더욱 기대감을 갖게 하고, 정확, 안전, 편리하게 수리와 보수가 편하도록 개선하는 방법을 연구한다.
3. 가격을 줄인다. 불필요한 부품을 제거하고, 싼 재료로 바꾸고, 공정을 개선하고, 부품을 표준화하고, 자동화하여 경비를 줄이는 방법을 연구한다.
4. 매력의 증가: 제품의 포장 등을 개선하여 더욱 사람들의 관심을 끌도록 한다.

체크리스트법 중에서 가장 유명한 것은 오스본의 체크리스트법이다. 오스본의 체크리스트법은 〈표 6-1〉 체크리스트를 이용하여 나온 물건 예와 같다.

〈표 6-1〉 체크리스트를 이용하여 나온 물건 예

체크리스트 요소	구체적인 요소	예
다른 용도는 없는가?	현재 그대로는	
	약간 변경하면	안테나를 지시봉
다른 데서 아이디어를 빌릴 수는 없는가?	이것과 비슷한 것은	볼펜을 사인펜
	다른 아이디어를 차용하면	붓-붓펜, 눈썰매-수상스키
	과거에 이와 비슷한 것은	타자기-PC, 낙하산-행글라이더
	흉내 낼 수 있는 것	안경-보안경, 안전모-헬멧
변경하면 어떨까?	새로 구해 보면	축구-족구, 칠판-화이트보드
	의미, 색, 운동, 음, 냄새, 형태 등	변속장치의 수동-자동
확대하면 어떨까?	무엇을 덧붙이면	시계-자명종
	좀 더 시간을 늘리면	1회용 배터리-충전기, 24시간 편의점
	보다 횟수를 늘리면	조조할인, 심야극장
	좀 더 길게 하면	자-줄자, 밤 시간 영업
	좀 더 강하게 하면	벽돌-내연벽돌
	과장해 보면	풍선-애드벌룬
축소하면 어떨까?	좀 더 작게 하면	데스크톱 컴퓨터-노트북
	압축하면	트랜지스터-반도체 칩

체크리스트 요소	구체적인 요소	예
	얇게 하면	브라운 TV－벽걸이용 TV
	짧게 하면	월남치마－미니스커트
	가볍게 하면	이불－오리털 이불
	생략하면	유선－무선
	분할하면	칼－카트 칼
대용하면 어떨까?	다른 것으로 바꾸면	빗자루－진공청소기
	다른 부품으로 대체하면	전기－태양전기
	다른 재료를 사용하면	아스팔트－시멘트
	다른 공정으로 하면	전기구이－양념통닭
	다른 동력을 이용하면	오토바이－자전거
	다른 방법을 이용하면	시동－원격시동
바꿔 넣으면?	요소를 바꾸면	농가－레스토랑
	스타일을 바꾸면	단추－지퍼
	순서를 바꾸면	김밥－누드김밥
	원인과 순서를 바꾸면	서론, 본론, 결론－결론부터
	일정을 바꾸면	출퇴근－자유 출퇴근
거꾸로 하면?	반대로 하면	좌측통행－우측통행
	뒤집으면	점퍼－양면점퍼
	역할을 바꾸면	역할 연기
	어두운 면을 밝은 면으로	찌－야광 찌
	상하를 바꾸면	비행기－지하철
결합하면?	목적을 결합하면	시계－다기능 시계
	기능을 결합하면	칼－만능 칼
	재료나 성분을 결합하면	칠흑－종이 칠흑
취소・폐지하면?	이것이 없으면	전화기－무선전화기
	폐지하면	안내양－자동문

6. SAMM법

SAMM법은(Sequence-Attribute/Modification Matrix: 특성개량배열 매트릭스법)의 약칭이다. 이 기법은 오스본의 체크리스트와 특성열거법의 장점을 유리하도록 매트릭스화함으로써 종합한 것이라 할 수 있다.

SAMM법 = 오스본의 체크리스트법 + 특성열거법

예〉 보행기

1. 특성을 열거한다(특성열거법).
   - 바퀴
   - 플라스틱 소재
   - 놀이형 각종기구 부착
   - 원형
2. 이것을 매트릭스화하여 각 특성마다 오스본의 체크리스트를 적용시켜 보면 아래 〈표 6-2〉 체크리스트를 사용한 매트릭스의 예와 같다.

〈표 6-2〉 체크리스트를 사용한 매트릭스의 예

특성(현상)	제외	대체	재배열	확대	축소	수정	조합	분할
바퀴								
플라스틱 소재								
놀이형 각종기구								
원형								

3. 체크항목마다 하나씩 체크함으로써 다음의 개량 포인트를 발견할 수 있었다.
   - 앉는 것을 확대하면 높낮이를 조절할 수 있다.
   - 굴러다니는 것을 뒤로 젖혀지게 만들어 보행기 역할과 함께 유모차로도 사

용할 수 있다.

이 방법은 특성열거법의 응용으로 제품의 개량, 개발, 시스템의 개선에 유효하다.

7. 초점법

초점법(Focused Object Technic)에서는 출발점은 임의이며 무엇을 갖다 놓아도 된다. 예를 들면 출발점에서 무엇을 선정했든지 이들 모두를 도달점에 강제 연상으로 연결시키는 것이다. 이 도달점을 항상 염두에 두고 이를 초점으로 연상을 전개하는 까닭에 이를 초점법이라고 부른다. 이 발상법은 홍보나 선전 등 설득하는 데 많이 쓰이는 발상법이다. 광고의 경우 입은 사람들이 주목하는 것, 흥미를 이끄는 것이 좋다. 여기서 도출된 아이디어들을 출과 연결시킬 때 만족스럽지 않다면 입을 다양하게 연결시켜 가장 좋은 것을 선택하면 된다.

문제: 새로운 칼의 개발

〈입〉 출발점은 무엇이든 좋다

예를 들어 책이라고 하자. 책으로부터 강제 연상하여 칼에 연결시키면 된다.

책, 넘길 수 있다. → 넘길 수 있는 칼

책, 찢어진다. → 찢어질 수 있는 칼

책, 종이로 되어 있다. → 종이는 가볍다. → 가벼운 칼

문제: 저축 캠페인

〈입〉 사계절

봄: 새싹 → 새싹이 돋아난다. → 새싹이 무성하게 자란다. → 돈이 모이면 큰돈이 된다.

여름: 태풍이 분다. → 집이 부서진다. → 다양한 사고가 난다. → 돈이 필요하다.

가을: 단풍이 물든다. → 단풍여행을 한다. → 나도 여행 가고 싶다. → 돈이 필요하다.

겨울: 날씨가 춥다. → 난방이 필요하다. → 가난한 사람들이 생각난다. → 돈이 필요하다.

〈출(도달점)〉 저축 캠페인

이와 같이 저축 캠페인에 모든 것을 연결시키면 된다. 상업상 기획도 이 예와 같이 하여 창안하면 된다. 특히 임의의 입은 많은 사람들이 관심을 가지고 있는 것, 뉴스성이 있는 것, 충격적인 것을 갖다 놓으면 좋다. 초점법을 통해서 새로운 제품을 만들어 내거나, 만들어 낸 제품을 잘 판매할 수 있다. 여기서 좋은 제품이 나오지 않거나 좋은 광고가 되지 않을 경우에는 〈입〉을 달리하여 다시 새로운 아이디어를 내는 방법도 있다. 한 가지 〈입〉으로 만족스러운 아이디어가 나오지 않으면 점차 〈입〉을 여러 가지 다른 것으로 해 보면 좋은 아이디어를 낼 수 있다.

8. 육색사고 모자기법

육색사고 모자기법(Six Thinking Hats)은 영국의 심리학자인 에드워드 드 보노(Edward de Bono)에 의해 고안되었다. 드 보노는 영국의 연구 고문단이라는 연구소의 대표이면서 현재 세계 각국의 사고 교육에 대한 자문을 활발히 하고 있다. 이 기법은 학습자들이 서로 다른 사고의 유형을 의미하는 여섯 가지 색깔의 모자를 쓰고 자신이 쓰고 있는 모자의 색깔이 표상하는 유형의 사고를 하게 하는 것이다. 사고를 어렵게 하는 최대의 어려움은 혼돈이다. 우리는 한꺼번에 너무 많은 것을 하려고 한다. 정서, 정보, 논리, 희망과 창의성들이 모두 다 우리 내부에 뒤엉켜 있다. 이는 흡사 여러 개의 공을 가지고 하는 마술과도 같다. 이 기법은 한 번에 모든 유형의 사고를 하도록 하는 대신에 한 번에 한 유형의 사고방식을 활용할 수 있도록 사고를 정돈하는 것이다. 각기 색깔이 다른 여섯 개의 모자가 있다고 하자. 각 모자는 서로 다른 유형의 사고를 대표한다. 일단 어떤 색깔의 모자를 머리에 쓰면 그 모자에 해당하는 유형의 사고를 해야 한다. 모자를 바꿔 쓸 경우 다시 거기에 맞는 사고유형을 적용하는 것이다. 골프 가방 속에는 여러 유형의 클럽들이 있다. 장타를 치기 위해서는 드라이버, 모래벙커에서 벗어나기 위해서는 샌드, 그린 위에서 공을 홀에 넣기 위해서는 퍼터를 골라서 쓴다. 이와 마찬가지로 각 모자는 독특한 용도를 갖고 있다. 그 예는 〈표 6-3〉 육색모자사고 유형과 같다.

〈표 6-3〉 육색모자사고 유형

육색모자	사고의 유형
하얀 모자	중립적이고 객관적인 정보에만 관심을 가짐
빨간 모자	감정, 직관, 육감, 영감과 관련 있고 자신의 감정을 말함
검은 모자	논리에 바탕을 둔 반대나 부정
노란 모자	논리에 바탕을 둔 낙관적, 긍정적 시각으로 이익이나 가치 또는 실현가능성을 찾음
초록 모자	창의성과 새로운 아이디어 생산
파란 모자	조절 및 통제(오케스트라의 지휘자처럼 다른 모자 사용법 조절)

9. SCAMPER법

마이클 미칼코(Michael Michalko)는 자신의 저서 『창의적 자유인(Thinkertoys)』에서 SCAMPER(Substitute, Combine Adapt, Modify, Put to other uses, Eliminate, Reverse)를 만들어 소개했다. 이 내용을 구체적으로 보면 다음과 같이 하는 것이다. 이 기법 또한 체크리

스트법과 같이 생각해 보면 더 좋은 결과가 나올 수 있다.

S(Substitute) 대치하기: 대치될 수 있는 것은?

- 현재 그대로 상태에서 다른 것을 찾아라.
- 일부 보완하면 다른 용도로 쓸 수 있는가?
- 폐물이라도 건질 수 있는가?

C(Combine) 결합하기: 결합될 수 있는 것은?

- 이걸 우리 업무에 모방할 수 없을까?
- 고구려 시대의 복장에서 모방할 것은 없는가?

A(Adapt) 동화시키기: 다른 것 중에서 이것과 비슷한 것은?

- 다른 물건과 비교해 보면?

M(Modify) 수정하기: 새로운 진전은?

- 모양이나 형태를 바꾸어 보면 어떨까?
- 색을 입혀 보면 어떨까?
- 움직임을 준다면 어떨까?

P(Put to other uses) 다르게 활용하기: 새로운 용도는?

- 다른 용도는 어떤가?
- 다른 원료, 제품, 부품 방법은 없는가?

E(Eliminate) 제거하기: 축소하기? 무엇을 제거할까?

- 시간, 공간 정도를 축소하면 어떨까?
- 더해 보면 어떨까?

R(Reverse) 교체하기: 부품을 교체하면?

- 역할, 위치를 바꾸면?

10. 직소 학습법

직소(Jigsaw) 학습법은 1978년 미국의 텍사스 대학에서 엘리엇 애로슨(Eliot Aronson)과 그의 동료들에 의해 과제분담형으로 개발된 협동학습모형이다. 이 모형은 Jigsaw1과 Jigsaw2가 있다. 직소 1의 경우 집단 내 동료들로부터 배우고 동료들을 가르치는 형태이다. 방법은 다음과 같다. 첫째, 한 팀을 4~6명으로 구성한다. 구성된 팀원에게 1번부터 6번까지 각각의 번호를 부여한다. 둘째, 각각의 팀에게 협동 학습할 주제를 준다. 예를 들면 1팀에게는 행동주의 이론, 2팀에게는 인지주의 이론, 3팀에게는 구성주의 이론, 4팀에게는 모형학습, 5팀에게는 켈러(Keller)의 ARCS 모형의 주제를 준다. 셋째, 각각의 팀에서 팀원들과 함께 주어진 과제에 대한 협동학습을 한다. 이때에 각각의 팀에서 개인별로 학습하는 것이 아니라 협동학습을 하게 한다. 서로 토의를 하면서 의견을 주고받으면서 학습한다. 충분히 학습할 시간을 준다. 넷째, 팀을 재구성한다. 이때 팀 구성은 처음에 각각의 팀원에게 부여했던 번호를 상기시킨다. 팀원에게 부여했던 1번은 1번대로, 2번은 2번대로, 3번은 3번대로, 4번은 4번대로 다 모이게 하여 한 팀을 구성한다. 다섯째, 구성된 팀원들은 자신들이 학습한 내용을 그 팀에서 다른 구성원에게 자세히 가르쳐 준다. 각각의 팀에서 행동주의, 인지주의, 구성주의, 모형학습, ARCS 모형을 공부한 사람이 다 있다. 공부한 내용을 공유한다. 여섯째, 충분히 학습을 공유한 후 다시 처음 팀 구성했던 대로 복귀한다. 일곱째, 복귀한 팀에서 팀 구성 원들이 공부한 내용을 한 명씩 발표하면서 다시 한 번 공유한다. 여덟째, 교사가 전체 내용을 정리해 준다. Jigsaw1의 경우 이러한 방식으로 팀 동료들끼리 학습하는 것을 말하며 Jigsaw2의 경우 이러한 방식으로 팀 동료들끼리 학습하는 것이 아니라, 특별히 관심 있는 주제를 선택한 다음 전문가 집단에 가서 철저히 공부한 후 다시 자기 소속팀으로 돌아와서 가르치는 것이다. 직소학습법을 그림으로 정리하면 [그림 6-1]과 같다.

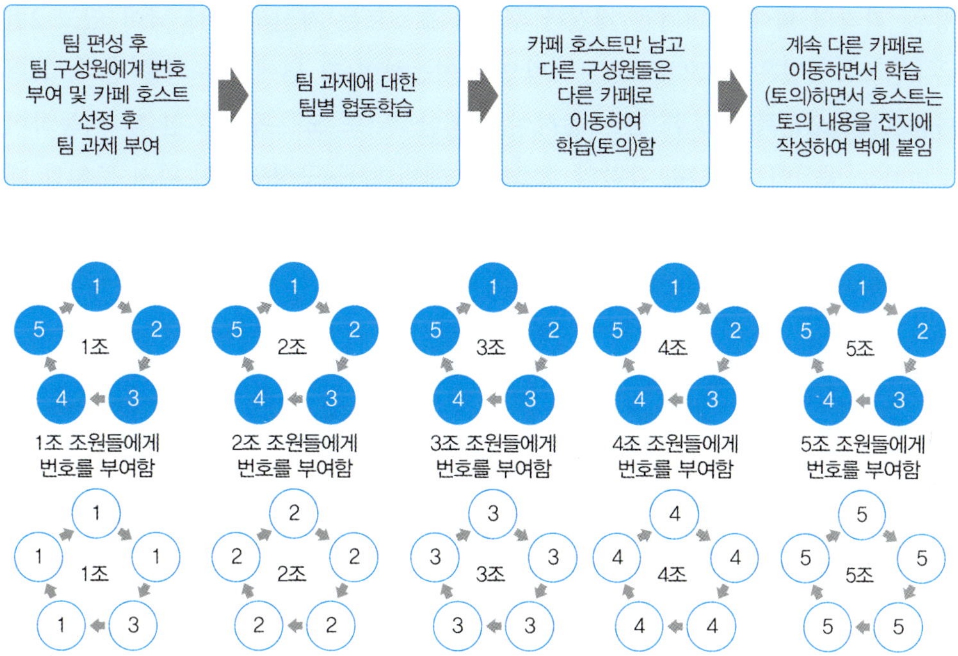

[그림 6-1] Jigsaw 학습법

• World Cafe 학습법(토의법)

브라운(Brown, 1995)과 이삭(Isaacs, 2005)에 의해 제안된 토의법이다. 월드 카페는 대화방식이면서 조직혁신 방법의 하나이다. 월드 카페는 대규모 인원들의 의견들을 모아갈 때 유용하게 활용할 수 있는 토의법이다. 최소 12명에서 1,200명까지 가능하다. 그러나 월드 카페 방식은 100명 이상 규모가 클 때 다양한 사람들의 의견을 수렴해 나가는 방식으로 유용하다. 대규모 인원이지만 각각의 개인적인 의견을 모두 수렴할 수 있는 좋은 방식이다. 4~5명씩 한 팀으로 구성하여 대화할 수 있다. 방법은 첫째, 4~6명 정도 팀을 구성한다. 팀을 구성한 후, 팀 구성원에게 1번부터 6번까지 번호를 부여한다. 팀의 카페 호스트를 한 명 선출한다. 이 호스트는 움직이지 않고 토의가 끝날 때까지 자신의 팀에 있으면서 다양한 의견들을 전지에 작성하는 역할을 한다. 둘째, 주어진 한 가지 주제에 대해 다양한 의견을 모을 경우, 각각의 팀에서 의견을 개진한 후 1번 호스트는 자신의 팀에 남아 있고 2번은 2팀으로 3번은 3팀으로 4번은 4팀으로 이동하여 그 팀에서 토의를 한다. 그런 다음 다시 오른쪽으로 한 팀 이동하여 토의한 후 또 오른쪽으로 한 팀 이동하여 토의하는 방식이다. 셋째, 각각의 호스트는 매번 다른 구성원들이 와서 토의할 때 토의한 내용을 전지에 작성 후 벽에 붙인다. 넷째, 토의한 내용을 호스트가 전체 청중 앞에서 발표한다. 이러한 내용을 요약하면 [그림 6-2] 월드 카페 방식과 같다.

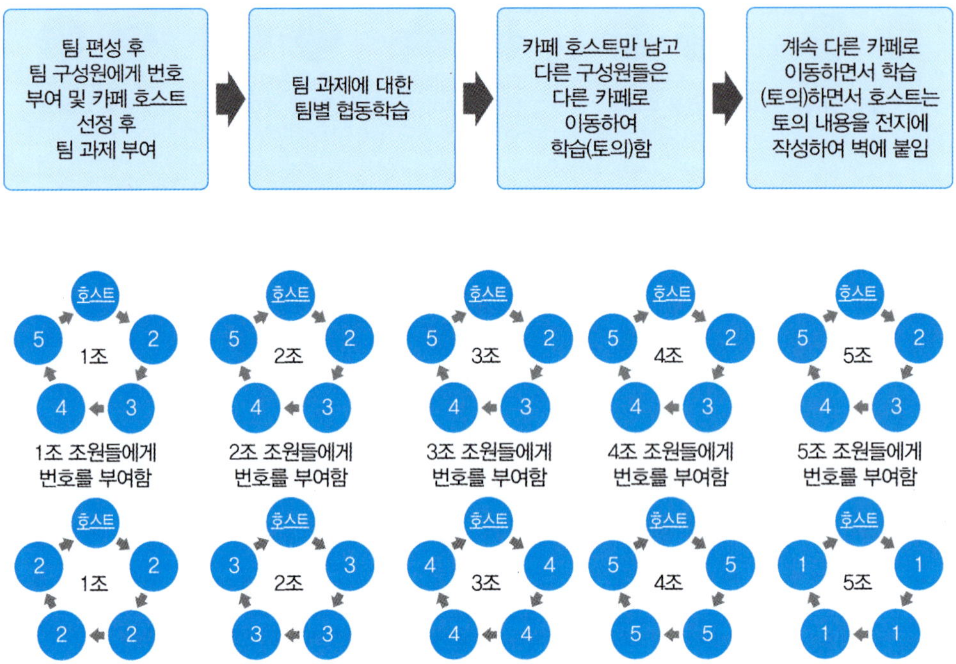

[그림 6-2] **월드 카페 방법**

11. 교차 인터뷰

교차 인터뷰(Cross Interview)는 두 명씩 짝을 짓고 그중 한 명이 기자가 되어 상대방을 취재하는 형태의 토의 방식이다. 두 명이 짝을 지어 가위, 바위, 보를 하고 진 사람이 기자가 되어 토의할 내용에 대해 상대방을 취재한다. 이때 재미있게 하려면 기자증을 만들어서 하면 더 좋다. 한 명을 인터뷰 한 후 이동하여 다른 사람과 다시 가위, 바위, 보를 하여 똑같은 방식으로 진행한다. 상대방과 5번 정도 게임을 진행하면 다양한 의견을 수렴할 수 있다. 게임 후 인터뷰 한 내용을 정리하여 발표하는 형태의 토의방식이다. 발표 후 최고의 기자를 선정해 상을 수여해도 좋다.

12. 고민상자

고민상자(Problem Box)의 경우 개인별 고민 내용을 팀별로 해결해 주는 기법이다. 방법은 첫째, 개인별로 고민 내용을 메모지에 익명으로 작성하여 상자 안에 넣는다. 팀원들 개개인 모두 상자 안에 한 가지씩 고민 내용을 넣게 된다. 둘째, 팀별로 상자 안에 들어 있는 고민 내용을 한 사람이 뽑으면 뽑은 사람은 그 고민 내용에 대해 상담을 해 준다. 이때 뽑힌 고민 내용을 읽을 때, 작성자가 자신이라고 밝힐 수도 있고 그렇지 않아도 된다. 셋째, 고민 내용을 뽑은 사람이 먼저 그 고민에 대해 자신의 의견을 말해 준 다음 팀 구성원들 한 명씩 돌아가면서 상담해 준다. 넷째, 상담을 마치면 다음 사람이 다시 고민 상자에 들어 있는 내용을 하나 뽑고 그 내용에 다시 상담을 하는 기법이다.

개요

이 장에서는 ① 역할 연기법, ② 모의실험, ③ 감수성 훈련, ④ 구안법에 대해 살펴본다.

학습 목표

1. 역할 연기법의 주요 기법을 세 가지 이상 설명할 수 있다.
2. 모의실험을 설명할 수 있다.
3. 감수성 훈련을 설명할 수 있다.
4. 구안법을 설명할 수 있다.

학습 과제

1. 이 장의 내용을 요약하시오(A4용지 2장 내외).
2. 이 장의 내용을 시험문제로 출제하시오(객관식 7문항, 주관식 3문항).
3. 감수성 훈련의 사례를 조사하시오(A4용지 5장 내외).

제7장

역할연기법, 모의실험, 감수성 훈련, 구안법

- 1. 역할 연기법
- 2. 모의실험
- 3. 감수성 훈련
- 4. 구안법

1. 역할연기법

역할연기법(Role Playing Method)은 모레노(Moreno)가 1923년 Psycho Drama라고 하여 정서적인 문제를 행동화시켜 그 원인을 분석하는 치료법을 개발했는데, 그것이 후에 일정한 역할을 연기하게 하는 방식의 교육훈련기법으로 발전한 것이다. 어떤 장면이나 시나리오 또는 여러 부분에 걸친 시리즈의 일부로 집단의 구성원이 연기를 한 다음 그 경험을 분석하는 시뮬레이션의 한 변형형태이다. 특히, 집단 구성원 간의 인간관계 문제의 해결을 위해 상황을 극화시킨 가상적 상황에서 다른 역할을 연기해 봄으로써 상대방을 이해하도록 하는 데 효과적이다. 대부분의 집단 구성원이 공통적으로 가지고 있는 문제와 관련된 역할을 연기한다. 참여자들은 상황 설명과 함께 등장인물의 성격에 맞는 역할을 맡게 되며 즉석에서 대사와 연기를 한다. 역할극은 흥미 유발과 함께 긍정적인 학습 효과를 기대할 수 있는 유용한 교육방법이지만, 효과를 거두기 위해서는 반드시 심사숙고해서 개발한 시나리오가 준비되어야 한다.

이 기법의 가장 큰 목적은 참가자들에 대한 태도 변용이지만 일반적으로는 다음과 같은 네 가지의 효과를 인정받고 있다. 첫째, 상대방의 입장을 이해하는 일이다. 즉, 부부, 상하, 교사와 학생, 반장과 일반학생 등이 있다. 둘째, 상대방 행동의 배경을 이해하는 일이다. 즉, 자신의 역할 외에 상대방의 역할까지를 포함한 전체의 상황 속에서 자신의 역할을 진짜로 이해하고 행동하도록 하는 것이다. 셋째, 자신의 태도 변용이 가능한 일이다. 상대방의 입장이나 그 역할을 알게 됨으로써 또한 자신이 맡는 역할에 어울리도록 행동할 수 있게 되며 따라서 자기에게 기대하고 있는 일을 충실하게 다할 수 있다. 넷째, 자발성과 창조성을 발휘할 수 있다. 이러한 역할 연기법은 강의법의 단점을 보완하기 위해 강의법 중에서 간단하게 잠깐잠깐 할 수 있다. 이러한 역할극의 주요 기법으로는 〈표 7-1〉 역할극의 주요 기법과 같다.

〈표 7-1〉 역할극의 주요 기법

기법	효과
역할 바꾸기	• 상대방의 역할을 해 보는 것 예) 남편과 아내 역할 바꾸기, 상사와 부하 역할 바꾸기 • 상대방에 대한 이해를 높일 수 있음 • 자신의 모습을 객관적으로 알 수 있음
빈 의자 기법	• 빈 의자에 내가 생각하는 구체적인 대상이 앉아 있다고 가정하고 그 사람과 대화를 하는 기법 예) 빈 의자에는 나 자신이 앉아 있다고 생각할 수도 있고 상사 또는 아내가 앉아 있다고 가정할 수도 있음 • 빈 의자에 앉아 있는 대상과 갈등을 일으키고 있는 문제나 감정을 알 수 있음
거울 기법	• 해결하고자 하는 대상의 모습을 관찰하여 그 대상의 행동방식, 표현방식 등을 똑같이 연기해 보는 것 • 해결하고자 하는 대상의 모습을 객관적으로 바라보고 느끼게 함
미래 투사 기법	• 주인공이 자신의 미래 상황을 상상하여 미래의 상황을 현재의 상황에서 일어나는 것처럼 똑같이 연기해 보는 것 • 자신의 미래에 대해 목표를 구체화할 수 있음
죽음 장면	• 주인공이 자신의 죽음이나 다른 타인의 죽음을 상상해 보면서 자신의 죽음에 대해 생각해 보는 것

2. 모의실험

모의실험(Simulation)의 경우 현실세계에서 이루어지는 어떤 현상의 과정이나 역동성을 선별적으로 재현시키는 방법이다. 즉, 비행기 조종사가 실제 조종을 하기 전에 모의 실험실에서 교육을 통하여 조종을 연습하는 것이 모의실험의 전형이라고 볼 수 있다. 최근에는 모의실험이 경영기법이나 리더십 과정에서도 컴퓨터 시뮬레이션을 통해 실시되기도 한다. 모의실험을 위해서는 교수 자가 반드시 시뮬레이

션에 필요한 모든 절차를 철저히 숙지하여야 한다. 이 모의실험의 경우 흥미위주나 놀이 위주로 진행하는 부분을 철저히 차단하여 현실상황에서 실제로 행해질 수 있는 부분에 초점을 맞추어 교육을 하는 것이 대단히 중요하다. 모의실험의 경우 시간이나 비용이 많이 소비되기 때문에 충분한 검토 후에 도입하는 것이 바람직하다.

3. 감수성 훈련

감수성 훈련(Sensitive Training)이란 심리적인 자극이나 자극 변화에 대한 감각반응 정도를 말한다. 개인의 심리적 효과를 노리는 경우와 집단이나 조직의 운영 또는 변혁을 위한 지도성을 목표로 하는 경우 등이 있다. 이 방법은 2차 세계대전 이후 미국에서 발달했다. 감수성 훈련을 통해 첫째, 자기가 소속원의 한 사람으로서 활동하고 있는 집단·조직·사회의 역동적 활동과 그 경향성을 익히고, 둘째 집단 속에 있는 각 개인의 감정과 언동, 그것이 타인에게 미치는 영향, 셋째 집단에서의 각 개인의 역할, 넷째 각 개인이 자유롭게 되고, 책임의 주체가 되어가는 과정, 다섯째 집단이나 조직이 변혁되는 역동적 과정을 깨닫는 통찰력 등을 가르치고, 여섯째 선천적이기보다는 체험적 학습에 의하여 발전한다.

4. 구안법

구안법(Project Method)은 영국 및 미국에서 처음으로 개발된 교육훈련 기법으로 관리자 및 감독자를 대상으로 개별 또는 집단별로 과제를 부여하여 현실적인 직장의 문제로서 일정기간을 두고 실제로 문제와 씨름하게 한다. 즉, 어떠한 목적을 가진 경험을 통해 목적의식이나 행동의 목적을 갖게 하여 그 과정을 진행해 갈 수 있는 동기를 부여하는 목적적인 활동을 통하여 학습하는 방법이다. 구안법의 경우 훈련기법상에서 경지에 도달한 것이라 할 수 있는 것이다. 따라서 이것은 복잡하고 어려운 상황 속에서 이미 배운 지식을 십분 활용하여 협력성, 기획력, 조직력, 판단력을 총동원하는 가운데 문제해결 능력을 높이는 기법이다. 따라서 이 훈련에서는 혼자 걷고 혼자 해결하도록 내버려두고 지켜보는 훈련이 될 것이다. 말하자면 여태까지 배우고 익힌 자신의 지식이나 능력을 총동원해서 시도한 문제해결 능력훈련의 총 정리라고 생각할 수 있다.

프로젝트법 진행방식의 유의점은 다음과 같다. 첫째, 목적 내지 목표 또는 주제를 결정한다. 둘째, 스스로 기획한다. 셋째, 스스로 활동한다. 넷째, 스스로 평가한다. 프로젝트법의 진행요령은 실제 면에서 여러 가지 목적에 사용되기 때문에 어떻다고 간단히 말하기는 어렵다. 그러므로 여기서는 실제의 예를 들어 그 밑바닥에 흐르고 있는 공통적인 것이 무엇인지 스스로 파악해 주기를 바란다.

실제 프로젝트법의 예를 들면 다음과 같은 방법이 있다. 첫째, 판매실습이다. 판매훈련의 하나로서 피훈련자가 여러 타스의 연필과 볼펜을 가지고 거리로 나가 팔면서 걷는다. 이 방법은 강의나 토의법과 병행해서 실시한다. 둘째, 가두 인터뷰이다. 신입사원한테 일하는 의의 등을 가르치기 위해 혼자 또는 그룹으로 거리에 나가 지나가는 사람들을 상대로 “당신은 왜 일을 하십니까?” 등의 질문을 하게 한 다음 훈련장으로 돌아와 토의 또는 강의법과 병행해서 결론을 얻는 방법이다. 셋째 계획발표법이다. 참가자 4명이 가공의 회사의 관리자가 되기 위해 훈련을 받는다는 상정하에 실시된다. 그들은 하룻밤 사이에 회사의 연도계획을 작성하여 다음날 아침에 제출한다. 이어 한 사람씩 10분 동안에 걸쳐 자기가 수립한 계획의 이점과 예산 등에 대해 설명한다. 이렇게 한 다음 여섯 개 계획안 중에 어떤 것이 가장 우수한지 1시간 동안 토론한 다음 합의로 등수를 매긴다.

개요

이 장에서는 구성주의 ① 팀 기반학습 ② 문제 중심 학습 ③ 실천학습 ④ 인터넷 개인방송 등 구성주의 학습법에 대해 살펴본다.

학습 목표

1. 팀 기반학습을 설명할 수 있다.
2. CCT 기법을 설명할 수 있다.
3. 문제 중심 학습법을 설명할 수 있다.
4. 실천 학습법을 설명할 수 있다.
5. 인터넷 개인방송의 종류를 설명할 수 있다.

학습 과제

1. 이 장의 내용을 요약하시오(A4용지 2장 내외).
2. 이 장의 내용을 시험문제로 출제하시오(객관식 7문항, 주관식 3문항).
3. 팀 기반 학습, 문제 중심 학습, 실천학습법, 인터넷 개인방송의 사례를 각각 1개씩 조사하시오(A4용지 5장 내외).

제8장

팀 기반 학습, 문제 중심 학습, 실천학습, 인터넷 개인방송

1. 팀 기반 학습

팀 기반 학습(TBL: Team-Based Learning)[1]은 팀의 구성요소에 기초하여 개인이 선행 학습을 한 후 팀 구성원 간 상호작용을 통해 개인과 팀의 성과를 창출하기 위해 구조화된 교수전략이다. 팀 기반 학습은 단순히 개념에 대한 학습을 하는 것보다 개념을 사용하도록 학습하는 것을 강조하며 학습은 성과가 높은 학습팀을 개발하기 위해 개발되었다. 또한 이들 팀이 유효한 학습과제에 참여하도록 기회를 제공하기 위해 창안된 독특한 교수전략이다.

팀 기반 학습은 맥마스터(McMaster) 의과대학에서 처음으로 교육과정을 팀 기반 학습방식으로 운영하기 시작하여 미국 전역의 많은 대학들이 팀 기반 학습방식을 도입하고 있다. 팀 기반 학습은 의과대학 교육 문제점을 개선하기 위해 개발된 문제를 중심으로 학습을 시작하는 교수학습 모형이다(정기만, 2013). 팀 기반 학습은 크게 사전준비 단계, 예습 단계, 예습 확인 단계, 팀 활동 단계, 피드백 단계의 5단계로 구성된다.

첫째, 사전 준비 단계는 교육현장에서 활용할 팀 기반 학습을 기획하고 설계하는 단계이다. 사전 준비 단계에서 주의할 점은 다음과 같다. ① 한 과정 동안 학습자들이 배워야 할 4~6개의 주요 주제를 결정한다. ② 각 주제마다 몇 시간을 정할 것인가? ③ 수업목적을 행동적인 용어로 정의한다. ④ 평가기준 및 방법을 정한다. 이때 학습자와 교사 모두 받아들일 수 있는 평가기준과 방법을 설계한다. 즉, 개인성적, 팀 성적, 팀에 대한 구성원의 기여도 반영 방법을 공유한다.

둘째, 예습 단계는 강좌에서 팀 기반 학습이 이루어지기 전, 교사가 제시하는 학습 안내에 따라 사전학습을 하는 단계이다. 예습 과제를 제시할 때 주의할 점은 다음과 같다. ① 과제가 너무 쉬운 경우에는 팀 상호작용이 불필요하게 되고, 과

---

1) 윤옥한, 이윤옥(2014). 팀 기반 학습에서 개념명료화시험 교수전략이 대학생의 학업성취도와 수업 흥미도에 미치는 영향, 학습과학연구, 8(2). 1-18.

제가 너무 어려운 경우에는 사전에 포기하게 되며, 과제의 양이 너무 적은 경우에는 대표 학습자에게 위임하게 될 수 있고, 과제의 양이 너무 많은 경우에는 과제물을 담합하여 나누어서 준비하게 될 수 있다. 그러므로 과제의 내용은 중요한 개념이나 원리, 이론 중심 내용으로 적절하게 도전할 수 있는 과제를 부여하는 것이 중요하다.

셋째, 예습 확인 단계는 수업을 준비하고 학습자 개인이 선행학습을 했는지 확인하기 위해 개인별 점검 과정과 팀별 점검과정을 실시하여 중요한 개념, 개요 정리 및 피드백을 전개하는 단계이다. 예습 확인 단계에서 주의할 점은 다음과 같다. ① 시험 문제는 사전에 공지한 학습목표와 관련된 내용으로 문제출제가 이루어져야 한다. ② 중요한 개념에 관한 내용 말고 잡다한 내용은 지양한다. ③ 수업 시작 전에 개인별로 시험을 친다. ④ 부정행위를 못하게 한다. ⑤ 시험에 대한 상대평가를 한다. ⑥ 적절한 난이도를 유지한다. ⑦ 시험 문제는 다지 선다형 문항을 구성한다. ⑧ 시험 시간은 5~10분으로 한다.

넷째, 팀활동 단계이다. 여기서는 개념 및 적용문제 해결단계이다. 이 단계는 실제 상황에서 발행하는 문제 상황을 제시하고 그 문제를 해결하기 위해 사전에 이미 학습한 개념들을 적용하도록 한다. 팀 활동 단계에서 주의할 점은 다음과 같다. ① 팀 편성 시 주의점은 한번 편성된 팀은 강의 끝날 때까지 유지하며, 팀 활동 전 팀 토의 시 규칙을 정하며, 팀 편성을 다양하게 한다. ② 팀별로 시험 칠 때 시험 문제는 개인별 시험 친 내용과 동일한 문제로 시험 친다. ③ 팀 활동 시 주의 점을 환기시킨다. 예를 들면 소극적인 사람, 적극적인 사람을 고려하여 팀 전원이 팀 토의에 참가할 수 있게 독려한다. ④ 팀 활동 시 상호 평가하는 내용을 환기시켜 준다. 예를 들면 평가 결과는 시험에 반영되며, 공정한 평가를 위해 객관적이고 사실적인 내용에 바탕을 둔 평가를 하며, 동료 평가는 전문인의 중요한 덕목임을 공지하며, 동료 평가 시트를 제공하고, 동료 평가 시 담합을 방지하게 한다.

다섯째, 피드백 단계이다. 피드백 단계에서 주의할 점은 다음과 같다. ① 시험 문제에 대한 자세한 설명이 필요하다. ② 설명할 때 팀의 정답판을 만들어 보여주며 설명하고, 정답의 이유, 근거, 제시를 명확하게 한다. 정답에 대한 이의가 있는 경우 항소기회를 제공한다. ③ 교사는 팀별로 시험 칠 때에 개인별 시험 본 내용을 채점 후, 팀별 시험 친 점수와 조합하여 팀 시너지를 산출한다. 팀 시너지 산출 방식은 아래와 같다.

$$\text{팀 시너지} = \frac{\text{팀 점수} - \text{개인평균}}{\text{총점} - \text{개인평균}} \times 100$$

④ 동료 평가 결과에 대한 피드백 시, 점수는 공개하지 않고 내용만 장점과 단점에 대해 개인별로 피드백 한다. 동료평가를 통해 학습과정과 성과를 확인하게 된다(조형정, 이영민, 2008). 피드백에 대한 예시는 〈표 8-1〉 팀 기반 학습 피드백 예시와 같다. 그리고 각각의 단계를 요약하면 [그림 8-1] 팀 기반 학습 단계와 같다.

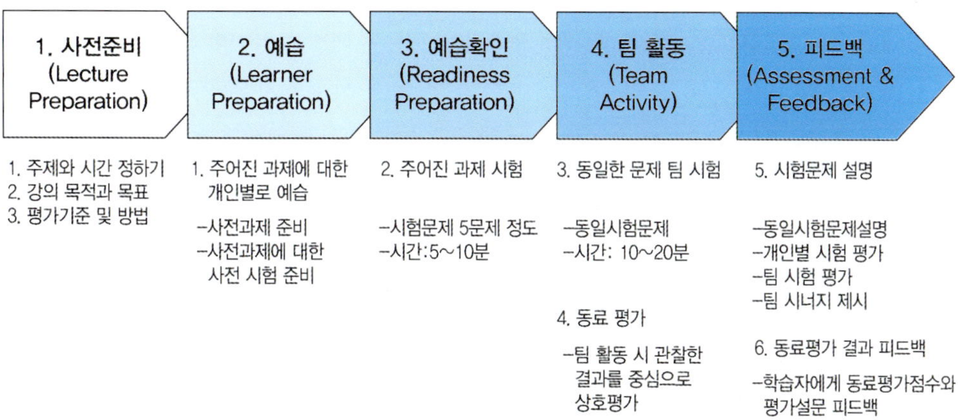

[그림 8-1] 팀 기반 학습 단계

조형정 · 이형민(2008)은 팀 기반 학습의 문제점을 다음과 같이 제시하고 있다. 첫째, 팀 활동시간의 문제이다. 팀 기반 학습의 경우 수업시간 외에도 팀원들이 모여 활동해야 하는 부담감이 있으며 수업시간 중에도 팀별로 활동해야 하는 시간이 많이 필요하다. 둘째, 성적부여 문제이다. 팀 활동 결과물에 대한 평가와 팀원들 평가를 지속적으로 반영하기 때문에 교수들의 수업부담이 가중된다. 셋째, 즉각적 피드백의 문제이다. 즉각적 피드백이 필요하고 중요하지만 때에 따라서는 지연을 통한 피드백이 효과적인 경우도 있다. 넷째, 팀 구성원 상호 간 피드백의 문제이다. 매회 팀 구성원 상호 간 피드백, 즉, 동료평가가 학습에 장애요인으로 작용할 수 있다. 다섯째, 교수의 수업적용상의 피로 문제이다. 사전에 많은 준비와 수업활동 중 많은 활동 적용으로 인하여 쉽게 도입하지 못할 수 있다는 점 등을 문제점으로 지적하고 있다. 따라서 팀 기반 학습으로 적용할 경우 한 학기 전체를 팀 기반 학습으로 하기보다는 이론적인 개념을 중심으로 2~3차시 또는 4~5차시 정도로만 팀 기반 학습을 적용해 보는 것이 바람직하다.

1) 이해촉진시험

이해촉진시험(CCT: Concept Clarification Test)라는 것은 테스트의 명칭이 붙어 있지만 오히려 테스트 방식을 이용한 연수기법의 일종으로 이해촉진을 위한 보조기법으로 활용되고 있다. 연수기법에는 강의를 중심으로 한 것과 체험학습을 중심으로 한 것으로 대별할 수 있는데 이 CC테스트는 새로운 스타일의 체험학습방식의 하나라 할 수 있다. 즉, CC테스트는 말 그대로 개념명료화 시험 또는 이해촉진 테스트로 활용할 수 있다. CCT는 팀 기반 학습의 3. 예습확인단계, 4. 팀활동 단계에서 적용된다.

2) 활용목적

(1) 집단회의에 의해 학습내용의 이해를 촉진시킨다(집단역학의 응용).

(2) 이해하는 데 애매한 점이나 불명료한 개념을 명확화한다.

(3) 이해하기 불투명한 점을 발견한다.

(4) 팀 활동의 기본이나 집단토의의 효율을 인식시킨다.

(5) 합의의 중요성을 인식시킨다.

(6) Feed-Back기법을 활용하기 위한 장을 만든다.

3) 진행방법의 순서

(1) 과정이 끝난 후에 대체로 실시한다.

(2) 개인별로 시험을 한 번 친다.

(3) 개인별로 시험을 친 후 조별로 똑같은 시험문제를 다시 한 번 친다(이때 조별 정답을 맞히는 과정에서의 유의점을 설명해 준다. 첫째, 다수결에 의해서 하지 말고 전원이 참가하여 정답을 확인한다. 둘째, 잘하는 사람 한 사람이 일방적으로 정답을 맞히게 하지 말고 서로 왜 그 정답이 맞고 틀리는지를 잘 토론한 다음에 전원합의에 의해 정답을 맞힌다. 이때에는 노트나 책을 가지고 시험을 보도록 한다).

(4) 정답제시

(5) 그룹효율의 분석과 비교

(6) 오답항목의 추가강의 및 해설

4) CCT 결과 예

조명	개인최고	개인최저	개인평균	팀 점수	팀 효율
1조	17	14	15.3	17	36
2조	18	16	16.75	19	69
3조	17	13	15.2	17	37
4조	18	17	17.3	17	-11

$$팀\ 효율 = \frac{팀\ 점수 - 개인평균}{총점 - 개인평균} \times 100$$

5) CCT 실시 결과표

항목 / 그룹	그룹토의 이전			그룹토의 결과				
	최고 점수	최저 점수	평균 점수	팀의 점수	그룹효과	Resource 활용	팀 효율	그룹점수보다 높은 점수를 받은 사람 수
1조	22	14	17.5	21	+3.5	+1	46.6%	5
2조	18	16	17	16	-1	-2	-12.5%	2
3조	20	17	18	21	+3	-1	42.8%	2

• 그룹효과: 팀의 점수 − 평균점수

• Resource: 인간의 능력자원
즉, 그 사람의 지식, 경험, 견해, 판단력 등의 능력을 의미한다.

• Resource 활용의 의미: 그룹토의 이전에 최고점수를 받은 사람의 능력을 팀 점수를 내는 데 어느 정도 활용했는가를 나타내는 것
(최고점수 − 팀의 점수)

• $팀\ 효율 = \frac{팀의\ 점수 - 평균점수}{총점 - 평균점수} \times 100$

(예를 들어 만점이 25점일 경우 1조는 총점 − 평균점수(25 − 17.5=7.5)분의 팀의 점수 − 평균점수(21 − 17.5=3.5) 그러므로 팀 효율은 46.6%)

생각해 보기

〈표 8-1〉 팀 기반 학습 피드백 예시

동료평가 양식

각 학습자들이 팀의 활동에 기여한 정도를 아래 기준을 근거로 하여 평가해 주십시오.

준비성: 수업을 위하여 준비를 성실히 해 왔는가?

공헌도: 팀의 토론과 학습에 있어 생산적으로 팀에 기여했는가?

다른 사람의 생각존중: 다른 팀원이 의견이나 생각을 말할 수 있도록 촉진했는가?

유연성: 의견의 불일치가 발생했을 때 유연하게 대처했는가?

아래에 팀 구성원의 이름을 적고 기여도에 따라 각각의 점수를 기입하되 총점은 100점입니다(단, 본인의 점수는 기입하지 않습니다). 각 팀원의 점수는 팀 구성원들이 부여한 점수의 합산 점수로 이루어집니다.

<table>
<tr><th colspan="2">팀명: 놀아조 팀</th><th colspan="2">평가자: 장상수</th></tr>
<tr><th rowspan="2">구성원 이름</th><th rowspan="2">점수</th><th colspan="2">피드백</th></tr>
<tr><th>강점</th><th>약점</th></tr>
<tr><td>홍길동</td><td>35</td><td></td><td></td></tr>
<tr><td>이순신</td><td>38</td><td></td><td></td></tr>
<tr><td>김정일</td><td>10</td><td></td><td></td></tr>
<tr><td>감수성</td><td>17</td><td></td><td></td></tr>
<tr><td>총점</td><td>100점</td><td></td><td></td></tr>
</table>

• 최종 점수 부여 방법

팀 점수에서 동료 평가 점수(%)를 곱하여 최종 팀 점수가 계산됨.

따라서 팀에 기여도가 높은 사람은 가산점을 받게 되고 기여도가 낮은 사람은 팀 점수가 낮아짐.

(예) 팀 점수=45점인 경우, 동료평가 점수가 100점이면 45점, 110점이면 49.5, 동료평가 점수가 95점이면 43.8점

동료평가 점수반영 결과

3조 팀 점수: 20점

평가자	김**	이**	최**	김**	합계점수	팀 점수에 대한 동료평가 가중치 점수
김**	-	35	35	35	105	21
이**	35	-	33	33	101	20.2
최**	33	33	-	32	98	19.6
김**	32	32	32	-	96	19.2

김** 21점의 경우: 합계점수 105점이므로 100점에서 5점+임

(5점X팀 점수 20점)/100=1점 가중치 점수는 팀 점수 20점+1점=21점

개인별 점수 평가표

이름	조	개인점수	팀 점수	동료평가 점수	동료평가 가중치 점수	전체 점수
김**	2	60	20	105	21	101
이**	2	20	18	101	20.2	58.2
최**	3	40	19	98	19.6	78.6
김**	4	30	20	96	19.2	69.2

〈CCT 문제〉

팀명:　　　　　소속:　　　　　성명:

아래 문항을 읽고 적당한 답을 고르시오.

1. 교육을 한다고 할 때 기본적인 과정이 있다. 교육의 과정을 크게 4단계로 구분할 수 있는데 그 단계가 맞게 구성된 것은? (　　)

① 교육목표, 교육과정, 교수학습과정, 교육평가

② 교육목표, 교수학습과정, 교육과정, 교육평가

③ 교수학습과정, 교육과정, 교육목표, 교육평가

④ 교육과정, 교수학습과정, 교육목표, 교육평가

2. 교육평가를 설명한 것 중 틀린 것은? (　　)

① 1단계 평가는 반응평가로 교육실시 후 설문지로 하는 평가이다.

② 2단계 평가는 학습평가로 교육실시 후 시험으로 하는 평가이다.

③ 3단계 평가는 행동평가로 교육실시 후 3-6개월 후에 하는 평가이다.

④ 4단계 평가는 투자회수율 평가로 교육효과를 검증하는 평가이다.

3. 교육 훈련 개발 학습을 설명한 것으로 잘못된 것은? (　　)

① 훈련은 현재의 직무와 관련된 학습으로 당장의 효과를 보고자 할 때 사용한다.

② 교육은 인간행동의 계획적인 변화이다.

③ 개발은 조직 및 개인 성장을 위한 학습으로 효과가 가장 늦게 나타날 때 사용한다.

④ 학습은 성숙에 의해서 일어나는 일시적 지식, 기능, 태도의 변화이다.

4. 성인학습의 원리로 잘못된 것은? ( )

① 성인학습자는 다양하고 풍부한 경험을 가지고 있다.

② 성인학습자는 자신의 책임하에 자신을 스스로 통제한다.

③ 성인학습자는 외적 자극에 의해서 동기가 더 잘 유발된다.

④ 성인학습자는 스스로 왜 공부해야 하는지를 잘 안다.

5. Pedagogy와 Andragogy의 차이를 설명한 것으로 틀린 설명은? ( )

① 패다고지는 어린이를 가르치는 것이고 안드라고지는 성인학습자를 돕는 것이다.

② 패다고지의 학습풍토는 신뢰, 상호존중, 지원적이며 안드라고지는 긴장, 경쟁, 권위 지향적이다.

③ 패다고지는 외적인 보상과 벌을 안드라고지는 내적인 인센티브나 호기심에 의해 더 자극받는다.

④ 패다고지는 Teacher 역할이 강하고 안드라고지는 Facilitator의 역할이 강하다.

6. 학습 성과의 법칙으로 잘못 설명된 것은? ( )

① 연습의 법칙은 한 번 연습하는 것보다 두세 번 연습할 때 학습의 효과가 더 나타난다는 것이다.

② 준비성의 법칙은 강사가 강의를 잘 준비해야 학습의 효과가 잘 나타난다는 것이다.

③ 직접경험의 법칙은 학습자가 직접 체험하고 경험해 볼 때 학습효과가 더 나타난다는 것이다.

④ 자발성의 법칙은 본인이 하고 싶어서 공부할 때 효과가 더 크게 나타난다는 것이다.

7. 체계적인 수업설계 방법 중 가장 해야 할 것이 필요점 조사이다. 필요점 조사에서 해야 할 내용이 아닌 것은? ( )

① 교육목적 분석

② 학습대상자 분석

③ 학습장소 분석

④ 학습평가 분석

8. 학습목표를 진술할 때 Mager가 제시한 수업목표의 진술방법이 아닌 것은? ( )

① 수업과정에서 의도하고 있는 행동적 용어

② 행동을 수행하게 될 조건

③ 학습결과로 받아들일 수 있는 도달기준

④ 학습결과의 내용

9. 가네가 제시한 강의 실행 방법의 단계를 설명한 것으로 맞는 것은? ( )

① 수업할 때 가장 먼저 해야 하는 것이 학습목표 제시이다.

② 수업할 때 가장 먼저 해야 하는 것이 주의집중이다.

③ 수업할 때 가장 먼저 해야 하는 것이 선수학습 회상 자극이다.

④ 수업할 때 가장 먼저 해야 하는 것이 학습지침을 제공하는 것이다.

10. 교수-학습 상황에서 학습동기를 유발하고 유지시키기 위한 동기 설계 전략들을 제공하고자 하는 켈러의 ARCS이론의 요소로 옳지 않은 것은? ( )

① Attention－주의

② Certainty－확신

③ Relevance－관련성

④ Satisfaction－만족감

11. 교육평가의 궁극적 목적은 교육목표 달성여부의 확인이다. ( )

12. 교육 준비 시 가장 먼저 해야 하는 것이 3P 분석이다. ( )

13. 체제적 수업설계의 마지막 단계는 교육평가 후 강의수정 하는 단계이다. ( )

14. 가네에 의하면 교안을 작성할 때 제일 첫 단계는 주의집중단계이고 제일 마지막 단계는 기억 및 전이 촉진이다. ( )

15. 강의 시 시선 처리는 시작할 때부터 골고루 분산해야 한다. ( )

16. 질문을 할 때 처음에는 전체질문 후 지명 질문을 하는 것이 바람직하다. ( )

17. 강의 전개 시 15분마다 폭탄이 들어가는 것이 바람직하다. ( )

18. 강의 시 시간관리 방법으로 제시간에 시작하여 제 시간에 끝내는 것이 가장 바람직한 방법이다. ( )

19. 강의 시 강단연출은 한곳에서만 강의하는 것이 아니라 강단을 넓게 활용하는 것이 바람직하다. ( )

20. 강의를 잘하기 위해서는 철저한 준비를 해야 한다. ( )

2. 문제 중심 학습

1) PBL의 개념

문제 중심 학습(PBL: Problem-Based Learning)은 1969년 캐나다 맥마스터대학교(McMaster University) 의과대학에서 배로즈(Barrows)가 기존 교육방법에 문제를 제기하면서 시작되었다. 배로즈가 의과대학에서 이루어져야 하는 교육의 세 가지 요소를 지식, 지식의 활용 능력, 미래에 직면할 문제에 적절히 대응할 수 있는 능력으로 보고 이를 위한 교육방법을 개발한 데서 유래되었다. 의과대학에서 하나의 교육방법으로 시작된 문제 중심학습이 이제는 경영, 교육, 건축, 법학, 공학, 경제 및 사회사업 분야에 이르기까지 다양한 전문분야에서 전문적인 프로그램으로 활용되고 있다.

이러한 배로즈의 문제 중심 방식이 더프티(Duffty)에 의해 구성주의적 교육목표와 방향과 일치하면서 이론적 뒷받침을 바탕으로 널리 활용되게 되었다. 문제 중심이란 구성주의적 원칙을 적용한 학습설계 모형 중의 하나로서 교수자에 의해 제시된 문제를 협동적으로 해결하기 위해 학습자들이 소 그룹으로 편성되어 그룹 토론과 같은 그룹 활동을 통해 실제의 문제나 혹은 가상적인 문제를 놓고 원인규명, 해결방법 모색, 최선안의 선정, 실천계획 수립의 4단계로 진행되는 교육훈련 기법이다.

문제 중심을 전개하는 방법은 다음과 같다. 첫째, 교수자나 촉진자는 해결해야 할 문제를 선정한다. 문제를 선정할 때에는 ① 학습자의 내적인 동기유발이나 학습에 적극 참여할 수 있기 위하여 학습자들의 실제 생활과 밀접한 관련이 있는 문제를 선정하는 것이 바람직하다. ② 문제를 통해서 다양한 해결방안이 나올 수 있는 문제가 좋은 문제이며 ③ 학습자들이 도전의식을 느낄 수 있으며, 동시에 깊은 사고를 요구하는 문제가 바람직하다.

둘째, 그룹편성 및 Ice Breaking이다. 문제를 해결해 나갈 그룹을 선정한다. 그룹은 보통 4~6명 정도로 편성하는 것이 좋다. 처음 그룹이 편성되면 그룹 구성원

간 상호 친숙해질 수 있는 시간을 마련하는 것이 좋다. 앞으로 문제를 같이 해결해 나갈 구성원이기 때문에 서로 서먹서먹하다든지 편안하지 않으면 무엇이든 자유롭게 말하거나 토론이 잘 안 된다. 따라서 구성원 간의 상호 친밀감을 주고 격려하는 분위기를 조성해 주는 것이 필요하다. Ice Breaking 프로그램을 통해 상호 친밀감을 형성해 준다.

셋째, 문제해결을 위한 첫 그룹 활동이다. 그룹에서 학습목표를 설정하고 학습안건을 선정한다. 이때에는 사전 준비가 없이 문제가 주어진다. 학습자들은 주어진 문제를 어떻게 해결할 것인가에 대해 모두가 동의하는 과제와 목적을 정하고 이에 따른 가설을 설정한다. 이 단계에서 구성원 각자의 역할을 분담한다. 예를 들면, 그룹 장이나 기록자, 모임의 시간, 장소, 인원 주요사항 등을 모두 이 단계에서 정한다. 이 단계에서 앞으로 학습해야 할 과제 전반에 대해 육하원칙에 의해 정해 보는 시간이라고 보면 된다.

넷째, 자기주도 학습 기간을 둔다. 학습 구성원들이 각각 주어진 과제를 개별적으로 해결한다. 다양한 자료를 준비할 시간을 준다. 문제를 해결하기 위해 현재 자신의 상태와 나아갈 방향 등을 중심으로 자아성찰을 하는 시간이다.

다섯째, 문제해결을 위한 두 번째 그룹 활동이다. 개별적으로 준비한 학습 자료를 공유하고 학습안건을 재분석한다. 구성원들은 각자 수집한 정보와 학습내용을 그룹에서 재평가해 보는 시간을 갖는다. 정보를 수집할 때 어려움, 모아진 자료들을 대상으로 정보의 신뢰성, 최신성, 타당성, 출처 등에 관한 평가도 이 단계에서 한다. 이러한 과정을 거쳐서 자료에 따라 학습안건을 다시 분석하고 배운 내용을 요약할 수 있다. 만약 자료나 내용이 빈약하다면 더 개별적으로 학습하는 단계를 다시 한 번 거치게 한다.

여섯째, 토의결과 발표이다. 각 그룹구성원들이 해결한 내용을 공유하는 단계이다. 이 단계에서는 프레젠테이션 능력과 같은 것을 기른다.

일곱째, 평가 단계이다. 평가의 경우도 구성원 스스로 평가를 한 번 하고 동료 간의 평가도 한다. 본인이 내린 평가에 대해서 다른 구성원들이 조언해 준다. 이

평가 단계를 통해 학습의 과정을 반성해 본다.

문제 중심 절차는 각각의 단계에서 다양한 학습기법들이 동시에 제공될 수 있다. 일곱 단계를 중심으로 문제해결에 의한 수업진행 과정안을 제시하면 아래 〈표 8-2〉와 같다.

〈표 8-2〉 문제 중심에 의한 수업진행 과정안

학습단계	학습 유형	교수-학습활동	유의점
1단계 학습 분위기 조성	전체	• 학습의 특징 및 학습목표에 대한 설명 • 학습 분위기 조성(Ice Breaking)	• 학습자의 흥미 유발 • 자발적 참여 강조 • 상호협력 분위기 조성
2단계 문제제시	전체	• 문제과제 제시 • 제출할 과제물 소개	• 문제선정 • 과제작성법
3단계 문제해결 시도	그룹별	• 그룹구성원의 역할 분담(그룹장, 기록자 등) • 다양한 아이디어의 적극 수용 • 잠정적인 해결안에 대한 생각 종합 • 그룹별 학습목표를 규명하고 각각의 학습목표를 설정 • 학습자료 선택	• 개방적 분위기 조성
4단계 자기주도 학습	개인별	• 개인별로 주어진 학습과제, 즉 문제를 해결 • 자아성찰 시간	• 다양하고 심도 있는 자료준비
5단계 협동학습 및 토의학습	그룹별	• 그룹별로 개별적으로 연구한 것을 토의 • 토의과정을 통한 학습 • Reflection Thinking(문제해결에 대한 부분과 토의 과정에 대한 부분 등) • 내용이 미흡할 경우 개인별 자기 주도학습 기간 다시 한 번 더 갖게 함	• 다양한 의견 수렴 필요
6단계 토의결과 발표	전체	• 그룹별 내용 발표 • 보고서 작성법 • 프레젠테이션 작성법	• 발표 및 경청의 중요성 강조
7단계 정리 및 평가	전체	• 자기학습 평가, 팀원 학습 평가, 팀 간 학습평가 • 오늘의 학습과정 반성	

3. 실천학습

실천학습(AL: Action Learning)은 영국의 레그 르밴스(Reg Revan)에 의해서 최초로 개발되었다. 실제상황에서 경영성과와 직결되는 이슈 혹은 과제를 팀 구성원들이 직접 해결하고, 이 경험을 동료 참가자 및 학습촉진 코치와 함께 성찰함으로써 개인의 능력과 조직의 성과를 동시에 향상 시킬 수 있는 학습 기법이다. 기존의 지식에 대해 새롭게 문제를 제기하고 그러한 문제를 해결하는 과정에서 또는 그 이후에 나타나는 행동들에 대해 성찰해 보는 것이다. 실천학습은 현장과 경험이나 또는 행동에 의해서 배우는 방법이다. 조직의 문제는 조직원들이 그것을 해결했을 때 배움의 도구가 될 수 있다고 가정한다. 행동과 결과에 대한 분석을 통해서 조직원들은 문제에 대한 지식을 넓힐 수 있다.

실천학습이 잘 이루어지기 위해서 선행되어야 할 요건으로는 다음과 같다.

첫째, 중요하지 않거나 너무 간단하거나 또는 너무 사소한 문제를 과제로 선정해서는 안 된다.

둘째, 최고 경영층이 적정한 공간과 시설을 제공하고 업무시간에 프로그램 참석을 허용해야 한다.

셋째, 계획에서 최종실행까지 노력한 바를 완성할 시간을 충분히 부여해야 한다.

넷째, 적절한 팀의 구성이 필요하다. 구성원들이 다양한 의견과 사고방식을 가져야 한다.

다섯째, 구성원의 자발적 적극적 참여가 필수적이다. 조직이익과 개인적 성장 및 발전을 위한 문제 해결의지가 있어야 한다.

여섯째, 구성이 너무 치밀하거나 느슨한 경우에 문제가 된다. 참가자들의 발전을 보장하기 위해 구체적인 구상 노력이 있어야 한다.

일곱째, 후원자와 조직구성원들의 참여 없이는 과정을 시작조차 할 수 없다. 여덟째, 후원자는 시간과 설비 같은 자원을 지원해 주어야 한다.

아홉째, 구성원들은 특정한 문제 해결보다 문제 향상 방법에 대해 고려하고 과정을 믿고 참을성을 가지고 지켜보며, 폐쇄성을 줄이고, 변화를 받아들여야 한다.

실천학습의 절차는 다음과 같다. 첫째, 실천학습의 환경을 조성한다. 경영층의 협조와 팀 내에서 실천학습을 할 수 있도록 분위기 조성이 중요하다. 문제를 시작하기 전에 실천학습의 후원자를 누구로 할 것인지 등 실천학습을 할 수 있도록 다양한 환경을 먼저 조성한다.

둘째, 문제에 대한 학습 팀을 선발한다. 그룹은 실천학습의 핵심주체이다. 세트 또는 팀이라고도 한다. 통상 4~6명으로 구성된다. 실천학습 팀이 결정되면 팀 내에서 지켜야 할 규칙을 확정한다. 자체 내에서 구성원들이 스스로 지켜야 할 팀 규칙을 확정한다.

셋째, 문제 발견이다. 이 문제는 개인, 팀 또는 기업에 중대한 의미를 갖는 문제, 프로젝트나 해결과제들을 중심으로 진행된다. 문제는 해결책을 쉽게 찾을 수 없는 조직의 문제 해결을 위주로 한다. 팀이 도전하여 해결할 수 있는 적절한 문제를 찾아낸다. 이 문제는 조직의 성과와 직결되는 것이면 더욱 좋다.

넷째, 발견한 실제 문제를 해결한다. 문제를 해결하기 위하여 문제원인, 해결방안, 장애요인, 극복방안, 예산, 실행계획 등을 중심으로 실제의 문제를 팀에서 해결해 나간다. 문제를 해결해 나가는 과정을 팀으로 해결하고, 개인별로도 문제에 대해 해결책을 찾아보고, 다시 팀에서 문제를 해결해 나가는 과정을 반복하여 최종 해결책을 찾아낸다.

다섯째, 질의 및 성찰과정이다. 적절한 답변보다 적절한 질문에 중점을 둔다. 실제 문제를 해결해 나가는 과정에서 과제수행 중 개인별, 팀별로 일일학습 정리를 위해 과정목적과 관련된 질문으로 구성된 내용들을 성찰하게 된다. 주요 질문 내용은 다음과 같다. 사람 관련으로 '오늘 내가 만난 사람 중 내게 영향을 준 사람은 누구였나?', '그 이유는?', '이야기 내용의 수준은 어떠했나?', '내가 부정적으로 반응하게 된 사람들에게는 특정 성격 유형이 있는가?', '나는 오늘 상대방에게 부정적 인상을 주었는가?', '올바르지 않게 한 행동은 무엇이었나?' 등의 질문을 하게 된다. 다음으로 생각이나 착안과 관련된 질문으로 '내가 표출한 생각 및 착안 가운데 어느 것이 인상적이었는가?', '그것에 대해 나는 어떻게 구체화할 것인가?' 같은 부분이 있다. 각종활동과 관련된 질문이다. 모임, 집합교육, 면담 등을 고려할 때 '각각으로부터 배운 것은 무엇인가?', '향후 유사 활동이 있다면 나의 행동을 어떻게 수정할 것인가?' 같은 질문이 있다. 이 질문 내용을 어떤 성찰을 할 것인가에 따라 달라질 수 있다. 예를 들면 리더십 관련 성찰, 의사소통과 관련된 성찰, 고객만족과 관련된 성찰 등이 있다. 이 과정에서 우수한 촉진자가 있어야 한다. 촉진자는 문제에 익숙한 조직구성원이나 전문가여야 한다. 그룹의 구성원들이 자신들의 학습을 생각해 볼 수 있는 충분한 시간을 가질 수 있도록 진행속도를 조절하는 역할을 한다.

여섯째, 향후 학습 계획과 관련된 질문이 있다. 학습 팀은 행동을 계획한다. '향후 어떤 학습 기회가 있다고 보는가?', '그 기회를 통해 무엇을 배우고자 하나?', '학습을 어떻게 실천할 계획인가?' 같은 질문이 있을 수 있다.

일곱째, 실행의지이다. 도출된 해결방안을 실제 현업에서 실행한다. 실제 현업에서 실행하면서 주요한 성공요인들을 평가한다. 부족한 부분들이 있으면 보완하여 실제 문제를 해결한다. 이 과정에서도 우수한 촉진자가 있어야 한다. 촉진자는 문제에 익숙한 조직구성원이나 전문가여야 한다. 그룹의 구성원들이 자신들이 해결방안으로 도출한 내용을 실제문제를 해결하는 현장에서 적용할 수 있도록 환경을 조성하고 적극적으로 도움을 주어야 한다.

여덟째, 학습의지이다. 실천학습에 참여하는 구성원들은 학습에 대한 의지가 다른 사람보다 더 강해야 한다. 학습과 행동이 똑같은 비중을 차지한다. 현장 학습 팀이 계획된 선택들을 실행한다.

4. 인터넷 개인방송

인터넷 개인방송의 등장 배경 및 의미

스마트폰의 활발한 보급과 함께 많은 사람들은 영상 콘텐츠를 보다 쉽게 접근할 수 있게 되었다. 영상 콘텐츠에 대한 접근성이 높아짐에 따라서 누구나 방송국을 만들어서 방송을 할 수 있는 인터넷 생중계 방송 플랫폼이 대거 등장했다. 스마트폰 보급에 따라 뉴미디어가 발전하고 모바일 시대가 열리면서, 영상 콘텐츠를 스마트폰으로 언제, 어디서, 누구나, 생중계 할 수 있는 환경이 만들어졌다.

인터넷 개인방송은 멀티미디어 콘텐츠를 스트리밍 방식으로 전송하는 것으로서, 좁은 의미로는 스트리밍 기술로 제공하는 웹서비스, 넓은 의미로는 스트리밍을 비롯한 푸시나 온디맨드 등의 다양한 서비스가 제공되는 인터넷 웹서비스이다.[2] 구체적인 의미로 "인터넷개인방송은 기존의 방송과는 달리 참여자들이 자신의 고유한 실제 방송국이 아닌 가상의 웹페이지에 해당하는 '방송국'을 통해 다양한 콘텐츠를 자체적으로 제공하는 방식의 새로운 방식의 매체이며, 누구나 방송의 주인공이 되어 시청자들과 함께 자신만의 방송 스타일과 콘텐츠를 만들어 갈 수 있다는 점에서 네티즌들의 큰 환영을 받고 있는 뉴미디어"이다. 인터넷 개인방송은 PC와 인터넷 등의 기본적인 방송 환경만 구축하면 송출이 가능한 시스템이어서 인터넷에 익숙한 젊은 층을 중심으로 급속도로 확산되었다.

인터넷 개인방송의 종류 및 현황

국내 인터넷 개인 방송의 종류는 기하급수적으로 늘어나고 있다. 그중 국내를 대표하는 몇 가지를 플랫폼을 소개한다. 첫째, 다음TV팟이다.

2) 엄주희(2003), 인터넷 방송의 규제에 관한 연구, 연세대학교 법무대학원 석사논문, 7쪽.

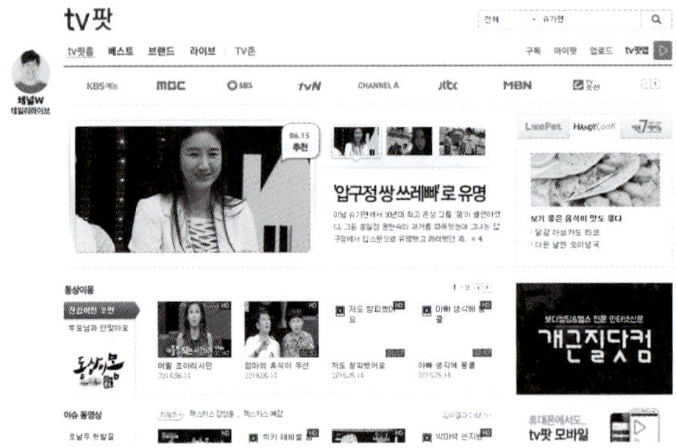

[사진 1] 다음TV팟 메인화면

다음TV팟은 공중파 TV프로그램인 〈마이리틀텔레비전〉 방송 이후 때문에 더욱 더 대중들에게 알려진 플랫폼이다. 다음TV팟은 2006년에 처음 서비스를 제공하고, 현재까지 라이브방송 서비스를 해 왔다. 과거에는 동영상 재생에 초점을 맞춰 플랫폼을 운영해 왔지만 최근 〈마이리틀텔레비전〉과의 결합 시스템을 기반으로 인터넷 개인 방송에 무게를 싣고 있는 중이다.

[사진 2] 트위치TV 메인화면

둘째, 트위치TV이다. 트위치TV는 외국에서 탄생한 플랫폼이며, 게임 관련 콘텐츠를 방송하는 서비스이다. 개인의 일상 등은 방송할 수 없고 게임을 즐기는 모습, 선수 인터뷰 등 게임 관련 콘텐츠만 방송할 수 있도록 특성화되어 있다.[3)]

셋째, 페이스북이다. 페이스북은 최근 인터넷 개인방송의 급부상으로 페이스북 LIVE 방송 서비스를 제공하기 시작했다. 페이스북 라이브 방송은 90분밖에 방송을 할 수 없는 단점을 가지고 있다. 하지만 페이스북 라이브방송은 24시간 동안 방송을 할 수 있는 기능을 테스트하고 있다.[4)]

넷째, 유튜브개인방송이다. 유튜브가 360도 실시간 스트리밍 서비스를 강화하고 있다.

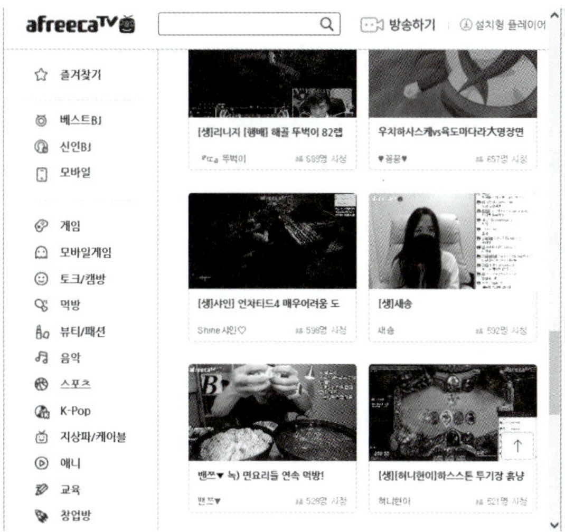

[사진 3] 아프리카TV 메인화면

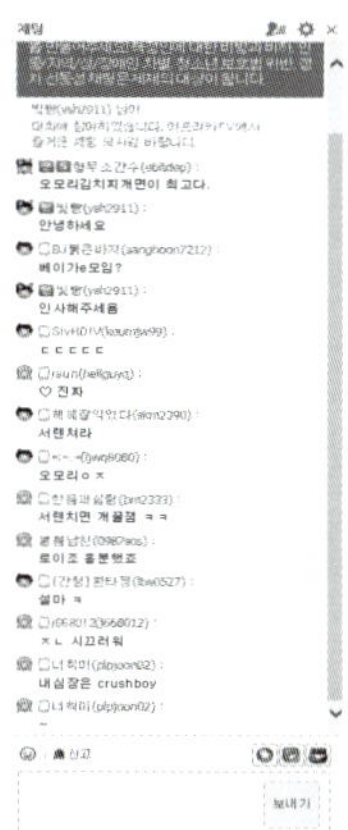

[사진 4] 채팅창

3) 시사상식사전(2014), 박문각.
4) 안하늘(2016. 6. 8.), "실시간 방송에 힘 싣는 페이스북… VR 생중계 지원한다", http://view.asiae.co.kr/news/view.htm?idxno=2016060816062186084(2016. 6. 14.)

다섯째, 아프리카TV이다. 아프리카TV는 2006년 인터넷 방송서비스를 처음 시작했으며, 국내 가장 많은 인터넷 개인방송 회원 수를 보유하고 있다. 13년 월 이용자 수가 636만 명에서 14년 726만 명, 15년 1분기에는 803만 명까지 늘어나 연평균 성장률 12%로 고성장하고 있다(이선미, 2015). 또한 아프리카TV는 국내 인터넷 개인방송 플랫폼 중 가장 많은 콘텐츠를 제공하고 있으며, 최근에는 수입구조의 안정화로 더욱더 많은 인기를 얻었다.

인터넷 개인방송을 대표하는 아프리카 TV

최근 유행하는 '먹방', '보이는 라디오', '게임방송' 등은 모두 아프리카TV에서 유행한 말이다. 아프리카TV는 다양한 콘텐츠를 제공하고 있다. 이제는 마이너가 아닌 메이저로 바뀌었다고 해도 과언이 아니다. 또한 아프리카TV는 하루 평균 방문자 수가 50만 명, 2013년에는 하루 평균 방문 300만 명, 동시 시청자 수 25만 명, 실시간 방송 개설 수 5천여 개이다. 타 플랫폼보다 월등하게 앞선 시청자 이용률을 가지고 있다. 아프리카TV의 주 이용자층은 10대 20대가 62%를 차지하며, 이는 타 플랫폼 대비 10대, 20대 이용자 비중이 월등히 높은 것으로 나타났다(이선미, 2015). 인터넷 개인방송을 주로 이용하는 10대 20대들이 가장 많이 사용하는 플랫폼으로서 인터넷 개인방송을 대표하는 플랫폼이라는 뜻이다.

(1) 아프리카TV의 특징

① 시청자가 갖는 특징

첫째, 접근성이 매우 좋다. 인터넷 개인방송을 보는 시청자들은 언제 어디에서나 휴대폰 하나만 있으면 볼 수 있고, 시청료를 내지 않아도 되기 때문에 누구나 쉽게 접근할 수 있다.

둘째, 쌍방향적 소통이 가능하다. [사진 4]를 보면 실시간으로 BJ(Broadcast Jockey)

와 시청자, 타시청자와 방송 중에 대화할 수 있다. 이는 시청자에게 방송을 같이 만들어 간다는 유대감을 불어 넣어준다. 기준 텔레비전의 방송과는 다르게 즉각적으로 방송에 대한 요구 및 요청을 할 수 있게 되었다. 예를 들어 노래하는 방송의 경우 시청자가 원하는 노래를 대화창에 요청함으로써 BJ가 그 노래를 불러 주는 것이 대표적인 예이다.

셋째, 특징은 다양한 콘텐츠를 즐길 수 있다는 점이다. [사진 3]을 보면 아프리카TV가 제공하는 콘텐츠들은 게임, 먹방, 뷰티, 음악, 스포츠 등 매우 다양하다. 시청자들은 자신이 선호하는 장르에 따라서 자신이 원하는 방송 콘텐츠를 선택하고 시청할 수 있다.

② BJ가 갖는 특징

BJ가 갖는 특징 중 가장 중요한 특징은 첫째 "누구나 할 수 있다"는 것이다. 누구나 컴퓨터 한 대만 있으면 전문적인 장비와 지식 없이도 방송을 할 수 있다. 이는 "누구나 제작할 수 있는 개인 방송의 활로를 넓히는 데 가장 큰 기여를 했다"[5) 라고 평가받는다.

둘째, 인터넷 개인방송이 자아실현에 도움이 된다. 인터넷 개인방송은 어떠한 콘텐츠라도 방송을 할 수 있다. 예를 들어 BJ밴쯔는 먹는 방송 일명 먹방을 통해 음식을 맛있게 많이 먹는 콘텐츠로 방송을 했다. 단순히 먹기만 했을 뿐인데 시청자들에게 인기를 얻게 되었고 더 나아가 공중파 방송까지 출현하게 되었다. 이처럼 자신이 잘하는 것이면 무엇이든지 방송 콘텐츠로 사용하여 수입을 얻을 수 있어 자아실현의 장이 되고 있다.

셋째, 인터넷 개인방송이 20대 30대들에게 일자리를 제공하여 준다. BJ들도 일종의 직업으로 수익을 올리기 때문에 일자리를 제공하는 효과가 있다. 인기 BJ 로이조, 철구 등은 한 달에 수입이 1,000만 원 이상이라고 방송하는 도중 밝히기도 했다.

5) 김범준(2016), 앞의논문, 30~35쪽.

인터넷 방송의 개선점

(1) 문제점

첫째, 인터넷 개인방송은 자극적이고 선정적인 요소들이 포함된 콘텐츠를 하는 경우가 많다. 이승규[6]는 미성년자와 성인과의 실제 성행위 장면을 인터넷 방송으로 방송한 사례, 강변북로 20km 구간을 시속 180km로 과속, 난폭운전을 하는 모습을 방송한 사례, 심한 노출을 하고 섹시 댄스를 추거나, 매운 소스 30개를 들이키는 등 자극적이고 엽기적인 방송을 한 사례가 있다고 했다. 인터넷 개인방송 BJ들이 이처럼 노골적인 폭력성과 선정성을 내세워 저질 방송을 하는 이유는, 방송 내용에 따라 인터넷 개인방송 시청자들이 자유롭게 돈을 지불하는 구조로 운영되고 있기 때문이다.[7]

둘째, 인터넷 개인방송 플랫폼은 사업자는 인기 BJ가 시청자들로부터 받는 '별풍선'의 수수료가 매출의 핵심이기 때문에 별 풍선을 많이 버는 BJ를 우대해 주는 경향이 있으며 인지도 높은 BJ가 반사회적인 방송을 한 경우에도 솜방망이 처벌을 하는 경우도 많다는 것이다.[8] 실제로 한 남자 BJ 중 '성범죄자 김길태'를 재현하는 콘텐츠로 플랫폼으로부터 영구 정지를 당했다. 그러나 내부 재제방침을 완화 하거나 새로운 정책을 만들어 인기 BJ를 복귀시킨 경우가 발생했다. 이러한 플랫폼의 특성 때문에 인터넷개인방송국이 단순한 돈벌이 수단으로 전락할 가능성이 있다.

셋째, 인터넷개인방송은 방송을 무료로 제공하는 대신 매우 불편한 시청구조를 가지고 있어 시청자로 하여금 돈을 쓰도록 부추기고 있다. 돈을 지불하지 않으면

6) 이승규(2016. 3. 29.), "인터넷 개인 방송의 명과 암", ≪민주신문≫, http://www.iminju.net/news/articleView.html?idxno=18057(2016. 6. 14.).
7) 최진봉(2015. 1. 8.), "막장 인터넷 개인방송 규제가 필요하다", ≪오마이뉴스≫, http://www.ohmynews.com/NWS_Web/View/at_pg.aspx?CNTN_CD=A0002070413(2016. 6. 14.).
8) 이시직(2015. 2. 3.) "인터넷 개인방송의 문제점과 대응방안", ≪KISDI≫, http://m.kisdi.re.kr/mobile/colm/pro_view.m?seq=30165&category=W&selectPage=1.(2016. 6. 14.).

방송을 보기 전에 무조건 광고를 봐야 하는 점이나, BJ의 재량에 따라 별풍선을 쏘지 않는 시청자들의 채팅을 제한할 수 있는 점 등 플랫폼이 물질주의적 태도를 보이고 있다.

(2) 해결방안

인터넷 개인방송이 앞으로 더 발전하기 위하여 가장 먼저 해결해야 할 문제는 '별풍선 위주의 방송', 즉 방송의 상업주의이다. 이를 해결하기 위하여 첫째, 자체 자정노력을 해야 한다. 둘째, 인터넷 개인방송 플랫폼의 개선이 필요하다. 앞서 문제점에서 말한 바와 같이 원활한 시청을 위하여 플랫폼에서 돈을 요구하는 경우가 많다. 이는 결국 인터넷개인방송국 안에서 빈부격차가 나타나게 되고, 돈이 없는 시청자는 저급한 시청자 취급을 받게 되는 경우도 있다. 돈이 많은 사람이 아닌 시청을 많이 하는 사람에게 우대를 주어 상업주의에서 벗어나야 한다. 마지막으로 법률 제정도 필요하다. 국가에서는 인터넷 개인방송 플랫폼의 자유성을 유지하는 한에서 과도한 상업주의를 방지하고 자극적인 콘텐츠를 방송하는 것을 막는 선에서의 간단한 법률 제정이 필요하다.

최근 스마트폰의 엄청난 보급으로 인한 1인 미디어의 발달과 새로운 뉴미디어가 등장함에 따라 미디어 콘텐츠가 많이 변화하고 있다. 창의적인 콘텐츠와 자유로운 소통이 가능해지며 기존의 TV와 같은 틀에 박힌 미디어에서 벗어난 새로운 미디어인 인터넷 개인방송은 그 위상이 점점 더 높아지고 있다. 그러나 이러한 인터넷 개인방송이 단순한 재미의 요소가 아니라 하나의 콘텐츠로서 성장하기 위해서는 현재 가지고 있는 많은 문제들을 해결할 필요가 있다. 인터넷을 가장 많이 이용하는 10대, 20대들이 미디어 문화를 올바르게 인식하기 위해서는 인터넷 개인방송의 문제점 개선이 필요한 시점이다. 뉴미디어로서 엄청난 발전 가능성을 가지고 현재도 많은 영향력을 끼치고 있는 인터넷 개인방송을 이제는 더 이상 오락이 아닌 문화로 보아야 할 때이다.

개요

이 장에서는 ① 멘토링의 이해, ② 성공적인 멘토링을 위한 방안에 대해 살펴본다.

학습 목표

1. 멘토링의 의미를 설명할 수 있다.
2. 성공적인 멘토링을 위한 방법을 설명할 수 있다.
3. 멘토링을 위하여 필요한 멘토링 활동 계획서를 작성할 수 있다.
4. 목표수립을 위한 SMART 방법을 설명할 수 있다.
5. 멘토와 코칭의 차이를 설명할 수 있다.

학습 과제

1. 이 장의 내용을 요약하시오(A4용지 2장 내외).
2. 이 장의 내용을 시험문제로 출제하시오(객관식 7문항, 주관식 3문항).
3. 자신이 멘토가 되고 멘티가 될 대상자를 한 명 선정하여 멘토링 활동계획서를 작성하시오(A4용지 5장 내외).

제9장

멘토링

- 1. 멘토링 이해
- 2. 성공적인 멘토링을 위한 방안

1. 멘토링 이해

멘토의 유래는 고대 그리스 시인 호메로스의 작품으로 전해지는 대 서사시 오디세이(Odyssey)에 나오는 그리스 이타카 왕국, 오디세우스 왕이 트로이 전쟁에 참여하기 위하여 자신의 아들인 텔레마코스를 절친인 멘토르(Mentor)에게 맡긴 것에서 유래되었다. '멘토'는 영어로 '스승'이라는 뜻으로, 오디세우스의 친구 멘토르는 오디세우스가 트로이 전쟁에 출정하여 20년이 되도록 귀향하지 않는 동안 그의 아들 텔레마코스를 돌보며 가르치면서, 그의 이름은 '현명하고 성실한 조언자' 또는 '스승'이라는 뜻을 가지게 되었다.

멘토는 도움을 주는 사람이다. 멘토의 역할은 도움을 주는 사람, 인생을 안내해 주는 사람, 본을 보이는 사람, 양육자, 상담사, 사부와 같은 역할을 한다. 도움을 받는 사람을 멘티(Mentee), 멘제(Menger), 멘토리(Mentoree), 프로테제(Protégé)라고 부른다. 멘토링(Mentoring)이란 멘토가 멘제와 활동하고 있는 상태를 말한다. 즉, 경험과 지식이 많은 사람이 스승 역할을 하여 지도와 조언으로 대상자의 실력과 잠재력을 향상시키는 체계를 '멘토링'이라고 하며, 스승의 역할이 '멘토' 지도 또는 조언을 받는 사람을 '멘티'라고 한다(Douglas Harper, 2013). 멘토링 할 때 ① 멘토와 멘제 간의 상호작용을 하며, ② 상호적인 1 : 1 관계에서 정서적·사회적 지지와 격려를 제공하고, ③ 경험과 기술 수준이 높은 전문가와 경험과 기술 수준이 낮은 초보자 사이에 발생하는 역동적인 지원과정이 일어나며, ④ 일방적 지식전달이 아닌 양방향으로 지식을 전달하여 서로 도움을 주고받는 관계가 일어난다(후쿠시마 마사노부 지음, 박화 옮김, 2008; 패트릭 멜러비드, 데니스 브지도자 지음, 박진희, 최인화 옮김, 2012).

인류 역사에서 대부분의 사람들에게 훌륭한 멘토의 역할을 했던 사람은 예수, 석가모니, 소크라테스, 공자 등이다. 인류역사상 인간에게 훌륭한 멘토들이다. 일반적으로 코칭과 멘토의 역할을 비교해 보면 〈표 9-1〉과 같다(Susan R. Meisinger, 2013; 패트릭 멜러비드, 데니스 브지도자 지음, 박진희, 최인화 옮김, 2012).

〈표 9-1〉 코칭과 멘토링의 역할 비교

구분	코칭	멘토
관계	• 수평적인 관계 • 피코치자의 목표, 과제, 욕구, 비전에 초점	• 수직관계 • 스승과 제자 • 도제제도와 유사함
지원 역할	• 학습자들을 임파워먼트 및 동기유발시키고 격려하는 과정 • 개개인의 잠재 능력을 이끌어 내는 역할 • 해답을 주지 않고 스스로 찾게 함	• 멘토가 주가 되며 멘티는 멘토의 지도를 받음 • 지식을 전수 받거나 멘토의 정신이나 기술을 전수 받음 • 해답을 찾을 수 있게 도와주기도 하지만 직접 해답을 찾게 함
전문가	프로세스 전문가	내용전문가
누가	• 스킬 향상을 목표로 하는 코치가 아니라면 코칭 받는 사람과 코치 간의 공식적인 직무분야 및 역할이 직접적으로 관련이 없어도 됨	• 학습자의 우월한 지식 및 경험을 가진 동료나 연장자가 멘토의 역할

2. 성공적인 멘토링을 위한 방안

멘토링 프로그램은 기업체, 학교, 교회, 군대, 공공기관 등의 조직에서 또는 1 : 1 맞춤별 멘토링이 상황에 따라서 다양하게 적용되고 있다. 조직에서 멘토링은 제도적 접근이 바람직하다. 왜냐하면 기업에서 멘로링과 관련된 프로그램이 없이 개인별로 접근했을 때 오래 지속되기 어렵다. 여기서는 조직에서 성공적인 멘토링을 위한 방법을 살펴본다.

첫째, 멘토링 과정에서 멘토와 멘티로서의 역할 및 스킬이 부족한 경우가 많으므로, 멘토링을 도입하기 전 멘토와 멘티를 대상으로 교육을 실시한다. 멘토와 멘티의 역할 및 태도를 중심으로 멘토링을 성공적으로 하는 데 필요한 지식, 기술,

태도에 대한 교육이 반드시 필요하다. 멘토와 멘티를 대상으로 하는 교육에는 ① 멘토와 멘티가 친해질 수 있는 내용 중심의 교육이 필요하며, ② 이를 위하여 팀 대항 게임, 또는 재미있는 이벤트식 진행, ③ 멘토와 멘티가 역할을 바꿔보는 시간을 제공, 부분적인 범위에서 각자의 역할을 체험할 기회를 주어 서로의 구체적이고 현실적인 문제를 체험해 보게 하며, ④ 마니또 형식과 비슷한 익명의 멘토링도 필요하며, ⑤ 멘토와 멘티가 함께 이야기를 나눈다. 예를 들면, 멘티의 과거 경험, 목표, 계획, 스킬 등이나 멘토의 경력과정, 유용한 문제해결 전략 등을 나누게 한다. ⑥ 일정이 하루 이상일 경우에는 모임, 회의, 행사에 함께 참석한 후 발표하기를 하고 발표 후 멘토와 멘티가 관찰하도록 하기 등의 프로그램을 구성하면 좋다.

둘째, 조직에서 멘토링 목적은 성과향상이다. 성과향상을 위한 방법으로 멘토링을 활용한다. 성과향상이 좋은 관계 형성을 위한 것이든, 직접적인 생산향상을 위한 기술 습득이든, 최종적인 멘토링의 목적은 어떤 성과를 달성할 것인가에 초점을 맞춘다. 멘토링을 통해 최종적으로 달성해야 할 성과를 구체화한다. 멘토링 활동 진행자는 프로그램에 반드시 활동 목표를 분명히 할 것과 또한 목표율을 정하여 생산성 성과를 수치로 표시할 수 있어야 한다.

생각해 보기

목표 수립하는 방법 SMART

목표설정이 왜 중요한가? 목표가 있어야 이루어진다. 그 이유는 목표를 설정하면 뇌는 목표 지향적이어서 몸속에 있는 100조 개의 세포가 일사분란하게 목표를 달성하기 위해서 움직인다. 이것이 뇌의 목표 지향적 체제이다.

지금 당장 실시해 보라. 여러분이 오늘 아침 밥을 먹어야겠다고 목표를 세우는 순간 모든 뇌의 세포들이 밥 먹는 행동으로 목표 지향적으로 활동한다. 또 공을 어떤 홀 컵에 넣겠다고 목표를 정하면 나의 모든 행동들이 홀 컵에 공을 넣는 목표지향적인 행동으로 세포들이 몰입한다. 성공하면 나의 행동에 대해 칭찬하고 실패하면 질책한다.

목표를 설정하면 몰입이 가능하다. 몰입을 위한 가장 좋은 방법 중의 하나는 목표를 세우는 일이다. 동물의 왕국에서 사자가 사슴을 사냥할 때 사자는 사냥하기 위해 최고의 몰입을 한다. 사슴은 도망가기 위해 최고의 몰입을 한다. 위기상황에서 최고의 몰입을 한다. 그러나 롤러코스터를 타거나 번지점프를 하거나 스포츠나 게임을 할 때 등 가상의 위기 상황에도 뇌는 몰입을 하게 된다. 왜냐하면 뇌는 실제 인지 가상인지 구분하기보다는 어떤 신호를 보고 활동하기 때문이다.

그러므로 뇌에 어떤 신호를 주면 뇌는 활동하기 시작하고 우리 몸도 신호에 따라 움직인다. 뇌에 신호를 주는 자극 그것이 목표가 될 수 있다. 목표가 설정되면 그 목표에 따라 뇌는 활동하고 우리 몸도 덩달아 활동하기 때문에 목표설정이 대단히 중요하다는 것이다. 일반적으로 뇌에 신호를 줄 때 자극의 세기가 크면 기억에 아주 오래 남는다. 즉, 재미있거나 놀라거나 하는 등의 사건들은 장기기억에 저장된다. 또 반복하면 반복한 내용들이 장기기억에 남는다. 이와 같이 장기 기억에 남고 지속적으로 잘 실천하기 위한 다양한 방법이 필요하다.

목표를 설정할 때에도 방법이 필요하다. 목표를 수립할 때는 SMART 방법으로 설정한다. ① 구체적(specific)으로 만든다. 예를 들면 2012년에 책을 많이 읽는다가 아니라 2012년까지 50권의 책을 읽는다. 금년에는 돈을 많이 벌겠다가 아니라 1년에 매출액 20억, 일류대학교에 진학하겠다가 아니라 서울대학교 법학과 입학 등 구체적으로 목표를 수립하는 것이 좋다. 왜 목표를 구체적으로 수립하는 것이 좋은가? 사람의 심리에서 앵커링 기법 때문이다. 앵커(ANCHOR)란 배가 항구에 정박할 때 사용하는 닻이란 뜻이다. 암벽타기를 할 때 줄과 사람을 연결하는 고리 역시 앵커라고 한다. 앵커링 기법이란 하나의 심리상태를 어떤 특정한 심리상태로 닻을 내려주는 것으로 최면이나 정신치료에 널리 사용되고 있다. 예를 들어, 돈을 많이 벌겠다고 하면 0원에서 시작하는 것과 같다. 그런데 1년에 매출액 20억이라고 하면 20억에서 출발한다. 앵커링 기법을 통하면 사람의 심리상태를 바꿀 수 있다. 자신이 좋아하지 않는 음식을 먹게 만들 수도 있다. 예를 들면 아이들이 파를 먹지 않을 경우, 파를 먹으려고 할 때 역겨운 냄새가 나면 좋아하는 게임을 떠올리게 하거나 좋아하는 콜라를 떠 올리게 한다. 이렇게 연습하면 파를 먹을 수 있게 된다. 왜냐하면 마음의 작용을 바꾸기 때문이다. 돈을 많이 벌겠다는 막연한 생각은 앵커링 기법에서 보면 도움이 안 된다. 구체적으로 20억 하면 20억에서 출발하는 효과를 보기 때문에 목표설정을 구체적으로 하는 것이 도움이 된다.

② 목표는 측정(measurement) 가능하게 진술하는 것이 좋다. 달성이 되었는지 안 되었는지 정확

히 판단할 수 있도록 측정 가능한 목표를 수립한다.

③ 행동 지향적(action oriented)으로 설정한다. 예를 들면 '이해한다', '함양한다', '육성한다', 이런 표현보다는 '만든다', '선택한다' 등 눈으로 확인과 관찰이 가능한 문장으로 표현하는 것이 좋다.

④ 목표는 현실성(realistic)이 있어야 한다. 목표를 정할 때 현 상황을 충분히 분석하여 약간의 도전 가능한 목표를 설정하는 것이 바람직하다. 지나치게 목표를 높게 설정하거나 지나치게 낮게 설정하는 것은 바람직한 목표가 아니다.

⑤ 목표는 달성 가능한 시간(timely)이 정해져 있어야 한다. 언제까지 달성하겠다는 것이 분명히 표현되어 있는 것이 좋다.

셋째, 멘토와 멘티를 선정할 때 ① 이성보다 동성끼리 선정한다. ② 멘토와 멘티 모두 멘토링에 참여할 의지가 있는지 확인한다. ③ 멘토를 선정할 때는 그 사람의 성격이나 태도, 리더십, 배려심 등 상대방에게 도움을 줄 수 있는지 파악한다. ④ 멘토와 멘티의 취미, 관심사 등을 파악하여 유사성이 비슷한 사원끼리 맺어 준다. ⑤ 팀을 구성하기 위해 멘토링 참여지원 테스트를 실시한다. 이 테스트에는 성격, 취미, 관심사, 가치관, 업무성향 등과 관련된 내용을 중심으로 실시한다. ⑥ 각 부서에서 추천된 멘토 후보를 멘토링 위원회에서 심사기준에 따라 적합한 멘토를 선정한다. ⑦ 월례조회 등을 통하여 멘토에게 멘토링 배지 등을 증정하고 결연을 맺어 멘토링 기간 동안은 배지를 달고 다니게 해 멘토로 선정된 것에 대한 자부심을 갖게 한다(류재석, 2008).

넷째, 멘토링 활동계획서를 반드시 작성한다. 멘토링 활동계획서, 멘토링 일지, 멘토링 결과 보고서 등을 만들어서 활동한다. 멘토링 수행계획서에 나와 있는 내용을 중심으로 멘토링이 이루어지도록 한다. 자칫, 멘토링 하면서 멘토링을 핑계로 업무를 떠넘기거나 귀찮은 일을 시키는 것을 방지하기 위해서 구체적인 수행계획서에 따라 멘토링을 실시하는 것이 바람직하다. 멘토링 활동계획서에 포함되어야 할 사항으로 ① 멘토링 목적, 구체적 목표, ② 멘토링 기간(언제부터 언제까지),

③ 멘토링 시간(몇 시부터 몇 시까지), ④ 멘토링 장소, ⑤ 멘토링 세부 활동 내용(업무관련, 인간관계 관련 등), ⑥ 멘토링 방법(교육, 상담, 현장방문, 대화 등), ⑥ 멘토와 멘티의 관심사, ⑦ 멘토의 기대사항, 멘티의 기대사항, ⑧ 멘토링의 다음 일정, ⑨ 멘토링 피드백(멘토의 피드백, 멘티의 피드백, 관리자의 피드백), ⑩ 멘토링 시 애로사항 및 요청 사항 등에 대한 내용을 중심으로 활동계획서를 작성한다. 이러한 내용은 〈표 9-2〉와 같다(류재석, 2013).

〈표 9-2〉 멘토링 활동계획서 양식

멘토 인적사항	소속		성명		생년월일	
멘티 인적사항	소속		성명		생년월일	
멘토의 관심사항 (취미, 성격, 가치관)			멘티의 관심사항 (취미, 성격, 가치관)			
멘토의 기대사항			멘티의 기대사항			
멘토링 최종적 목적						
멘토링 구체적 목표						
멘토링 기간						
멘토링 시간						
멘토링 장소						
멘토링 방법						
멘토링 세부 활동 내용	업무관련					

	인간관계 관련	
	기타	
멘토링 피드백	멘토	
	멘티	
관리자에게 요청사항		
다음 멘토링 예정사항		

작성일자:

멘토 (인)
멘티 (인)

다섯째, 정기적으로 멘토링 활동에 대한 피드백을 받는다. 멘토링 프로그램을 한 달간 진행한 후, 만족도가 낮은 경우 멘토링 팀을 다시 구성한다. 멘토링 피드백에는 멘토의 피드백과 멘티의 피드백 내용이 들어갈 뿐만 아니라 멘토링을 관리하는 관리 담당자가 있을 경우 관리 담당자의 피드백도 함께 기술한다. 이 과정에서 문제로 발생하는 부분들은 즉시 시정 조치한다. 주기적으로 멘토링 프로그램을 통하여 활동할 수 있는 공간을 만들어 주고, 활동성과가 좋은 사람은 포상하고 부족한 사람은 분발시킨다. 활동결과에 대한 평가 및 결과를 경영자에게 보고한다.

여섯째, 사내에서 활동할 경우 온라인 활동을 촉진한다. 멘토링 커뮤니티를 만들어서 최고의 멘토와 멘티를 선정하여 커뮤니티 게시판에 공고한다. 이를 통해 선정된 사람은 자부심을 갖게 하고, 다른 멘토에게는 분발을 촉구하게 한다. 또한, 기록으로 남겨 개별적인 활동으로 남을 수 있는 활동을 모두에게 공유시켜 활동 결과를 벤치마킹 하게 한다.

일곱째, 멘토가 멘티에게 해줘야 하는 일은 멘티의 성장을 돕는다. 멘토와 멘티가 나중에 사장이 될지 대통령이 될지 모른다. 서로 신뢰를 쌓아가면서 성장해 나갈 수 있도록 최선을 다해야 한다. 그러기 위하여 멘토가 일상적으로 해야 할 일은 격려와 칭찬이다. 멘티에게 성공할 능력이 있음을 확신하도록 일깨워 준다. 멘토는 동기부여, 조언, 멘티의 행동을 교정하는 피드백, 비공식 가르침, 도움을 줄 수 있는 사람에게 소개, 그리고 멘티가 자신의 스킬을 활용할 수 있는 기회를 만들어 준다. 때로는 알지도 못하는 사이에 멘토는 멘티의 경력이나 삶의 역할모델이 되기도 한다.

개요

이 장에서는 ① 코칭의 이해, ② 코칭 프로세스, ③ 질문 방법, ④ 칭찬하는 방법, 야단치는 방법, ⑤ 피드백 하는 방법, ⑥ 적극적 경청에 대해 살펴본다.

학습 목표

1. 코칭의 의미를 설명할 수 있다.
2. 코칭의 철학에 대해 세 가지를 설명할 수 있다.
3. COACH의 모델에 따라 코칭 프로세스를 설명할 수 있다.
4. 코칭에서 중요한 질문방법 중 R-GROW를 설명할 수 있다.
5. 칭찬하는 방법과 야단치는 방법을 말할 수 있다.
6. 피드백 하는 방법을 설명할 수 있다.
7. 적극적으로 경청하는 방법을 말할 수 있다.

학습 과제

1. 이 장의 내용을 요약하시오(A4용지 2장 내외).
2. 이 장의 내용을 시험문제로 출제하시오(객관식 7문항, 주관식 3문항).
3. 코칭 대상자를 선정하여 Coaching Process: COACH 모델에 따라 어떻게 코치할 것인지 구체적으로 계획을 작성하시오(A4용지 5장 내외).

제10장

코칭

1. 코칭의 이해

코치(Coach)의 어원을 찾자면, 1500년대까지 거슬러 올라간다. 뜻은 '마차', '합승마차'였다. 마차라는 의미를 되새겨 보면 코치의 역할을 짐작할 수 있다. 코치는 마차에 타고 있는 사람들이 가고자 하는 목적지에 도착할 수 있도록 마부의 역할을 한다.

서울에서 부산까지 매일 정해진 길로 정해진 시간에 맞춰 철도나 비행기로만 갈 수 있는 것은 아니다. 때로는 고속도로를 통해서 또는 국도를 통해서, 산길을 통해서도 갈 수 있다. 즉, 마부는 주인이 원하는 목적지에 잘 도착할 수 있도록 길을 안내해 주는 역할을 한다. 마부가 원하는 목적지에 원하는 방향으로 가는 것이 아니다. 주인이 원하는 목적지에 주인이 원하는 길로 가야 한다. 그러기 위해서는 반드시 주인의 의향이 어디에 있는지 질문을 통하여 물어야 한다. 이것이 바로 코칭의 핵심이다(『코칭의 기술』, 미샬 쿡 지음, 서천석 옮김, 2003; 이동운, 2014).

코치는 동사로 쓰면 "소중한 사람을 현재 있는 곳에서 출발시켜, 그 사람이 원하는 곳까지 안전하게 데려다 준다"는 뜻이다. '코칭'이라고 할 때 기본적으로 의미하는 바가 그것이다. 그렇다면 비즈니스에서 실천코치는 누구인가? 소중한 부하직원이 목표(업무상 목표, 자기실현, 인간적인 성장)를 달성할 수 있도록 지원하는 상사가 바로 실천 코치이다(다카하시 야츠코 저, 배정숙 역, 2003).

코칭이란 '경청'을 기반으로, 상대방에게 '질문'하고 '피드백'함으로써 해답(목표, 장점, 방법)을 '스스로' 찾아가도록 '지원'하는 활동이다(이소희, 길영환, 도미향, 김혜연, 2014; 이동운, 2014).

코칭에는 세 가지 기본 철학이 있다. 첫째, 모든 사람에게는 무한한 가능성이 있다. 둘째, 그 사람에게 필요한 해답은 모두 그 사람 내부에 있다. 셋째, 해답을 찾기 위해서는 파트너가 필요하다.

코칭의 유형에는 비즈니스 코칭, 커리어 코칭, 라이프 코칭이 있다. 비즈니스 코칭이란 회사운영, 지도자 양성, 수행 향상 등 비즈니스 이슈에 초점을 두고 지도자 양성, 의사소통, 성과향상, 대인관계 등에 대해 코칭을 하는 것이다. 커리어 코칭이란 진로지도, 직업선택 등을 위한 코칭을 말하며, 라이프 코칭이란 운동선수에게 조언하면서 좋은 기록을 내도록 도와주는 것처럼 삶을 어떻게 행복하게 살 것인가에 대해 코치해 주는 것을 말한다. 즉, 인생 코칭이다.

코칭의 목적은 첫째, 개인의 강점을 극대화한다. 둘째, 개인의 장애물을 극복하게 한다. 셋째, 지속적 학습을 통해 최대의 잠재 능력에 도달하게 한다. 셋째, 보다 효과적인 업무수행을 위해 새로운 기술과 역할을 습득하게 한다. 넷째, 새로운 책임에 대비하고 자신을 관리한다. 다섯째, 수행목표를 명확히 하고 이를 위해 노력한다. 여섯째, 직무 만족과 동기를 높인다. 한마디로 말하면 개개인의 잠재능력을 최대한 발휘하게 하는 것이다.

2. 코칭 프로세스: COACH 모델

코칭을 해 나가는 방법을 COACH 모델에 따라 할 수 있다. 1단계는 체크(Check), 2단계는 마음 개방(Open Mind), 3단계는 실행계획 수립하기(Ask), 4단계는 장애요인 확인하기(Commitment), 5단계 마무리하기(Helping)이다.

각각의 단계는 다음의 [그림 10-1] Coaching Process: COACH 모델과 같다(스즈키 요시유키 지음, 최재호 옮김, 2015; 피에르 앙젤, 파트릭 아마르 지음, 홍성호 옮김, 2012; 이동운, 2014).

[그림 10-1]의 모델을 상세히 살펴보면 첫째, 체크단계이다. 이 단계에서는 코칭의 초점 맞추기 단계이다. 효과적인 코칭을 위한 사전단계이다. ① 코칭 대상자를 정하고, ② 코칭 전에 코칭 주제(실적, 태도 등)를 정하며, ③ 현재 상황과 달성 목표와의 Gap을 분명히 하여 현재 필요로 하는 것이 무엇인지를 파악한다. ④ 관찰

기록을 통하여 코칭 할 대상자에 대한 정보를 수집한다. 예를 들면 코칭 대상자가 잘하고 있는 점, 현재 수준, 개선이 필요한 부분, 개발 우선순위 등과 같은 것을 정한다.

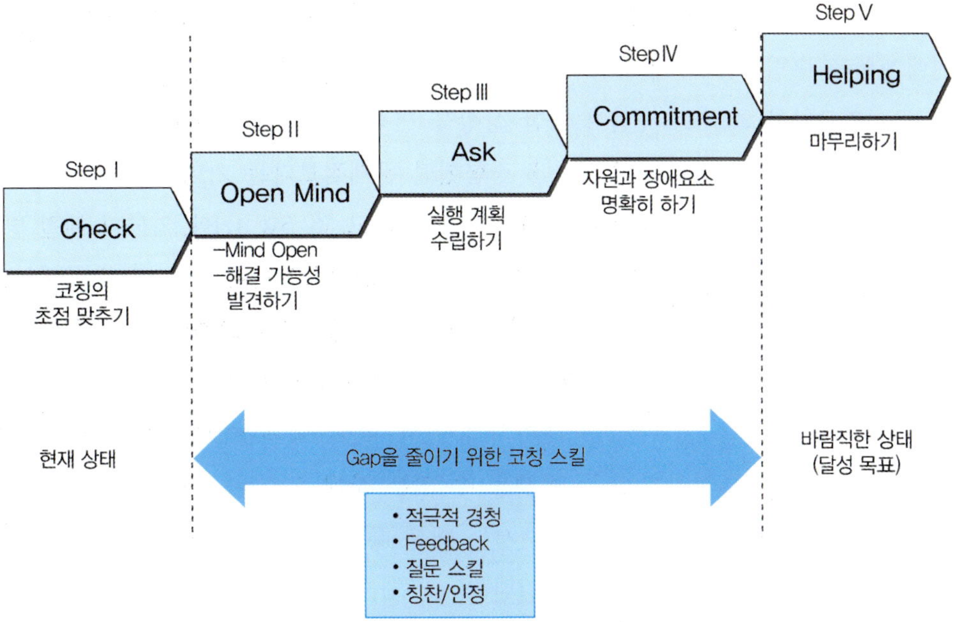

[그림 10-1] Coaching Process: COACH 모델

관찰 및 기록을 통한 목표설정이 중요한 이유는? ① 코치가 직원의 어떤 목표 달성을 위해 결점을 지적할 때 '피코치자가 어쩌다 그런 것 가지고 뭐 그리 심각하게 지적하냐', '별것 아닌데 왜 그러느냐' 등 역공당하기 쉽기 때문에 관찰과 메모한 기록을 근거로 결점이나 해결해야 할 문제를 지적해야 설득하기 쉽다. ② 결점이나 해결해야 할 문제를 지적할 때 주의사항은 사건이나 현상 자체를 가지고 언급할 필요가 있으며, 직원의 개성이나, 가정, 학력 등을 언급해서는 안 된다.

둘째, 마음 개방(Open Mind)단계이다. 피코치자와 라포(rapport) 형성을 위한 단계이다. 서로 좋은 관계를 유지해 나가기 위하여 상호 간 신뢰를 형성하는 것이 중요하다. 이 단계에서는 ① 신뢰감과 친밀감이 형성되고 터놓고 이야기할 수 있는 분위기를 조성한다. ② 마음을 조용히 가라앉히고, 옳고 그름을 판단하지 않고 상대방의 생각을 듣는다. ③ 제대로 이해했는지 확인하기 위해 다시 한 번 이야기를 정리한다. ④ 경청을 하고 상대 입장에서 받아들인다. ⑤ 질문을 통해 가능성을 발견한다.

셋째, 실행계획 수립하기(Ask)이다. 이 단계에서는 코칭 받은 내용에 대하여 실제 실행계획을 수립하는 단계이다. 실행 계획을 위하여 ① 효과적인 대안을 찾기 위해서는 피코치자 스스로 자신이 처한 상황을 인식하게 하고, ② 해결안 제시보다는 스스로 의사결정을 하게 하며, ③ 경험했던 문제점보다는 기대하는 성과에 초점을 맞추며, ④ 우선순위에 따라 최적안을 결정하고, ⑤ 5W 1H에 의하여 해결 방법을 작성하고, ⑥ 해결 방법에 대해 다시 한 번 확인하고 공유하며, ⑦ 작성된 내용을 상호 교환하여 보관하고, ⑧ 진척 사항을 주기적으로 체크하여 잘 실천할 수 있도록 지원하고 격려한다. 이러한 내용으로 실행 계획서를 작성한다.

넷째, 지원할 내용과 장애요인 명확히 확인하기(Commitment)이다. 이 단계에서는 ① 필요한 자원이 무엇인지 또는 발생될 수 있는 장애 요소는 무엇인지에 대해서 질문한다. ② 장애물을 제거하기 위해서는 어떤 행동이 필요하고, 어느 부분에 대해서 코치의 도움이 필요한지를 확인한다. ③ 제시한 해결안에 대해 평가적이고 단정적인 용어를 사용하지 않는다. ④ 다른 사람들의 협력, 자원의 사용, 업무 우선순위의 변경, 권한 위임 등을 통해 지원해 준다. ⑤ 필요시 상대의 문제점에 대해서 Feedback을 실시한다.

다섯째, 마무리하기(Helping)이다. 마무리하는 단계에서는 어떤 것을 도와줄 것인지 생각하면서 ① 코칭을 통해서 무엇을 알게(배우게) 되었는지 말해 보도록 요청한다. ② 의사결정에 필요한 기준을 선정하고 각 대안을 기준에 따라 평가하게 한다. ③ 다음 미팅까지 수행해야 될 사항에 대한 약속을 받는다. ④ 실행 상황 점검을 위한 책임 소재와 시간을 설정한다.

지금까지 코치 모델에 따라서 각각의 단계를 살펴보았다. 각각의 단계에서 가장 중요한 것은 코칭의 스킬이다. 그림에서 제시된 것처럼 코칭의 스킬에는 적극적 경청, 피드백 스킬, 질문 스킬, 칭찬과 인정이 있다. 한마디로 말하면 바람직한 의사소통 스킬이 필요하다. 코칭에서의 핵심은 질문으로, 질문을 어떻게 하느냐에 따라서 코칭이 달라질 수 있다. 코칭을 잘하는 사람은 질문을 잘 하는 사람들이다. 질문을 통하여 상대방이 가지고 있는 잠재적인 능력을 끄집어내는 것이다. 코칭은 내가 답을 가르쳐 주는 것이 아니라 질문을 통하여 상대방이 답을 찾아가도록 도와주는 것이다. 그래서 질문이 중요하다.

3. 질문 방법

코칭의 핵심은 질문이다. 미국 CNN방송 대담 진행자인 레리 킹이 가장 잘 사용하는 말은 "왜죠?"이다. "왜 그렇게 생각하죠?"라는 말이다. 한마디로 상대방에게 질문을 잘한다. 쇼 프로그램의 우수한 진행자나 면담을 잘하는 사람들의 대부분은 질문을 잘 활용한다. 질문함으로써 상대방의 이야기를 이끌어낸다. 내가 모든 말을 하는 것이 아니라 상대방이 말을 하게끔 만드는 기술이 바로 질문기술이다. 정신과 의사나 상담하는 사람들의 경우에 환자나 내담자에게 많은 말을 해 줄 것 같지만 상대방 이야기를 많이 들어준다. 상대방 이야기를 들어 주면서 상대방이 말을 하게끔 자꾸 질문한다. "왜죠?", "왜 그렇게 생각하죠?", "그 다음에는 어떻게 되었죠?", "그럼 어떻게 하면 될까요?" 등의 질문 기술이 탁월하다.

질문을 하면 왜 좋은가? 질문은 상대방으로 하여금 나에게 주의를 집중하게 만든다. 질문함으로써 상대방은 생각을 하게 되고 그 질문에 대답을 해야 하기 때문에 어쩔 수 없이 나에게 집중할 수밖에 없다. 그리고 질문을 하면 흥미를 유발하고, 참여를 시킬 수 있다. 훌륭한 지도자 또한 질문을 잘 활용한다. 업무를 분장하거나 일을 시킬 때에도 그냥 지시형으로 시키는 것이 아니라 질문을 활용하면 도움이 된다. 예를 들면 "이번 교육체계 수립은 누가 맡아서 하는 것이 좋을까?"라고 질문하는 경우와 "이번 교육체계 수립은 김 과장이 맡아서 하지!"라고 말하는 것은 상당한 차이가 있다. 질문을 하면 “스스로 알아서 제가 하겠습니다”라고 자발적으로 일을 맡을 수 있게 된다. 아무도 대답하지 않을 경우에는 “누가 이 일을 하는 것이 좋은지 상의 한 번 해 보는 게 어때?”하고 또 질문한다. 이렇게 질문을 활용하면 일방적인 지시가 아니라 동기유발을 시켜주는 효과도 있다. 훌륭한 인격자 또한 질문을 잘 활용한다. 윗사람에게 아무것도 물어보지 않고 독단적으로 처리하는 것과 상의하여 처리하는 것은 인간관계에서 상당한 차이가 있다. 예를 들면 며느리가 시어머니에게 “어머니, 김치를 어떻게 담그면 맛있어요?”라고 물어보면 시어머니는 기분이 좋아서 잘 가르쳐 줄 뿐만 아니라 직접 김장을 해 줄 수도 있다. 그런데 어머니가 김장을 해 준다고 해도 “아휴, 어머니 됐어요. 어머니가 주시는 김치 아무도 안 먹어요”라고 말하면 두 사람 관계는 어떻겠는가? 자신이 잘하는 것이라고 해도 윗사람에게 물어보고 상의하면 윗사람은 기분이 좋아진다. 훌륭한 인격자는 항상 윗사람하고 상의하고 윗사람에게 물어본다. 자신의 상사가 힘이 없고 권위나 권력이 없는, 소위 말해서 ‘이빨 빠진 호랑이’라도 윗사람과 상의하고 물어 본 후 일을 처리하는 것이 예의이다. 윗사람에게 보고하는 것이 아니라 윗사람의 지혜를 구하는 측면도 있고 윗사람을 대접하는 측면도 있다.

질문의 종류는 많이 있지만 코칭에서 중요한 질문 몇 가지를 살펴본다. 개방적 질문과 폐쇄적 질문이다. 상대방과 원활한 의사소통을 위해서는 질문 중 폐쇄적인 질문보다는 개방적인 질문을 하는 것이 바람직하다. 폐쇄적인 질문이란 “Yes”나 “No”로 대답할 수밖에 없는 질문이다. 예를 들면 “지난 주말 잘 보냈습니까?”, “통증이 아주 심한가 봅니다” 같은 질문이 폐쇄적 질문이다. 개방적 질문이란 서술형으로 대답하도록 질문하는 것이다. 개방적 질문을 하려면 무엇(what)과 어떻게(how)가 질문 내용 안에 들어가면 된다. 예를 들면 “지난 주말 어떻게 지냈습니까?”, “지난 주말 뭐 하셨습니까?’, “요즘 건강이 어떻습니까?”라고 질문하면 “예”, 또는 “아니요”라고 답을 할 수 없다. 서술형으로 답할 수밖에 없게 질문하는 것이 개방형 질문이다. 이러한 개방형 질문은 상대방과 대화를 많이 주고받을 수 있는 장점이 있다(윤옥한, 2011).

질문하는 방법 중 R-GROW 질문을 통한 코칭 단계를 살펴본다. R-Grow 질문은 아래 [그림 10-2]와 같다.

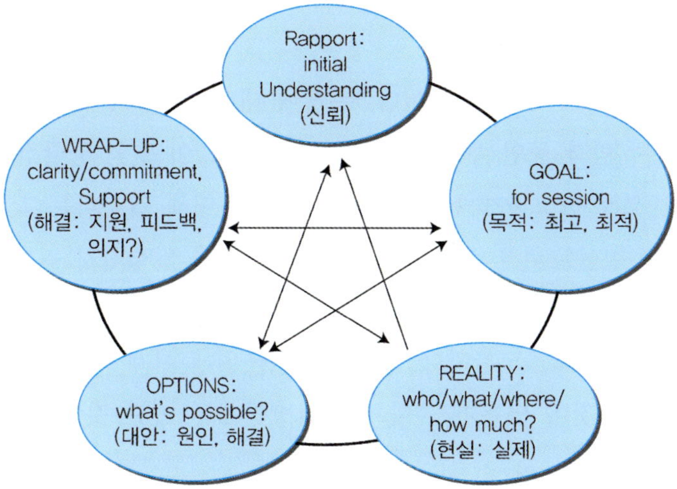

[그림 10-2] R-GROW

R-GROW 질문이란 첫째, R(Rapport)은 라포 형성이다. 피코치자와 코치자 상호 간의 신뢰를 형성하기 위한 단계로, 서로 좋은 관계와 좋은 분위기를 형성하는 것이 첫 단계이다. 왜냐하면 상대방과 신뢰가 형성되지 않으면 코치가 이루어지기 힘들기 때문이다. 이 단계에서는 가벼운 대화, 날씨나 시사적인 이야기 등을 통해 서로 좋은 관계와 신뢰를 형성하는 것이 무엇보다 중요하다. 개인적 성향에 따라서는 유머나 재미있는 웃을 수 있는 이야기도 좋다.

웃는 사람은 아름다운 사람, 웃기는 사람은 훌륭한 사람, 웃어주는 사람은 위대한 사람이다. 과연 그런가? 여러분이 가장 꼴 보기 싫은 한 명만 생각해 보라. 꼴 보기 싫은 사람이 가장 꼴 보기 싫을 때는 언제인가? 웃을 때, 웃길 때, 웃어 줄 때이다. 그렇다면 따뜻한 미소가 더 꼴 보기 싫을까요? 냉소가 더 꼴 보기 싫을까요? 따뜻한 미소가 더 보기 싫다. 꼴 보기 싫은 사람이 가장 꼴 보기 싫은 행동을 할 때는 언제인가? 친절할 때이다. 어제 부부 싸움을 했다. 상대방이 꼴도 보기 싫다. 그런데 이 꼴도 보기 싫은 사람이 다른 사람에게 따뜻한 미소를 지으며 친절하게 행동할 때 여러분 마음은 어떤가? 아마도 제일 꼴 보기 싫을 것이다. 이것은 말이나 내용보다 누가 하느냐가 중요하다는 것이다. 즉, 다른 사람과 관계가 중요하다.

둘째, G(Goal) 목적에 대한 질문이다. 목적에 대해 질문하는 것이다. '삶의 목적이 무엇인가요?', '방학 동안 무엇을 할 계획인가요?', '이 일의 궁극적인 목적이 무엇인가요?' 등 코칭 하고자 하는 최종적인 목적에 대해 질문하는 것이다.

셋째, R(Reality) 현실을 파악하는 질문을 한다. '목적을 달성하기 위하여 어떤 일을 하여야 하는가?', '목적 달성을 위하여 현재 무엇을 하고 있는가?'에 대한 질문이다.

넷째, O(Option)에 대한 질문이다. '목적 달성을 위해 현재 하는 일이 있는데, 다른 대안에는 어떤 것이 있는가?', '다른 해결방안에는 어떤 것이 있는가?'에 대한 질문이다.

다섯째, W(Wrap-Up)에 대한 질문이다. '실제로 어떻게 실행할 것인가?', '어떤 의지가 있는가?'에 대한 질문이다.

생각해 보기

소크라테스의 세 가지 질문

한 남자가 소크라테스에게 허겁지겁 달려와 말했다.

"당신께 알려드릴 소식이 있습니다."

그러자 소크라테스는 남자의 말을 가로막으면서 이렇게 말했다.

"내가 먼저 자네에게 세 가지 질문을 하겠네. 첫째, 자네가 말하려는 소식이 스스로 생각했을 때 진실인 것 같은가?"

"아닙니다. 그러나 이 소식은 신뢰할 만한 소식통을 통해 들은 이야기입니다."

소크라테스가 두 번째 질문을 했다.

"그 소식이 자네가 개인적으로 알고 있는 어떤 사람에 관한 것인가?"

"아닙니다. 하지만 당신은 그 사람을 알고 있을 거라 생각합니다."

소크라테스가 세 번째 질문을 했다.

"자네가 말하려는 소식이 좋은 소식인가 아니면 나쁜 소식인가?"

"나쁜 소식입니다."

그러자 소크라테스는 이렇게 말했다.

"그러니까 자네는 지금 '개인적으로 잘 알지도 못하는 사람'에 대해 '진실인지 거짓인지도 모르는 부정적인 이야기'를 나에게 전하려고 헐레벌떡 뛰어왔단 말인가?"

풍문 또는 소문이란 바람처럼 떠돌며 사람들 입에 오르내리는 말이다. 다른 사람에 대한 험담, 불평, 빈정거림 등 부정적인 말이 태반이기 때문이다. 이런 풍문이나 소문 중 부정적인 내용은 전하지 않는 것이 바람직하다.

생각해 보기

엔리코 페르미의 추정에 관한 질문

최근 생각의 힘을 기업면접에서 평가하는 사례가 많다. 면접관 질문 유형 중 서울역 하루 평균 이용객 숫자는 몇 명인가? 전국의 전봇대는 몇 개인가? 전 세계 피자 하루 소비량은? 이런 질문을 받으면 어떤 사람은 모른다고 바로 답을 하는 사람이 있다. 반면 논리적으로 답을 하려고 노력하는 사람도 있다.

모른다고 바로 답하는 사람은 면접에서 떨어질 확률이 높다. 어려운 질문에 논리적으로 답하려고 노력하는 사람이 면접에서 합격할 확률이 높다. 왜냐하면 모른다고 답하는 사람은 현업에서 어려운 문제를 주면 바로 못한다고 할 사람으로 추정하며, 어려운 질문을 해결하려고 노력하는 사람들은 현업에서도 어려운 문제를 주면 해결하려고 노력할 확률이 높다고 추정하기 때문이다.

이러한 질문을 페르미 추정에 관한 질문이라고 한다. 페르미 추정이란 세계 최초 원자로를 만든 노벨 물리학상을 수상한 엔리코 페르미(Enrico Fermi)의 이름을 붙여서 만든 것이다. 위의 질문에는 수학적, 논리적으로 문제 실마리를 풀어나가는 과정을 보는 것이다. 따라서 정답을 제시하기보다는 정답을 찾아가는 생각의 힘을 찾고자 하는 질문이다.

생각해 보기

팀원들과 불화를 일으키는 김 과장

김 과장은 매사에 열심인 사람이다. 업무에 대한 욕심도 많으며 성과달성도 항상 팀에서 상위 수준이다. 그런데 업무에 대한 욕심이 많아서인지 팀 구성원들과 잦은 갈등이 일어난다. 자신이 뜻한 대로 일이 처리되지 않으면 해당 업무 담당자를 찾아가 전후 사정은 묻지 않은 채 다그치기만 한다. 또한 회식 자리나 직원들이 화합하는 자리에는 잘 참석하지 않는 편이다. 업무성과는 많이 올리지만 팀에서 팀원들과의 불화는 끊이지 않고 있다.

이 때문에 다른 직원들은 김 과장과 일하기를 꺼린다. 얼마 전에는 이 과장이 김 과장과 같이 일하는 것이 어려우니 부서를 옮겨 달라고 요청하기도 했다. 팀워크 문제 때문에 김 과장을 도저히 그냥 두고볼 수 없게 되었다.

위의 상황에 대해 야단치는 것이 아니라 R-GROW 질문을 할 수 있다.

R Q:

G Q:

R Q:

O Q:

W Q:

4. 칭찬하는 방법, 야단치는 방법

칭찬할 때에도 방법이 있다. 대담 칭찬법은 40대 아주머니에게 "피부가 30대 같다고 말하는 것이 아니라 "피부가 10대 같습니다" 또는 "아기 피부 같습니다"처럼 대담하게 칭찬하는 것이다. 그렇게 칭찬할 경우 기억에 남는다.

단순 칭찬법은 "예쁘시네요", "얼굴이 좋아 보이네요", "건강해 보이십니다"라고 말하는 것이다.

호칭변경 칭찬법은 식당에서 "아줌마"라고 부르기보다 "사장님" 하고 부르는 것이다. 상대방이 가장 좋아하는 호칭으로 불러주는 것이 좋다.

감탄 칭찬법은 상대방을 보고 감탄하는 것으로, "이야~ 응! 어쩐지! 우아!" 같은 감탄사를 연발한다.

비유 칭찬법의 경우 "김태희 닮았어", "이순신 장군 같아!", "교수님처럼 보여" 등과 같이 비유하여 칭찬하는 방법이다. 비유 칭찬법으로 칭찬할 때에는 상대방의 기호를 잘 파악해야 한다.

소유물 칭찬법의 경우 갖고 있는 소유물 중에서 칭찬하는 것이다. "시계가 아주 세련되어 보이네요", "넥타이가 와이셔츠랑 잘 어울립니다", "양복이 잘 어울려요" 등과 같은 방법이다. 골프 칠 때 가장 기분 좋을 때는 언제인가? 자신이 홀인원 할 때인가? 아니다. 옆 사람이 오비(Out of Bounds: O.B.) 날 때이다. 내기할 때는 더더욱 그렇다. 표현을 하지 않아서 그렇지, 맞지 않은가? 낚시할 때 가장 기분 좋을 때는? 월척을 낚았을 때인가? 아니다. 옆 사람이 월척을 놓쳤을 때이다. 맞지 않는가? 이것은 유머이다. 대부분의 사람들은 칭찬에 인색하다. 칭찬하는 것도 연습이 필요하다.

칭찬을 하려면? 첫째, 장점은 적극적으로 찾아내어 칭찬한다. 둘째, 칭찬할 때는 야단치는 경우와는 반대로, 공개적으로 칭찬한다. 셋째, 경우에 따라서는 아무렇지 않은 듯 칭찬하거나, 간접적으로 칭찬한다. 넷째, 아무리 작은 일이라도 좋은 점에 대해서는 적극적으로 칭찬해 준다. 다섯째, 말뿐만 아니라 태도나 동작으로 칭찬하는 것도 고려한다. 여섯째, 타이밍을 충분히 고려해서 칭찬한다. 일곱째, 어느 특정한 사람만을 칭찬하는 일이 없도록 주의한다. 여덟째, 자기의 감정을 지나치게 내세우지 않도록 주의한다. 아홉째, 성심성의가 뒷받침되지 않는 칭찬은 겉치레이거나 아첨에 불과하다.

야단을 치려면? 첫째, 냉정해졌을 때 야단을 친다. 냉정해지려면 일단 화난 장소를 벗어난다. 그리고 이기적인 생각을 버린다. 그러고 난 후 야단을 친다. 둘째, 많은 사람들이 있을 때 야단을 치기보다는 일대일이 되었을 때 야단을 친다. 셋째, 가치 있을 때에만 야단을 친다. 넷째, 사실 중심으로 야단을 친다. 즉, 그 사람이 한 행동만 야단을 친다. 야단맞을 행동에 대해서만 야단을 쳐야지 그 사람의 인격을 모독하거나 인간적인 모멸감을 주어서는 안 된다. 다섯째, 신뢰와 격려와 기대와 배려하는 마음으로 야단을 친다. 여섯째, 야단칠 때는 확실하게 혼을 낸다. 어설프게 야단을 치는 둥 마는 둥 하는 것이 아니라 '다음부터 야단맞을 짓을 하지 말아야겠다'라는 생각이 들게끔 야단을 친다. 일곱째, 상대방의 성장을 생각하지 않고 꾸짖는 것은 꾸중이 아니라 화를 내고 있는 것이다. 여덟째, 야단을 치고 난 후에는 반드시 감정을 보살펴 준다(윤옥현, 2011).

5. 피드백 하는 방법

피드백(Feed-back)이란 상대방이 행동한 것에 대한 정보이다. 무엇을 피드백 할 것인가에 따라 긍정적인 피드백도 있고 부정적인 피드백도 있다. 피드백을 할 때에는 다음과 같이 하는 것이 좋다. 첫째, 분위기를 조성한다. 둘째, 무엇을 피드백 할 것인가를 명확히 말한다, 셋째, 피드백 내용을 전개한다. 넷째, 행위로 실천할 것을 강조하면서 마무리한다. 다섯째, 상대방이 한 행위 그 자체, 즉 사실을 가지고 한다. 여섯째, 아주 일상적인 것은 피하고 요점이나 포인트 목적과의 부합 정도 등을 중심으로 피드백 한다. 일곱째, 행위가 끝난 다음에 바로 피드백 한다. 여덟째, 변화될 필요가 있는 행위에 대해서만 피드백 한다. 아홉째, 명확히 한다. 열번째, I-Message를 사용해서 자신이 느끼는 바를 공유한다. 효과적인 피드백과 비효과적인 피드백의 차이를 살펴보면 다음 〈표 10-1〉과 같다.

〈표 10-1〉 효과적인 피드백과 비효과적인 피드백

효과적인 피드백	비효과적인 피드백
① 피드백 할 행위나 사실 그 자체에 대해서 분명하게 피드백	① 어림짐작하거나 평가하고 비판하거나 부분적인 것을 일반화하려고 할 때
② 행위가 끝난 즉시 피드백	② 지연시켜 누적된 후, 또는 몇 번 지켜보고 있다가 하는 피드백
③ I-Message를 사용해서 표현	③ You-Message를 사용해서 피드백
④ 피드백 하는 사람의 솔직한 감정이 표현될 때	④ 사적인 감정이 개입되어 왜곡되거나 부정되거나 해서 분명하게 전달되지 않았을 때
⑤ 받아들이는 사람이 분명하게 전달 받았는지 확인이 되었을 때	⑤ 상대방이 알아들었겠지 하고 짐작만 할 때
⑥ 정보를 구하기 위하여 적절한 질문	⑥ 함정이 있거나 대답을 유도하는 질문
⑦ 받아들이는 사람이 요구했거나 적어도 수용자세가 되어 있을 때	⑦ 받아들이는 것이 강요될 때
⑧ 받아들이는 사람 자신이 원한다면 수정이 가능한 행동일 때	⑧ 받아들이는 사람이 자기 자신도 통제 곤란한 행동을 피드백 받을 때
⑨ 이야기의 요점이 피드백 하는 사람과 받는 사람 모두의 욕구에 다같이 관계가 있을 때, 그리고 이것이 두 사람과의 관계를 맺는 과정이라는 것이 인식되어 있을 때	⑨ 이야기의 요점이 분명하지 않고, 상대의 감정을 건드리지 않으려고 너무 신경을 쓸 때
⑩ 받아들이는 사람이 어떤 행동을 취하든 그것은 자신의 권리라는 것이 분명할 때	⑩ 받아들이는 사람이 거부할 권리가 주어지지 않을 때
⑪ 진행되는 과정에 의미가 있고 도움이 되는 내용일 때	⑪ 진행되는 과정에도 도움이 안 되고 이야기하고자 하지 않는 내용일 때
⑫ 당사자에게 직접 피드백	⑫ 간접적이거나, 다른 사람을 통해서 피드백

6. 적극적 경청

코치는 경청을 잘해야 한다. 적극적인 경청을 잘할수록 피코치자들에게 호감을 살 수 있고 피코치자들이 코치에 빠져 들어온다는 것을 명심해야 한다. 적극적 경청이란 상대방이 갖고 있는 정서, 태도, 느낌, 자세 등을 내 입장에서 들어주는 것이 아니라 상대방 입장에서 들어주는 것이 바로 적극적인 경청의 핵심이다.

적극적인 경청을 하는 방법은 다음과 같다. 첫째, 확인한다. 상대의 이야기를 자기표현으로 바꾸어서 상대방이 말한 것을 내가 전달받았다는 것을 확인해 주는 것이다. 이러한 확인 방법은 고개를 끄덕인다든지, 몸을 앞으로 기울인다든지 눈을 맞춘다든지 하면 된다. 둘째, 공감한다. 상대방의 기분을 읽어주면서 공감한다. 공감한다는 것은 상대의 감정을 "수용"하는 것이지 그것이 옳다고 "동의"하는 것은 아니다. 셋째, 자기생각을 상대방에게 이야기한다. 넷째, 자기 기분을 솔직하게 표현한다. 적극적인 경청을 얼마나 잘하는지 테스트해 보자.

1) 단계 1. 제주도

제 이름은 홍길동입니다. 저는 제주도에 가려고 하는데 ( )을 가지고 가려고 합니다. 저는 제주도에 갈 수 있습니다.

2) 단계 2. 마포대교

저는 마포 대교를 건너 ( )에 가려고 합니다. 저는 갈 수 있습니다.

3) 단계 3. 남극점

저는 남극점에 가서 ( )을 발견했습니다. 저는 발견했습니다.

1단계 실습: "제 이름은 홍길동입니다. 저는 제주도에 가려고 하는데 현대자동차를 가지고 가려고 합니다", "당신은 갈 수 있습니다"라고 코치나 진행자가 한 번 말을 하고 순서대로 ( ) 안에 갖고 갈 수 있는 물건을 말하도록 한다. 그러면 피코치들은 "제 이름은 갑돌이입니다. 저는 제주도에 가려고 하는데 라면을 갖고 가려고 합니다"라고 하면 코치는 "당신은 갈 수 없습니다"라고 말한다. 그런 후 순서대로 계속하도록 한다. 제주도에 갈 수 있는지 없는지는 이름의 첫 글자, 즉 홍길동이면 ㅎ으로 시작되는 물건, 갑돌이면 ㄱ으로 시작되는 물건을 가지고 간다고 말하면 “당신은 제주도에 갈 수 있습니다”라고 하면 된다.

2단계 실습: “저는 마포대교를 건너 ‘어’ 여의도에 가려고 합니다. 저는 여의도에 갈 수 있습니다”라고 말한 후 피코치들에게 똑같이 ( )에 들어갈 곳을 말하도록 한다. 즉, 저는 “마포대교를 건너 김포공항에 가려 합니다”라고 말하면 “당신은 갈 수 없습니다”라고 말한 후 순서대로 계속하면 된다. 여기서 포인트는 ‘어’라는 간투어를 넣고 “어디어디에 갈려고 합니다”라고 말하면 “당신은 갈 수 있습니다”라고 말하면 된다.

3단계 실습: “저는 남극점에 가서 백곰 한 마리를 발견했습니다”라고 하면서 한쪽 팔을 턱에 댄다. 그런 후 순서대로 피코치들에게 ( )에 들어갈 것을 이야기하도록 한다. 이때의 포인트로 한쪽 팔을 턱에 대면서 남극점에 가서 무엇 무엇을 발견했다면 “당신은 발견했습니다”라고 말하면 된다. 이상과 같은 실습은 적극적인 경청이 무엇이며, 경청할 때 아주 사소한 것까지도 상대방에게 관심을 가지고 주의집중을 하여 들어주어야 한다는 것을 실감하도록 하기 위해서 실시하는 체험학습법이다.

적극적 경청을 통한 올바른 의사소통을 하는 방법은 첫째, 좋은 인상을 가져야 한다. 옆에 가까이 가기 싫을 정도로 냄새가 난다면 이야기를 나누고 싶겠는가? 이미지 관리를 하는 것도 좋은 방법 중의 하나이다. 점심 식사 때 파와 마늘을 잔뜩 먹고 “여러분!” 하면 어떻겠는가?

둘째, 상대방과 시선을 맞춘다. 의사소통 출발점은 상대방 눈을 보면서 이야기하는 것이다. 대화하는데 상대방의 눈을 보지 않고 말하면 통하지 않는다. 남녀가 눈이 맞았다는 표현은 무슨 뜻인가? 두 사람이 통했다는 뜻이다. 통하려면 눈이 마주쳐야 한다. 멋있는 사람이 지나가면 쳐다보지 않는가? 왜 쳐다보는가? 눈 한 번 마주치려고? 그럼 왜 눈을 마주치려고 하는가? 통하기 위해서이다. 대화할 때에는 반드시 눈을 마주치면서 이야기해야 상대방과 통할 수 있다.

셋째, 상대방이 무엇을 말하고 있는지, 무엇을 말하려는지 집중해서 들어야 한다. 집중하지 않으면 모두 내 마음대로 듣고 내 마음대로 해석한다. 예를 들면, 텔레비전에서 “이번에 개판된 프로그램을 안내해 드리겠습니다”라고 말하더라도 “이번에 개편된 프로그램을 안내해 드리겠습니다”라고 듣는 경향이 있다는 것이다. 또 “이번 부산 때 설날 다녀오셨습니까?”라고 하더라도 “이번 설날 때 부산 다녀오셨습니까?”라고 듣는다. 집중해서 듣지 않으면 이런 결과가 발생한다.

넷째, 잘 듣고 있다는 신호를 보낸다. 고개를 끄덕인다든지, 맞장구를 친다든지, 눈을 마주치는 것이다. 대화에는 1, 2, 3화법이 있다. 1분간 말하고, 2분간 듣고, 3분간 맞장구친다. 호응을 해 주는 것이다. 상대방이 내 말에 호응을 잘하면 그 사람에게 호감을 갖는다. 그럼에도 불구하고 다른 사람이 말할 때 딴짓하는 사람들이 많이 있다. 또한 남자보다 여자가 남의 말에 호응을 더 잘해 준다. 그러므로 여자들은 두세 시간 전화통화를 하기도 한다. 그러면서 전화 끊을 때 자세한 것은 만나서 이야기하자고 한다. 이처럼 여자들은 상대방의 말에 호응을 잘해 주기 때문에 대화가 잘된다. 그런데 남자들은 만나면 5분 동안 이야기하기가 쉽지 않다. 왜냐하면 맞장구를 잘 쳐 주지 않기 때문이다. 그런데 남자들도 여자들보다 더 많은 시간 동안 대화가 가능한 때가 있다. 바로 술을 마셨을 때이다. 이때는 서로 맞장구를 치며 새벽까지 이야기한다.

다섯째, 상대방의 심정을 이해하며 부연 설명을 해 준다. 이 말은 상대방이 말한 것 중 첫 번째 말한 내용을 반복해 준 후 이야기하는 것이다. 예를 들면 “오늘 날씨가 참 좋습니다. 우리 밖에서 점심 먹을까요?” 했다면 상대방이 말한 첫 문장, 즉 “오늘 날씨가 참 좋네요”라고 말한 후 자기의 의견을 말하는 것이다.

〈코칭 사례 1〉

김 과장: 팀장님, 성과가 오르지 않아 걱정입니다. 나름대로 하려고는 하는데 주방가구 영업은 처음이라 너무 어렵습니다.

팀장(코치): 좌절하지 말게. 때가 되어야 감이 오는 거야. 누구든 처음부터 잘하는 사람 있나. 나도 처음에는 힘들었어. 도와주는 사람도 하나 없지, 회사에서 비용지원도 잘 안 되지. 누구나 다 힘든 순간을 넘기는 거야. 내가 처음 명동지점 맡았을 때 말일세, 아파트 문을 아무리 두드려도 문 열어 주는 사람이 없는 거야. 심지어 도둑 취급도 당해 보고, 경비원한테 쫓겨나 보기도 하고, 무시당하는 것은 거의 매일 있는 일이었지.

김 과장: 정말 힘드셨겠네요.

팀장: 그럼, 말도 못하네. 지금은 천국이지, 천국. 목 좋은데 일단 가게 차려놓고 좋은 책상에 앉아 있을 수 있잖아. 옛날에는 사무실도 따로 없었어. 길바닥이 사무실이었지. 어휴.

김 과장: 죄송합니다. 약한 모습 보여 드려서.

팀장: 그러니까 조금만 참고 열심히 해봐. 웃는 날이 있을 거야. 언제나 필요하면 이야기해, 내가 도와줄 테니까.

〈코칭 사례 2〉

김 과장: 팀장님, 성과가 오르지 않아 걱정입니다. 나름대로 하려고는 하는데 영업은 처음이라 너무 어렵습니다.

팀장(코치): 너무 좌절하지 말게. 그런데 어떻게 하고 있지?

김 과장: 여기저기 아는 곳에 전화도 해 보고, 안내서도 보내 보는데 반응이 영 시원치가 않습니다.

팀장: 가게로 온 손님들의 계약률은 어떤가?

김 과장: 10% 정도밖에 안 되는 것 같습니다. 이야기하다가 결말이 맺어지지가

않습니다. 고객들이 예전보다 많이 까다로워진 것 같아요. 세세하게 따지고 드는데 참 피곤합니다. 요구 조건이 너무 많아서 그것 다 맞춰 줄 수가 없는 실정입니다.

팀장: 김 과장 얼굴을 보니 요즘 참 피곤하고 근심이 많아 보이던데, 그래서 그랬군. 건강은 괜찮나?

김 과장: 예, 그것은 문제없습니다.

팀장: 건강하고 문제에 대해서 스스로 고민하고 있으니까 희망이 있지 않나? 나름대로 원인과 대응방안을 분석해 봤겠지? 그 이야기 좀 들어 보세.

김 과장: 그렇습니다. 원인은….

〈코칭 역할극〉

■ 활동목표: COACH모델과 코칭의 핵심기술을 실제로 적용해 본다.

■ 활동방법:

1. 학생들은 제시된 역할극을 감상한다.
2. 역할극을 감상하면서 COACH모델이 제대로 실현되고 있는지 확인한다.
3. COACH모델의 각 단계별로 적절한 코칭기술이 적용되고 있는지 확인한다.
4. 역할극이 끝나면, 조별로 역할극에서 이루어진 코칭의 올바른 예와 잘못된 예를 찾는다.
   - 올바른 예의 경우: ① 무엇이, ② 왜 올바른지를 설명한다.
   - 잘못된 예의 경우: ① 무엇이, ② 왜 올바른지 설명하고, ③ 앞에 나와서 제대로 고쳐본다.

〈코칭 사례 배경〉

① 옥 차장(옥 팀장)의 갑작스러운 발령

옥 차장은 하이저축은행의 영업 지점장으로 1년 6개월간 일했고, 6개월 만에 지점 실적을 최하위에서 중상위로 올려놓았다. 그의 다음 목표는 실적을 최상위

권으로 올려 부장으로 승진하는 것이다. 그러나 느닷없이 한 본부장이 옥 차창을 하이증권의 VIP클럽 팀장으로 발령을 냈다. 옥 차장은 VIP클럽의 업무에 대한 경험이 전혀 없기 때문에 현재 담당하고 있는 일반 영업을 더욱 확고히 하고 싶다고 본부장에게 말했다. 그 이유는 그동안 업무실적을 올렸던 일반 영업팀을 떠나면 승진이 거의 불가능할 것으로 예상했기 때문이다. 그러나 한 본부장의 강력한 뜻을 어길 수 없어 결국 하이증권의 VIP클럽으로 발령을 받았다.

② 옥 차장(옥 팀장)의 업무 스타일

이전에 VIP클럽을 책임지던 윤 팀장은 적극적이고, 추진력과 박력이 넘치며 능력 있는 사람이었다. 그는 직원들과 개별적으로 친밀한 관계를 조성했고, 밀어붙이기식의 영업을 했다. 그러나 옥 차장은 업무 스타일은 전임자였던 윤 팀장과 달랐다. 옥 차장은 합리적인 사람이고, 높은 조직력이 높은 성과를 가져온다고 믿는다. 또한 밀어붙이기보다는 참여 혹은 위임 형식으로 영업을 한다.

③ 각 과의 과장들의 업무 태도

과장들의 태도는 전임자였던 윤 팀장의 업무 스타일에 길들여져서 일방적 지시를 받고 따르는 데 버릇이 들었다. 주도적으로 일처리를 하지 못하고, 자신의 의견을 잘 내놓지도 않았다.

④ 팀 분위기

하이증권 VIP 클럽은 회사에서 가장 중요한 업무를 담당하고 있기 때문에 우수한 사원이 많지만, 팀 전체적인 분위기는 조용하고, 차분하다. 팀워크가 잘 이루어져 있지 않고, 일치단결의 분위기가 아니라, 어색하고 서먹한 분위기이다. 과장들끼리도 단합이 안 된다. 전체적으로 사기가 떨어져 있는 듯하다.

⑤ 옥 차장(옥 팀장)의 목표

하이증권 VIP클럽에서 가장 필요한 일은 ① 직원들의 의욕을 불러일으키는 일,

② 각 과의 과장들이 적극적으로 나서서 목표달성을 이루는 일이다.

〈코칭 사례〉

● check

★ 상대방 이해하기

본부장: (서류를 보며) 옥 팀장이 오기 전에 옥 팀장에 관한 인사기록카드를 보면서 그가 어떤 사람인지 좀 미리 파악해야겠어. 음, 그는 굉장히 합리적인 사람이군, 조직력을 중시하고, 직원들의 참여를 중요시하는 사람이군. 전임자였던 윤 팀장과는 사뭇 다르네!

옥 팀장이 노크를 하고 들어온다.

● open

★ 터놓고 이야기하기, 잘 들어주기, 잘 이해해 주기, 어루만져 주기

★ 경청, 칭찬 및 인정, 질문

옥 팀장: 안녕하세요, 본부장님? 그동안 잘 지내셨습니까?

본부장: 나야 뭐 잘 지내지. 자넨 어떤가? 오늘 나에게 면담 신청한 걸 보니, 요즘 무슨 일이라도 있는가?

옥 팀장: 네…. 사실 요즘 좀 답답하네요.

본부장: 아니, 자네처럼 유능한 사람이 도대체 무슨 일 때문에 그러는가? 편안하게 말해 보게.

옥 팀장: 사실, 본부장님도 아시다시피 전에 있던 일반영업팀에서는 제가 나름대로 역할을 잘한다고 칭찬도 받고 그랬는데, 솔직히 VIP클럽으로 발령 받고서는 일이 만족스럽지 않아요.

본부장: 그렇다면, 옥 팀장은 스스로 생각했을 때 지금 상황이 굉장히 답답하고

만족스럽지 못하다는 거군. 그래서 무슨 말을 하고 싶은 건가? 일을 못 하겠다고?

옥 팀장: 아니요, 그런 말씀이 아니라…. 본부장님께 조언을 구하고자 온 겁니다. 오해 마십시오.

본부장: (헛기침) 흠흠, 그래. 내가 아는 자네는 굉장히 합리적이고, 적극적인 사람이라 어지간한 일에 힘들어하거나 좌절하는 사람이 아니라고 생각하거든, 그런 자네가 오죽하면 나에게 이런 소리를 하겠나. 무슨 일인지 상세히 좀 말해 주겠나?

옥 팀장: 네, 팀원들을 보면 참 한심스럽습니다. 하루 종일 불이 나도록 뛰어다녀도 모자랄 판에 경기가 어떻다, 고객들이 자꾸 딴소리를 한다 불평을 늘어놓고 자기가 뭔가를 할 생각은 안 하고 외부 환경 탓만 합니다.

본부장: 그러니까, 뭘 할 생각은 안 하고, 그저 불평불만만 늘어놓는다 이거지…. 어쩜 자네는 직원관리를 그렇게도 못하나, 쯧쯧.

옥 팀장: 저도 너무 속상합니다. 얼마 전에는 제가 직원들 사기를 높여주려고 회식을 했는데 2차, 3차 계속 가자고 난리가 났습니다. 다음 날 일찍 중요한 VIP고객이 방문하기로 해서 제가 그만하고 귀가하자고 했는데도, 자기들 기분도 몰라 주냐며 반발을 하는 겁니다. 참 어이가 없더군요.

본부장: 아니, 정말인가? 어처구니가 없었겠군. 아, 근데 회식은 어디에서 했는가?

옥 팀장: 네? 아, 송백이요.

본부장: 송백? 거기 제육볶음 파는 곳 아닌가? 어이구, 그런 데 가니까 2차, 3차 가자고 난리였지! 자넨 센스가 좀 부족해. 아무튼, 자네는 그 친구들 사기 좀 올려 보려고 없는 경비 쥐어짜서 회식하자고 했을 텐데, "잘해보자"는 소리는커녕 반발이나 했다는 거야? 쯧쯧.

옥 팀장: 네, 맞습니다. 직원들이 그렇습니다.

본부장: 그러게. 자네처럼 직원관리 잘하는 사람이 오죽했으면 날 찾아왔겠어.

옥 팀장: 네, 참 힘듭니다. 외부 경기도 경기지만, 신규고객 확보도 잘 안 되고, 지금 있는 고객 유지도 어렵습니다. 이자율 면에서도 다른 회사에 밀리고, 직원들은 직원들대로 말을 안 듣고, 진퇴양난입니다.

● ask: 상황질문, 문제 질문, 확대질문, 대안질문

★ 현 상황파악, 문제와 문제의 근본원인 파악, 대안 찾기

★ 질문, 경청

-상황질문-

본부장: 정말 답답하겠군. 그렇다면 옥 팀장은 지금 VIP클럽의 전체 상황이 어떻다고 보고 있나?

옥 팀장: 지금 말이 아닙니다. 실적은 실적대로 문제고, 올해 달성해야 할 목표도 상당히 높게 설정된 게 아닌가 생각이 됩니다. 무엇보다 각 과의 과장들이 너무 단합이 안 되어서 어렵습니다.

본부장: 실적도 안 좋고 팀워크도 안 좋다 이거지. 그것뿐인가?

옥 팀장: 외부 경기도 너무 안 좋습니다.

본부장: 외부 환경도 안 좋단 말이군.

-문제 질문-

본부장: 그럼, VIP클럽에서는 현재 상황을 극복하기 위한 어떤 대책을 갖고 있나?

옥 팀장: 아직…. 명확한 대책은 세우지 못했습니다.

본부장: 그렇군.

옥 팀장: 가장 큰 문제는 아무래도 구성원들의 사기 저하와 팀워크인 듯합니다.

본부장: 그렇군. 역시 자넨 어떤 문제가 생겨도 항상 맥을 탁탁 짚어내는 놀라운 재능이 있어.

- 확대질문 -

본부장: 그런데 지금처럼 구성원들이 사기가 계속 떨어지고 팀워크가 좋아지지 않으면 앞으로 어떻게 될 것 같은가?

옥 팀장: 글쎄요…. 상당히 어려운 상황이 될 것은 불 보듯 뻔합니다.

본부장: 심각한 사태가 올 것이란 말이지?

옥 팀장: 네, 그렇습니다.

본부장: 그럼 만약 말일세. 그런 심각한 사태가 오면 옥 팀장 개인에게는 어떤 영향이 미칠 것 같나?

옥 팀장: 솔직히 말씀드리면, 내년 승진 대상에서 제일 먼저 제외되겠죠.

본부장: 그렇군. 자네 이야기를 종합해 보면, 팀 전체적으로는 심각한 사태가 오고, 자네 개인에게도 심각한 불이익이 올 수 있다는 소리 아닌가?

옥 팀장: 네, 그렇습니다.

- 대안질문 -

본부장: 내가 아는 옥 팀장은 어려운 일이 있을 때마다 돌파구를 찾는 능력이 대단했지. 그런 자네가 이 문제를 심각하게 고민했다면 나름대로 무슨 대안을 생각해 봤을 것 같은데….

옥 팀장: 대안을 생각해 봤는데요. 이번 저희 VIP클럽의 실적 목표 자체를 하향 조정해 주시면 좋겠습니다. 또한 다른 회사와의 경쟁력을 높이기 위해 이자율도 높여 주십시오.

본부장: 그러니까 목표를 줄이고, 이자율을 높이면 상황이 좋아질 것 같다는 이야기군?

옥 팀장: 네, 그렇습니다.

본부장: 자네 제정신인가? 아니, 우리가 무슨 사회적 기업도 아니고, 수익을 내야 하는데, 목표를 낮추고 심지어 이자율을 낮추자고? 이게 팀장이라는 사람이 할 말인가? 실망스럽군.

옥 팀장: 죄송합니다. 제가 생각이 짧았습니다.

본부장: 그래, 목표치를 낮추고 이자율을 높이면, 일시적으로는 성과가 달성되어 팀원들의 사기가 높아질지 모르지만, 장기적으로는 근본적인 치유가 될 수 없을 거야. 그렇다면 다른 대안은 무엇이 있나?

옥 팀장: 힘들겠지만, 일단 저희 구성원들을 다독여 일심동체 합심하여 열심히 해 나가는 방법이 가장 정석일 것 같습니다.

본부장: 역시 자넨 내 기대를 저버리지 않는군. 내가 이래서 자네를 VIP클럽으로 보낸 게 아닌가? 자네 같은 훌륭한 해결사가 꼭 필요한 곳이지.

옥 팀장: 과찬이십니다.

● comment: 바람직하지 못한 언행 및 사고방식 등에 대한 진심어린 피드백 주기

★ 피드백을 받아들일 여유가 있는지 확인하기, 적절한 근거를 들며 따끔한 피드백 주기, 피드백 후 피코치의 불쾌감 풀어주기

★ 피드백, 질문

본부장: 역시 다시 생각해도 내가 자넬 VIP클럽으로 발령 보낸 것은 신의 한 수였어. 그런데 말이야. 오늘 내가 옥 팀장 이야기 들으면서 아쉬운 점이 하나 있었네. 자네가 받아들일 여유가 있는지 모르겠군.

옥 팀장: 네. 말씀해 주십시오.

본부장: 자네가 맡고 있는 VIP클럽의 수익이 우리 회사 수익의 얼마를 차지하는지 아는가?

옥 팀장: 50퍼센트 이상 차지할 정도로 엄청난 수익이라 알고 있습니다.

본부장: 그렇지. 그만큼 자네가 맡은 그 팀이 우리 회사의 핵심이라는 거야. 그런데 그런 팀을 책임지는 자네가 성과목표를 낮춰달라고 하고, 심지어 이자율도 높여달라고 요청한 것은 다소 소극적인 대처로 보이거든. 그

점에 대해서 어떻게 생각하나?

옥 팀장: 네, 제가 아직 발령받은 지 얼마 되지 않아 생각이 짧았던 것 같습니다.

본부장: 그래, 자네에게 정말 실망할 뻔했네. 자네 앞으로 그런 식으로 일하려거든 차라리 사직서 내게. 내가 제일 싫어하는 사람이 바로 승진에만 목매다는 사람일세.

옥 팀장: 네, 앞으로 열심히 하겠습니다.

본부장: 그래. 한 번 믿어 보겠네. 내가 고생하는 사람 위로나 격려는 못해 주고 자꾸 지적만 하는 것 같은데, 불편하진 않나?

옥 팀장: 아닙니다. 오늘 정말 많이 배웠습니다.

● Help

★ 구체적인 해결안의 실행계획을 수립하도록 유도하기, 다음 코칭주제에 대한 합의

★ 질문

본부장: 옥 팀장, 그럼 팀원들의 사기를 높이고 단합시킬 수 있는 방법을 생각해 보고, 나와 다음 주에 다시 한 번 만나는 게 어떤가?

옥 팀장: 네, 그렇게 하겠습니다. 그럼 한 주 동안 각 과장들에 대한 관찰, 면담을 통해 그들을 단합시킬 코칭전략과 방법을 세워서 다음 주에 보고드리겠습니다.

본부장: 그래, 그러게.

옥 팀장: 그럼 이만 가보겠습니다. 감사합니다.

개요

이 장에서는 ① 강의법 이해, ② 도입, 전개, 마무리하는 방법, ③ 강사의 자질과 요건을 살펴본다.

학습 목표

1. 강의 시 피해야 할 점을 세 가지 이상 설명할 수 있다.
2. 도입하는 방법, 전개하는 방법, 마무리하는 방법에 대해 설명할 수 있다.
3. 명강사의 자질과 조건을 설명할 수 있다.

학습 과제

1. 이 장의 내용을 요약하시오(A4용지 2장 내외).
2. 이 장의 내용을 시험문제로 출제하시오(객관식 7문항, 주관식 3문항).
3. 강의 시 도입하는 방법(주의집중 방법), 전개하는 방법(폭탄 설치), 마무리하는 방법(감동 사례)에 대해 각각의 사례를 세 가지 이상 작성하시오(A4용지 3장 내외).

제11장

강의법

1. 강의법 이해

강의법은 여러 가지 교육방법 중에서도 가장 오랜 역사를 가지고 있다. 토의법이라든가 체험학습법 등의 각종 새로운 교육방법이 도입된 후에도 여전히 중요시되며 또한 가장 널리 사용되고 있는 방법이다. 강의법의 특징은 많은 학습자들을 대상으로 한 훈련기법이며 또한 피교육자들이 충분한 지식이나 경험이 없을 때 이들을 주입하기 위한 교육기법이다.

강의법의 장점은 첫째, 많은 학습자들을 대상으로 주로 지식적인 내용을 명확하게 전달할 수 있다. 둘째, 어떤 곳에서든 많은 준비 없이 간단히 단시간 내에 교육할 수 있다. 강사만 있으면 강의할 수 있는 방법이다. 셋째, 추상적인 개념이나 기본적인 내용 및 논리적인 이야기의 전개 등에 적합하며 전문가를 강사로 초빙함으로써 알찬 내용의 교육을 할 수 있다.

강의법의 단점은 첫째, 강사의 입장에서 볼 때 수강자들이 어느 정도 이해하고 있는지 정확하게 알 수 없다. 둘째, 수강자가 소극적이고 수동적이며 흥미를 느끼기 어렵고 또한 단조롭다는 생각이 들게 한다. 셋째, 일반론 내지 추상론일 경우에는 현실감이 없어 단순히 한쪽 귀로 듣고 한쪽 귀로 흘려보내는 격이 되기 쉽다. 수강자들의 자주성을 높이기 어렵고 또한 태도 변용이 어렵다. 넷째, 강사 혼자의 생각을 강요하는 결과가 되기 쉽다. 다섯째 수강자의 입장에서 질문하기가 어려우며 따라서 이해하기 어려운 경우가 생긴다.

강의 시 유의해야 할 점은 첫째, 다짜고짜 본론에 대한 강의를 시작하지 말고 사전에 강의 내용의 개요를 준비해 가지고 이것을 설명한 다음에 본론으로 들어간다. 둘째, 강의법 하나만 가지고 밀고 나가지 말고 다른 기법도 섞어서 전개한다. 셋째, 강의 시 진행요령을 연구하여 단조롭지 않도록 노력한다.

강의 시 피해야 할 점은 첫째, 자기도취, 둘째, 축조해설이다. 이것은 자료나 교안에 지나치게 의존하는 강의방식이다. 그렇다면 강의를 듣지 않고 자료만 읽어도 될 것이다. 셋째, 탈선이다. 강의 내용과는 거리가 먼 이야기를 하는 경우이다. 단조로움을 없애기 위해서 혹은 기분전환을 위해서 조금 삽입하는 것은 좋지만 이것이 길어지면 곤란하다. 체계적으로 정리된 내용을 전달할 때 맞지 않는다. 넷째, 훈시이다. 이것은 일반적인 단정이 많은 강의 요령이다. 어떤 하나의 문제라도 이것을 여러 각도에서 볼 수 있는 다양성을 생각할 여유를 주지 않는 강요형이다. 다섯째, 노출이다. 허세라든가 자기를 표시하는 데 강한 것이며, 필요 이상으로 자기의 지식이나 사고방식을 나타내고 돋보이게 하려는 것이다. 여섯째, 저자세이다. 교사가 필요 이상으로 자기 자신을 낮추어 보이는 것이다. 이러한 것은 자기부정이 되어 수강자들로 하여금 불안감을 갖게 하는 한편 이해도를 저하시키는 결과가 된다. 일곱째, 과도한 인용이다. 남이 한 말이나 저서 내용의 지나친 인용으로, 이런 경우에는 비교적 자기 자신의 견해 및 지식이 부족하다는 것을 의미한다.

2. 도입 · 전개 · 마무리

강의의 기본은 크게 도입(서론)과 전개(본론), 종결(결론)로 구성된다. 각각의 단계에서 강의를 잘하기 위한 방법에 대해서 알아본다. 도입할 때 5분 관리는 주의집중으로 하고 전개할 때 15분 관리는 폭탄이 설치되어 있어야 하며, 폭탄이란 사진, 유머, 게임, 동영상, 각종 사례 등 주의집중시킬 수 있는 것을 말한다. 종결할 때 5분 관리는 감동적으로 마치는 것이 좋다. 이렇게 하는 이유가 있다. 우리 몸속에 좋은 호르몬인 세로토닌 · 엔도르핀 · 다이돌핀 분비 방법이 있다. 편안할 때 나오는 세로토닌이 있다. 잘 알려지지 않았으나 자주 만들어지고 좋은 곳에 갈 때, 좋은 소식을 들었을 때, 좋은 음악을 들었을 때, 아주 좋은 경치를 만났을 때 수시로 생산되는 약이다. 마음의 긴장을 완화하고 혈압을 안정시키며

잠이 오게 하는 호르몬인 멜라토닌을 분비하게 하고 엔도르핀도 생산되도록 도와주며 우울증에 탁월한 효과도 있다. 도입할 때 주의집중하면 이 세로토닌이 분비된다.

웃거나 즐거울 때 나오는 호르몬이 엔도르핀이다. 배꼽을 잡고 눈물이 나올 정도로 웃을 때 가장 많이 생성된다. 사람의 엔도르핀은 살 수 없지만 돼지 엔도르핀은 살 수 있는데, 1mg에 2,000만 원 정도 한다. 웃으면 되는데 왜 돈 주고 살까? 그 이유는 엔도르핀에 진통효과가 있기 때문이다. 모르핀의 200배로 면역력을 증강시킬 뿐만 아니라 스트레스도 해소한다. 특히 NK세포를 증가시켜 암을 줄어들게 하고 심장질환을 없애 준다. 전개해 나갈 때 폭탄을 많이 쓰면 엔도르핀이 분비된다.

감동을 받으면 생성되는 다이돌핀은 감동적인 강론을 들을 때, 노래를 듣거나 부를 때 나오며, 감동의 정도에 따라 다르게 분비된다. 가슴이 벅차 눈물이 나오며 행복한 표정을 짓는다. 피부에 닭살이 돋으며 심하면 전율이 오를 때 가장 많이 분비된다. 약효는 엔도르핀의 4,000배 효과가 있으며 통증도 줄어들게 하고 모든 괴로움에서 벗어나게 할 뿐 아니라 죽음의 고통도 잊게 하는 대단한 효과가 있다. 결론을 맺을 때 감동적으로 마치는 이유가 여기에 있다.

1) 도입 하는 방법

도입 부분은 보통 주의집중, 동기부여, 강의개요 설명과 같은 것으로 이루어진다. 대부분 자기소개 시간이 도입이 되는 경우가 많다. 이 도입 부분은 강의할 시간이 어느 정도냐에 따라서 10%가 되기도 하고 5%가 되기도 한다. 강사가 상황에 맞게 시간을 할애하면 된다.

질문 1 강의는 언제부터 시작되는가?

강의는 강사가 문을 열고 들어올 때부터 시작된다. 이때 비언어적인 부분이 대단히 중요하다. 어떤 강사들은 학습자들과 눈도 마주치지 않거나 자신감 없는 모습 등 좋지 않은 모습을 보이기도 한다. 학습자들은 강사가 강의실 문을 여는 순간부터 관찰을 한다. 그러므로 강사는 자신감 있는 행동으로 미소를 짓고 눈을 마주치면서 가능하다면 "반갑습니다", "안녕하세요" 등과 같은 말을 하는 것이 좋다.

도입 시 주의집중하는 방법에는 다음과 같은 것이 있다. 무슨 일이든 서론, 본론, 결론의 형태로 구성된다. 영화나 연극도 마찬가지로 도입 부분, 전개 부분, 결론 부분이 있다. 연애하거나 협상할 때도 마찬가지이다. 바로 작업 들어가지는 않는다는 것이다. 호구 조사부터 시작해서 모든 진행된다. 도입하는 방법의 몇 가지 예를 소개한다.

"저한테 배정된 시간이 두 시간인데 120분 동안 속강하겠습니다. 신바람 나면 30분 정도 더 강의할 작정입니다"라고 하면 청중들은 눈이 동그래진다. "그런데 무작정 그렇게 하는 것이 아니고 한 10분 20분 정도 해 보고 여러분들의 눈치를 살펴보겠습니다. 여러분들이 더 이상 강의를 들을 의사가 없다고 생각되면 바로 끝내겠습니다. 여러분들이 들을 의사가 없다는 표시로 차고 있는 시계를 흔들어 주시면 바로 끝낼 겁니다. 그런데 한두 명만 흔들면 절대로 안 끝냅니다. 3분의 2 이상 흔드시면 바로 끝내겠습니다. 만약 한두 명만 흔들면 흔드는 사람만 내보내겠습니다"라고 한 후 "여러분들에게 몇 가지 당부 말씀이 있습니다. 어떤 학습자들은 제 강의에 너무 매료되어 감사하다는 표시로 고개를 깊숙이 숙이시는 분들이 있는데 그럴 필요는 없습니다. 좀 심한 분들은 엎드려 절까지 하는데 전혀 그럴 필요는 없습니다. 감사하다는 표시는 제 강의가 모두 끝났을 때 한 번만 해 주시기 바랍니다" 등이 바로 5분 관리 내용이다. 이렇게 청중들을 주의집중시킬 수 있는 말을 미리 준비해서 서론을 말하는 것이다.

'찹쌀떡 가래떡, 떡볶이 콩떡'을 일단 몇 번 따라하게 한다. 리듬을 타면서 하면 더욱 재미있다. 그런 후 이번에는 '떡' 할 때에는 '떡'에만 박수를 치게 한다. 예를 들면 '찹쌀떡(박수), 가래떡(박수), 떡(박수)볶이, 콩떡(박수)', 그 다음에는 '떡'에는 말을 하지 말고 박수만 치게 한다. '찹쌀(박수), 가래(박수), (박수)볶이, 콩(박수) 이렇게 잠깐의 게임을 한 후 본론으로 들어간다.

두 사람이 손을 잡고 흔들면서 '멍멍이랑 놉시다. 멍멍이랑 놉시다' 한 후 서로 마주 보면서 손바닥을 마주친다. 그러면서 '멍짝, 멍멍짝짝, 멍멍멍짝짝짝…' 등 열 번까지 해 본 후 본론으로 들어간다. 이상과 같이 서론, 즉 도입하는 방법들을 잘 연구해서 시작하는 것이 좋다.

주의집중은 자기소개, 즉 자신의 이름을 갖고 하는 경우가 있다. 예를 들면 ○○회사에서 자기소개 시간에 자신의 이름을 Air System이라고 쓴 적이 있었다. 그 사람 이름은? 공기식이었다. 이런 것도 하나의 방법이 된다.

신체적인 특성을 가지고 자신을 소개할 수도 있다. 즉, 키가 작은 경우 "여러분들은 모두 키가 저보다 커서 참 좋겠습니다. 키가 크니까 멀리 내다 볼 수 있겠죠. 하지만 저는 키가 작아서 낮게 보면서 자세히 볼 수 있습니다."

시사적인 이야기로 시작할 수도 있다. "50년 전 오늘은 무슨 일이 있었을까요?"라고 화두를 갖고 시작하든지 "오늘 아침 신문을 보니까 어떤 일이 있었는데 여러분들은 어떻게 생각하십니까?"라고 시작해도 좋다. 누구나 다 아는 사실의 시사적인 이야기로 시작하든 강사가 준비한 흔적을 남겨주는 것이 좋다.

강의주제와 관련된 화두로 시작할 수도 있다. 예를 들면 창의력 개발 강의의 경우 다음과 같은 예를 들 수 있다. "건설회사에는 롤러 기사가 있습니다. 성실한 롤러 기사는 어떤 기사일까요? 안전법규를 준수하고, 시간을 잘 지키며, 롤러를 잘 관리하는 기사가 성실한 롤러 기사라고 생각됩니다. 그런데 창의적인 롤러 기사는 어떨까요? 제가 알고 있는 롤러 기사 중에 실제로 그런 롤러 기사가 있었는데 참으로 기발하더군요. 해운대 백사장에 롤러를 끌고 갑디다. 거기서 한 번 쫙 밀고 가면 어떻게 될 것 같습니까? 카펫처럼 되겠죠. 그런데 바퀴에 글자를 새겨서 밀고 가면 어떨까요? 그것이 바로 광고가 되는 것이죠. 이와 같이 창의력이란 것은 바로 이런 것이 아닐까 생각됩니다"와 같은 이야기로 시작해도 된다.

유머로 시작하는 경우도 좋다. 유머를 갖고 시작할 경우에는 가급적이면 Y담은 가급적 피하는 것이 좋다. 어떤 강사의 경우 Y담으로 시작해서 Y담으로 끝나는 경우가 있는데 이렇게 하는 경우는 좋지 않다.

인사나 박수에 대한 부분으로 시작할 수도 있다. "여러분들이 저를 향해 박수를 치셨는데, 그 박수에는 어떤 의미가 있을까요?"라고 앞에 있는 사람에게 슬쩍 질문해 본다. "아마 열과 성을 다해서 강의해 달라는 의미로 박수를 보내 주셨을 거라고 생각합니다. 그런데 처음보다 마지막에 박수를 받는 것이 더 의미가 있을 거라 생각됩니다. 마지막에 박수를 받을 수 있게 열심히 하겠습니다" 하고 시작할 수 있다.

첫말을 학습자 배려로 시작할 수 있다. "저한테 이렇게 귀중한 시간을 내 주신 것에 먼저 감사드립니다"라는 말을 함으로써 학습자에 대한 배려의 표시를 한다. 그런 후 "비록 제가 모든 것을 다 알지는 못하지만 제가 알고 있는 범위 내에서 최대한 알려드리도록 노력하겠습니다"라고 말을 하면서 철저히 준비했기 때문에 자신 있다는 모습을 보여주어 학습자들이 관심을 갖고 강의를 들을 수 있도록 동기를 유발한다.

도입이 중요한 이유가 있다. 말에는 서론, 본론, 결론이 있어야 한다. 서론, 본론, 결론을 어떻게 말해야 하는가? 첫째, 서론 또는 도입부 5분 관리를 잘해야 한다. 왜냐하면 처음 도입 5분 관리를 못하면 사람들이 집중하지 않기 때문이다. 인상 이론 중 일관성오류 이론이라는 것이 있는데, 사람들이 상대방의 첫인상을 결정하는 데는 고작 2~5초가 걸린다는 것이다. 이때 결정된 첫인상을 끝까지 갖고 가려는 경향이 바로 일관성오류이다. 그러므로 처음 5분 관리를 잘해야 한다. 무슨 이야기로 청중들의 주의를 집중시킬지 미리 준비해 두는 것이 좋다.

• 주의집중 방법

강의를 잘 이끌어가는 데 가장 중요한 것 중 하나가 학습자들의 시선을 끄는 일이다. 학습자들이 '이 강의를 들어야겠다'고 생각하게 하는 것이 중요하다. 이러한 측면에서 어떻게 학습자들의 주의를 집중시킬 것인가 하는 부분을 상당히 많이 고민해야 한다. 여기서는 개인차를 중심으로 학습자들의 주의집중을 하는 방법에 대해서 알아본다.

똑같은 사람은 없다. 너와 나는 다르다. 그러므로 원만한 인간관계를 유지하기 위해서는 개인차가 있다는 것을 인정해야 한다. 즉, 상대방의 가치와 존엄성을 인정해 주어야 한다는 것이다. 그러나 많은 사람들이 상대성을 인정하지 못하고 자신과 다른 생각은 틀렸다고 생각하며 살아간다. 이러한 사고방식 때문에 인간관계에서 많은 갈등이 야기되기도 한다. 지금부터 나와 다른 사람이 다 다르다는 것을 확인하기 위한 실습을 해 보자.

[질문 1] 아래 빈 칸에 원을 세 개 그리고 그 위에 선을 그어 보시오(문장에 충실하면 된다).

[질문 2] 아래 도형 중 당신이 좋아하는 도형을 한 가지만 골라 보시오.

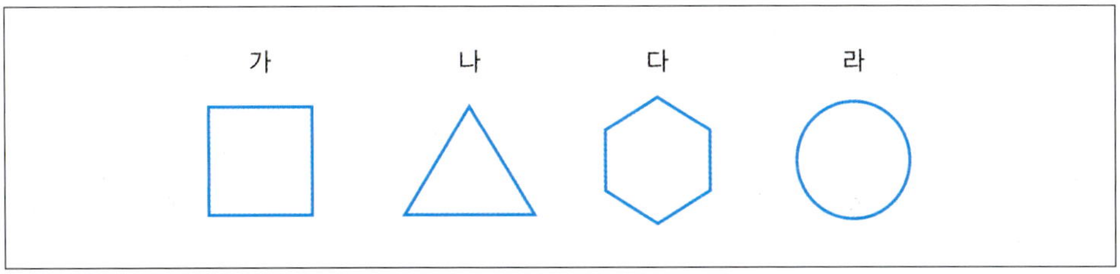

[질문 3] 아래의 영문을 생각나는 대로 읽어 보시오.

( )ake up

[질문 4] 양쪽 손가락을 서로 엇갈리게 하여 깍지를 껴 보시오.

[질문 5] 당신은 신발을 왼쪽부터 신는가? 오른쪽부터 신는가?

[질문 6] '행복'이라는 단어를 보고 연상되는 단어를 여덟 가지만 적어 보시오.

- 개인차 실습 확인 피드백

[질문 1] '아래 빈 칸에 원을 세 개 그리고 그 위에 선을 그어 보시오'의 경우

이처럼 '원을 세 개 그리고 선을 하나 그어 보라'는 간단한 질문에도 개개인이 가지고 있는 소질이나 특성에 따라서 반응하는 양식이 다양하게 나타난다.

[질문 2] '아래 도형 중 당신이 좋아하는 도형을 한 가지만 골라 보시오'의 경우

가. 사각형을 좋아하는 사람은 주로 합리적이고 논리적인 사람
나. 삼각형을 좋아하는 사람은 주로 인내심이 있고 끈기가 있는 사람
다. 육각형을 좋아하는 사람은 주로 현실에 불만족하고 변화를 추진해 나가고자 하는 사람
라. 원을 좋아하는 사람은 주로 원만한 인간관계에 가치를 두고 있는 사람

위와 같은 해석은 반드시 그런 것은 아니지만 대체로 그런 경향이 있다는 것이다. 즉, 여기서는 사람에 따라서 좋아하는 도형도 다 다르다는 것을 알 수 있다.

[질문 3] '아래의 영문을 생각나는 대로 읽어 보시오'의 경우

'( )ake up!이라고 쓰인 영문을 당신은 어떻게 읽고 싶은가?' 하는 질문에 여러분은 W, M, T 중 어느 한 글자를 넣어서 읽었을 확률이 높다. 이 경우에는 이 문장 앞부분과의 문맥, 읽는 이의 기억 속에 있는 사고방식 등에 따라 Wake up, 또는 Make up, Take up 등으로 읽었을 것이다. 이처럼 사람은 동일한 자극에 대해서 자기가 가지고 있는 인식이나, 정보를 받아들이는 인지 구조가 어떤 것이냐에 따라서 각각 다른 반응을 나타낸다는 것이다. 이와 같이 개인은 다 다르다.

[질문 4] '양쪽 손가락을 서로 엇갈리게 하여 깍지를 껴 보시오'의 경우

어떤 사람은 왼쪽 엄지손가락이 위로 올라와 있고 어떤 사람은 오른쪽 엄지손가락이 위로 올라와 있을 것이다. 이처럼 사람마다 깍지를 끼는 방법도 다 다르다.

[질문 5] '당신은 신발을 왼쪽부터 신는가? 오른쪽부터 신는가?'의 경우

어떤 사람은 왼쪽부터 신을 신고 어떤 사람은 오른쪽부터 신는다. 여기서 우리가 알 수 있는 것은 신발 하나를 신는 것도 개개인마다 다르다는 것이다.

[질문 6] '행복이라는 단어를 보고 연상되는 단어 여덟 개를 적으시오'의 경우

자신이 적은 여덟 가지와 다른 사람이 적은 여덟 가지를 비교해서 보면 아마 똑같은 단어가 몇 개 나오지 않을 것이다. 대부분이 다섯 가지 이하로 나올 것이다. 이처럼 우리가 사용하는 일상적인 용어에 대해서도 연상되는 단어가 다른 것은 모든 사람이 다 다른 가치관 기준을 가지고 있기 때문이다.

이상에서 실습한 바와 같이 인간에게는 개인차가 있다. 우선 겉으로 드러나는 차이로는 키가 큰/키가 작은, 피부가 흰/피부가 검은, 뚱뚱한/마른, 눈이 큰/눈이 작은 등으로 사람마다 다 다르다. 겉으로 드러나지 않는 차이로는 유전인자, IQ, 염색체, 사고방식 등이 있다. 인간이 이렇게 제각기 다른 이유는 태어난 부모, 교육환경, 경험, 가치관, 생활 방식 등이 다르기 때문이다.

이와 같이 인간 한 사람 한 사람은 다 다르다. 이 세상에서 똑같은 사람은 하나도 없다. 일란성 쌍둥이도 똑같지가 않다. 그러나 사람들은 겉으로 드러나는 차이는 인정하면서도 겉으로 드러나지 않는 차이는 인정하지 않으려고 한다. 예를 들면 '예쁘다', '잘생겼다', '멋있다' 등과 같이 겉으로 드러나는 차이는 잘 구분한다. 그러나 겉으로 드러나지 않는 차이는 잘 인정하지 않고 사람마다 개인 차이가 있다는 것을 잊어버리고 다투는 일이 대단히 많다. 예를 들면 처음 만난 연인의 경우 서로가 살아온 나름대로의 경험이나 습관이 있기 때문에 그것이 서로 잘 맞지 않는 경우가 있다. 그런데 그 잘 맞지 않는 경험이나 습관을 서로 인정해 주지 않으면 두 사람의 관계는 멀어지게 된다. 그러므로 대인관계에서 무엇보다도 중요한 것은 인간은 모두 다 다르다는 것을 인정해야 한다는 것이다. 즉, 사람마다 다르다는 것을 알고 인정하고 나서 서로 다른 점을 대화를 통해서 풀어 나가는 것이 원만한 대인관계를 유지해 나가는 좋은 방법이다.

이상과 같은 내용으로 주의를 집중시킬 수 있다. 그러나 주의를 집중시키는 방식은 교육 내용이 무엇이냐에 따라 다르게 구성될 수 있을 것이다. 그리고 강사의 특성에 따라 주의집중 방식을 다르게 할 수도 있다. 그러나 한 가지 중요한 사실은 학습자들의 흥미를 끌어낼 수 있는 내용과 방식을 연구하여 강의에 임하는 것이 바람직하다는 점이다.

생각해 보기

이미지의 가치

평소에는 매우 조용하고 차분하지만 술만 마셨다 하면 망가지는 사람이 있다고 해 보자. 평소의 차분하고 조용한 모습을 많이 보던 사람들의 80%는 '그 사람은 술버릇만 나쁘지 평소에는 괜찮은 사람이다'라고 생각하는 반면, 술에 취해 망가진 모습을 먼저 본 사람들의 80% 정도는 '그 사람은 행실이 좋지 못한 사람이다'라고 평가한다는 것이다.

다음 내용을 상상해 보라. 선한 인상이 아닌 사람이 복도 맞은편에서 커피를 마시며 걸어오고 나 역시 커피를 마시며 복도를 걸어가고 있다. 그런데 상대방이 내 옆을 지나가다가 나에게 커피를 엎질렀다. 나는 그 사람에게 무슨 말을 할 것인가? 세탁비를 청구할지도 모르겠다. 이 질문을 듣고 누군가는 인상이 좋지 않은 사람이 맞은편에서 걸어오면 마주치지 않고 다른 곳으로 피해 간다고 대답할 수도 있다. 그렇다면 반대로 내가 상대방에게 커피를 엎질렀다고 가정해 보자. 상대에게 어떤 말을 들을 것인가? 이미지에 따라 상대방의 반응이 달라질 수 있다.

대관령 양떼 목장에 가면 양들이 이미지가 좋은 사람이 지나가면 다 내려온다는 이야기가 있다. 김태희가 지나가니까 몇 마리가 내려왔는가? 다 내려왔다. 필자가 지나가니까 몇 마리가 내려왔는가? 한 마리다. 그 한 마리가 내려와서 혼자 중얼거리고 있었다. "누가 나 밀었어?"

여러분들이 과일가게에서 과일을 산다고 가정해 보자. 어떤 과일을 고를 것인가? 아마 겉모습이 쭈글쭈글하고 얼룩이 많이 진 과일을 고르지는 않을 것이다. 겉모양이 반들반들하고 예쁜 것을 선호할 것이다. 과일을 고를 때도 이렇게 겉모습을 본다. 과일은 스스로 이미지를 만들어 낼 수 없다. 사람이 이미지를 만들어 주는 것이다. 그런데 인간은 스스로 자신의 이미지를 만들어 낼 수 있다. 이것이 이른바 이미지 관리(image making)이다.

인상을 관리하기 위한 몇 가지 법칙

첫째, 콘크리트 법칙이 있다. 이 법칙은 인상이 한 번 결정되면 바꾸기가 쉽지 않다는 것이다. 첫인상은 콘크리트처럼 쉽게 굳어져 버린다. 우리 뇌는 처음 보고 느낀 것을 가장 오래 기억하도록 되어 있다. 그러므로 첫인상은 지속성이 있다. 한 번 이미지화된 첫인상을 바꾸는 데는 무려 40시간의 재면담이 있어야 한다는 것이다. 사실상 40시간을 재면담 하기란 쉽지 않다. 이미지 경영의 저자인 매리 미첼은 "첫 이미지를 만들 수 있는 두 번의 기회란 없다"고 주장한다.

둘째, 부정성의 법칙이 있다. 한 번 전과자는 사회에 발붙이기 힘들다고 하듯이, 부정적인 특징이 긍정적인 것보다 인상 형성에 더 강력하게 작용하는 것을 말한다. 다른 사람에게 어떤 사람에 대한 평가를 부탁했을 때 그 평가가 부정적인 피드백이 되었을 경우 좋은 사람임에도 불구하고 부정적인 측면만 보이게 된다. 만일 어떤 사람이 당신에 대해 사기꾼이라는 말을 다른 사람을 통해서 들었다고 가정해 보자. 그 사람이 당신을 만났을 때 당신이 사기꾼이 아니더라도 사기꾼의 인상을 가지게 된다는 것이다. 부정적인 인상은 회복하기가 어렵다는 것이 부정성의 법칙이다.

셋째, 거울 법칙이 있다. 거울은 절대 먼저 웃지 않는다. 내가 상대방과의 관계에서 내가 웃지 않으면 상대방도 웃지 않을 가능성이 크다는 것이다. 인사를 할 때 실험해 보라. 내가 먼저 "안녕하세요. 만나서 반갑습니다" 하고 웃으면 상대방도 웃으면서 그렇게 인사할 것이다. 반면에 무뚝뚝하거나 무표정으로 인사하면 상대방도 똑같이 할 것이다.

넷째, 본뜨기 법칙이 있다. 이 법칙은 내가 좋아하는 사람의 모습을 그대로 따라하면 그 사람과 좋은 관계를 형성하는 데 도움이 된다는 것이다. 상대방이 다리를 꼬고 앉으면 나도 다리를 꼬고, 팔짱을 끼고 있으면 나도 팔짱을 낀다. 이것이 바로 본뜨기 법칙이다.

2) 전개하는 방법

전개를 할 때에는 15분마다 폭탄을 설치해야 한다. 폭탄의 역할을 하는 것이 바로 동영상, 플래시, 유머, 게임, 흥미를 끌 수 있는 사례 등이다. 폭탄이 없는 대중 연설이나 설교, 강의는 그 자체가 바로 폭탄이다. 사람들은 재미가 없어도 15분 정도는 주의집중이 가능하다. 그런데 15분이 지났는데도 말하는 사람의 목소리가 작고 억양이 일정하며 내용도 지루하다면 졸음이 온다. 그래서 연설이나 강연을 할 때 15분 정도마다 폭탄이 설치되어 있어야 한다. 폭탄을 터트리면 조는 사람도 바로 깬다. 사실 연설이나 강연 내용이 중요하지 폭탄이 중요한 것은 아니다. 그럼에도 불구하고 대부분의 청중들은 폭탄을 터트릴 때 눈을 반짝반짝 빛내다가 중요한 이론적인 내용이나 지루한 내용을 설명하면 조는 경우가 허다하다. 그래서 폭탄의 역할이 중요한 것이다. 연설이나 강연을 할 때 15분마다 폭탄이 설치되어 있으면 재미없는 이론적인 내용도 조는 사람 없이 주의집중을 하게 할 수 있다. 폭탄은 연설내용이나 강연내용과 관련이 있는 것이 좋다. 가장 좋은 폭탄은 학습자의 눈높이에 맞는 사례이다.

전개할 내용 배열은 다음과 같이 한다. 전체에서 부분으로, 시간적 순서에 의해, 공간적 순서에 의해, 쉬운 것에서 어려운 것으로, 아는 것에서 모르는 것으로, 일반적인 것에서 특수한 것으로, 중요한 것에서 덜 중요한 것으로, 전개는 강의의 주 내용을 설명하는 것이다. 본론을 강의할 때에도 주제에 따라서 서론, 본론, 결론의 형식으로 구성하는 것이 바람직하다. 학습내용의 경우에도 관심 끌기 부분이 꼭 들어가는 것이 좋다.

켈러(Keller)는 수업을 어떻게 하면 매력적으로 진행할 수 있을 것인가에 대한 전략을 체계적으로 종합하여 ARCS(attention, relevance, confidence, satisfaction)이론을 제안했다. 그는 한 인간이 어떤 과제를 해결하고자 하는 노력과 실제로 행하는 수행, 수행의 결과에 영향을 미치는 개인특성 변인과 환경 변인이 학습동기에 많은 영향을 미친다고 보았다. 이 중 환경 변인이 학습자들의 동기 수준을 결정짓는 중요한 역할을 하게 되는데 그 환경 변인으로 주의집중(attention), 관련성(relevance), 자신감(confidence), 만족감(satisfaction) 등 네 가지가 있다고 보았다. 이 네 가지 관점에서 어떻게 동기를 유발하게 할 것인가를 표로 제시하면 다음과 같다.

〈표 11-1〉 Keller의 ARCS 모델(처방적 동기유발 전략)

1. 주의환기 및 집중을 위한 전략 (Attention) 호기심과 관심을 유발	1-1. 지각적 주의환기 전략	1-1-1. 시청각 효과의 사용 1-1-2. 비일상적인 내용이나 사건제시 1-1-3. 주의 분산의 자극지양
	1-2. 탐구적 주의환기전략	1-2-1. 능동적 반응유도 1-2-2. 문제해결 활동의 구상정리 1-2-3. 신비감의 제공
	1-3. 다양성의 전략	1-3-1. 간결하고 다양한 교수형태 사용 1-3-2. 일방적 교수와 상호작용적 교수의 혼합 1-3-3. 교수 자료의 변화 추구 1-3-4. 목표, 내용, 방법이 기능적 통합

2. 관련성 증진을 위한 전략 (Relevance) 교수를 필요로 하는 가치 관련	2-1. 친밀성 전략	2-1-1. 친밀한 인물 혹은 사건 활용 2-1-2. 구체적이고 친숙한 그림 활용 2-1-3. 친밀한 예문 및 배경지식 활용
	2-2. 목적 지향성 전략	2-2-1. 실용성에 중점을 둔 목표 제시 2-2-2. 목적 지향적인 학습형태 활용 2-2-3. 목적의 선택가능성 부여
	2-3. 필요나 동기와의 부합성 강조전략	2-3-1. 다양한 수준의 목적 제시 2-3-2. 학업성취 여부의 기록체제 활용 2-3-3. 비경쟁적 학습상황의 선택가능 2-3-4. 협동적 상호 학습 상황제시
3. 자신감 수립을 위한 전략 (Confidence) 성공에 대한 자신감과 긍정적 기대를 갖게 함	3-1. 학습의 필요 조건제시의 전략	3-1-1. 수업의 목표와 구조의 제시 3-1-2. 평가기준 및 피드백 제시 3-1-3. 선수학습능력의 판단 3-1-4. 시험의 조건 확인
	3-2. 성공의 기회 제시 전략	3-2-1. 쉬운 것에서 어려운 것으로 제시 3-2-2. 적정 수준의 난이도 유지 3-2-3. 다양한 수준의 시작점 제공 3-2-4. 무작위의 다양한 사건 제시 3-2-5. 다양한 수준의 난이도 제공
	3-3. 개인적 조절감 증대의 전략	3-3-1. 학습의 끝을 조절할 수 있는 기회 제공 3-3-2. 학습속도의 조절가능 3-3-3. 원하는 부분에로의 재빠른 회귀가능 3-3-4. 선택가능하고 다양한 과제의 난이도 제공 3-3-5. 노력이나 능력에 성공귀착
4. 만족감 증대를 위한 전략 (Satisfaction) 강화를 관리하고 자기통제가 가능하게 함	4-1. 자연적 결과 강조 전략	4-1-1. 연습 문제를 통한 적용기회 제공 4-1-2. 후속 학습을 통한 적용기회 제공 4-1-3. 모의 상황을 통한 적용기회 제공
	4-2. 긍정적 결과 강조 전략	4-2-1. 적절한 강화 계획의 활용 4-2-2. 의미 있는 강화의 강조 4-2-3. 정답을 위한 보상 강조 4-2-4. 외적 보상의 사려 깊은 사용 4-2-5. 선택적 보상체제 활용
	4-3. 공정성 강조 전략	4-3-1. 수업목표와 내용의 일관성 유지 4-3-2. 연습과 시험내용의 일치

주의집중(attention)은 지각적 수준에서 인식의 수준까지 끌어올려야 한다. 즉, 단순한 재미 수준에서 벗어나서 흥미를 일으키고, 인식의 수준 또는 강의와 연결하는 것이 좋다. 주의집중을 위해서는 재미있는 유머도 좋지만 학습자들이 흥미를 가질 수 있는 내용을 찾아내는 것도 중요하다. 반대로 사회 이슈나 심각한 이야기를 던지는 것도 하나의 방법이 될 수 있다. 이렇게 학습자들의 주의를 집중시키고 유지하기 위해서는 지각적주의환기전략, 탐구적주의환기전략, 다양성의 전략을 계속해서 학습자들에게 제시해야 한다는 것이다. 지각적 각성의 경우 이 수업이 정말 흥미롭게 진행될 것이라고 하는 학습자들의 기대를 불러일으킬 수 있도록 강사는 재미있는 그림 등을 보여 주는 것이다. 탐구적 각성의 경우 학습자들의 지적 호기심을 유발시키는 것으로, 질문을 한다든지 문제를 제시하는 것으로 주의를 집중시킬 수 있다. 변화성이란 학습자들의 지루함을 덜기 위해 다양한 학습방법을 도입하거나 목소리에 변화를 주는 방법을 쓰면 될 것이다.

관련성(relevance)이다. '내가 왜 이 학습을 하는가?', '이 학습을 하고 난 후 어떤 도움이 되는가'를 명확히 하는 것이 중요하다. 현재 학습이 재미가 있고 이득이 될 수 있다는 점을 확인시켜 주는 것이다. 즉, 내적 인센티브를 줄 때 가장 효과적이다. 예를 들면 면허취소 전에 안전수칙 불이행으로 시험을 봐서 80점 이상 맞으면 15일 감면받는 교육이 있다. 안전수칙에 대한 강사는 우리가 지금까지 배운 주의집중이나 서론, 본론, 결론 다 무시하고 바로 강의에 돌입한다. 그렇게 하더라도 학습자들은 눈을 빛내면서 강의를 듣는다. 이것이 바로 관련성이다. 나와 직접적인 관련성이 있기 때문에 교수학습이론을 완전히 무시하더라도 학습은 잘 이루어진다. 특히 자격교육의 경우가 대부분 관련성이 매우 높다는 것이다. '반대로 관련성이 가장 낮은 교육은 어떤 것이 있을까요?' 바로 민방위 교육이다. 관련성에는 친밀성 전략, 목적지향성전략, 필요나 동기와의 부합성 전략으로 구성된다. 위의 예에서 볼 수 있는 부분은 학습자의 모티브와 일치되기 때문에 학습을 잘할 수 있었다. 목적 지향성의 경우 학습자들에게 수업을 하는 목적을 구체적이고 분명하게 이야기해 줄 경우 학습이 더 잘될 수 있다는 것이다. 친밀성의 경우 새로운 교육 내용이라고 하더라도 학습자들이 이전에 배웠던 내용과 유사한 것처럼 유의미하게 연결시켜 주는 부분이 필요하다.

자신감(confidence)이다. 개인들에게 자신감을 갖게 해 주는 것이 중요하다. 학습자들이 긍정적인 피드백을 받을 수 있게 한다. 강사는 학습자들이 쉽게 대답할 수 있는 것을 질문한다든지, 답을 할 수 있는 학습자에게 질문을 하는 것이 필요하다. 그런데 강사가 자기자랑만 한다든지, 아주 어렵게 질문하거나 답할 수 없는 질문을 할 경우 학습자들은 쉽게 좌절한다. 학습자들이 자신감을 갖도록 하는 것이 중요하다. 강사 중에 자기만 잘났고 학습자들은 미숙한 사람 취급하는 강사들이 의외로 많다. 그래서 자기만 알고 있는 내용을 고의로 질문하여 학습자들을 완전히 무시해 버리는 경우가 있는데 이것은 바람직하지 않다. 이러한 자신감은 학습 성공에 대한 기대감을 다루고 있으며 학습요건, 성공기회, 개인적 통제로 구성된다. 학습요건은 '이번 수업에서 기대하는 것이 무엇이고 어떻게 평가할 것인가?' 등의 정보를 학습자들에게 제공하는 것이다. 성공의 기회는 위에서 제시했듯이 학습자들이 대답할 수 있는 질문을 하여 성취의 기회를 부여하는 것이다. 개인적 통제의 경우 학습자들이 자기주도적인 학습을 할 수 있는 여건을 마련해 주는 것이 필요하다.

만족감(satisfaction)이다. 학습자들에게 만족감을 주는 것도 중요하다. 학습자들이 교육 중간에 운동을 넣어 달라고 할 경우, 또는 야외 수업을 하자고 할 경우 특별히 문제가 없다면 수용하는 것이 좋다. 이때 조심해야 할 것은 무작정 운동하게 내버려두면 안 된다는 것이다. 운동도 어디까지나 수업의 연장에서 하도록 해야 한다. 철저한 규칙을 정하여 교육과 연관 지어서 할 수 있도록 한다. 즉, 학습자들의 성숙도를 고려해서 관리해야 한다. 이 만족감에는 성취에 대한 만족감뿐만 아니라 교육적인 측면 외의 만족감도 고려하는 것이 필요하다. 이러한 만족감은 내재적 강화, 외재적 보상, 공정성으로 구성된다. 내재적 강화의 경우 학습자들이 내적인 만족을 통해 스스로 동기유발될 수 있게 학습자들의 내재적 자존심에 대한 언어적인 강화를 하는 것이며, 외재적 보상의 경우 어떤 과제를 해결했을 경우 칭찬이나 외적 보상을 제공하는 것이다. 공정성의 경우 실제로 수업한 내용에서 시험문제를 출제하거나 학습자 모두에게 공정하게 대하는 부분이 여기에 해당된다.

생각해 보기

4×7=27이 맞는가? 28이 맞는가?

주변상황에 에너지 낭비 말고 자신의 길을 간다.

어느 마을에 이무식이라는 사람이 살았는데, 4×7=27이라고 하면서 동네를 돌아다니고 있었다. 그 마을에 살던 윤비전 씨는 분명히 4×7=28인데 이무식이 4×7=27이라고 하니 답답해 미칠 지경이었다. 윤비전이 "이무식 너는 왜 자꾸 4 곱하기 7이 27이라고 하느냐?"라고 물으니 이무식은 "4 곱하기 7은 27 아니냐?"라고 반문하는 것이었다. 4×7=28이 맞지 않은가? 그래서 윤비전이 이무식에게 "그럼 네 말이 맞는지 내 말이 맞는지 원님에게 가서 물어보자"고 제의했다.

이무식도 동의하여 원님에게 찾아갔다. 윤비전이 "원님 4 곱하기 7은 28이 맞지요? 판결해 주십시오"라고 하니 원님은 이무식에게 돌아가라고 명하고 윤비전에게 곤장을 28대 내렸다. 윤비전 입장에서는 얼마나 억울한 일인가? 분명히 자신의 답이 맞는데 왜 곤장을 치는지 원님에게 그 이유를 물었다.

그러자 원님이 하는 말이 다음과 같았다. "4 곱하기 7은 28이라는 것을 삼척동자도 다 안다. 그런데 굳이 확실히 맞는 답을 가지고 여기까지 와서 따지는 사람이 한심한 것 아닌가? 그래서 곤장을 내린 것이다"라고 말했다.

우리는 살아가면서 4×7=27이 옳다는 돌아이들을 많이 본다. 그런데 그들과 싸우면 누가 돌아이가 되는가? 지방으로 출장 가던 중에 이런 일이 있었다. 고속도로 규정 속도인 100km로 2차선을 달리고 있는데 갑자기 1차선에서 스포츠카가 내 차 앞으로 빠르게 추월하며 지나갔다. 너무 놀란 나머지 경광등을 켜고 경적을 울렸다. 그런데 갑자기 그 스포츠카가 천천히 속도를 줄여 내 차 앞에서 50km로 가는 것이었다. 그래서 1차선으로 차선을 변경해 주행했다. 그랬더니 1차선으로 이동해 내 앞을 가로막으며 천천히 달리기 것이다. 아마 경광등과 경적 때문에 화가 났던 모양이다. 그 모습에 화가 난 내가 창문을 열고 경적을 울리며 욕이라도 해 주려는 순간, 갑자기 '4×7=27' 이야기가 생각났다. 마음을 고쳐먹고 창밖으로 손을 흔들며 미안하다는 표시를 하니 스포츠카가 제 속도로 달리기 시작했다.

그때 내가 스포츠카와 마찬가지로 위협운전을 하거나 성질을 냈더라면 '4×7=27'이 되는가? 생각해 보라. 살아가면서 이런 일이 가끔씩 있다. 그때마다 4×7=27을 생각하면 웬만한 것들은 그냥 지나가게 된다. 나의 비전이 확실히 만들어져 있다면 그 비전을 달성해 나가는 데 방해가 되는 요소들은 모두 제거하며 비전을 달성해 나가는 것에만 매진할 수 있다.

3) 마무리하는 방법

끝맺음을 가장 못하는 사람은 누구인가? 바로 교장 선생님이다. 교장 선생님들은 조회할 때 "끝으로 여러분들에게 한 말씀 드리고 마치겠습니다", "마지막으로 한 말씀 더 드리겠습니다", "결론적으로 말씀드려서…"처럼 말한다. 왜 이렇게 될까? 마무리를 무엇으로 할 것인지 정해지지 않은 상태에서 "끝으로 여러분들에게 한 말씀 드리겠습니다"라고 말하고 머릿속으로 다시 정리하다 보니 마음에 들지 않아 "마지막으로 여러분들에게…" 하며 말을 이어나가는 것이다. 마무리할 때에도 반드시 어떤 말로 마무리할 것인지 머릿속에 미리 정해 놓아야 한다. 그렇지 않으면 위와 같은 방식으로 끝을 맺는 경우가 많다. 이때 종결하는 방법은 감동적으로 마무리한다. 처음 5분 관리도 중요하지만 마지막 5분 관리도 중요하다. 처음 5분 관리는 주의집중할 수 있는 내용으로 시작했고, 중간에 폭탄, 유머나 재미있는 내용으로 15분 관리를 했지만 마무리 5분 관리는 감동적인 영상이나 감동적인 문구나 감동적인 말로 끝내 주는 것이 좋다.

종결부분은 주로 요약과 복습, 재 동기부여 및 주요내용 강조, 결론으로 이루어진다. 강의를 아무리 시작부터 중간까지 잘하더라도 마지막 5분을 잘 정리하지 못하면 학습자들에게 강한 인상을 심어주기 어렵다. 마지막 결론을 맺을 때에는 힘 있고 강하게, 그리고 아주 깊은 인상을 줄 수 있도록 해야 한다. 그러므로 끝맺음에 대한 부분을 미리 준비해 두는 것이 필요하다. 실제로 끝맺음을 가장 잘 못하는 사람들의 경우 끝으로, 마지막으로, 결론적으로와 같은 말로 정해진 시간을 넘기면서까지 결론을 맺지 못하는 경우가 많다.

끝맺음을 잘한 사례를 들어 보겠다. 경제특강을 주제로 강연하는 강사가 있는데, 그는 마무리할 때 다음과 같은 말로 끝을 맺으면서 학습자들에게 강한 인상을 심어 주었다.

"지금까지 우리나라 경제와 재테크에 대해 말씀드렸는데 돈, 명예, 권력을 추구하는 것도 좋지만 이것을 잃으면 모두 다 잃는 것입니다. 무엇이겠습니까? 네, 맞습니다. 바로 건강입니다, 앞으로 건강관리 잘하시기 바랍니다. 이상 마치겠습니다."

또는 "지금까지 적극적으로 경청해 주셔서 고맙습니다. 이상으로 강연을 마치겠습니다"라고 끝맺음한다.

다음과 같은 사례로 끝맺음할 수도 있다.

"저는 '오늘'이라는 말을 좋아합니다. 오늘이라는 단어에는 어떤 의미가 있을까요? 오늘은 어제 죽은 사람들이 그토록 바라던 내일입니다. 여러분들이 내일 죽는다는 생각으로 오늘을 산다면 나쁜 사람도 없고, 떠다니는 먼지도 새롭게 보이고, 이슬 한 방울도 아주 영롱하고 찬란하게 보일 겁니다. 오늘이란 이만큼 소중합니다. 하루하루를 충실히 살아가시기 바랍니다. 감사합니다."

"우리가 학교 다닐 때 한 번쯤은 네잎클로버를 찾아본 경험이 있을 것이다. 네잎클로버의 꽃말이 무엇인지 알고 있습니까? 행운입니다. 세잎클로버의 꽃말은 행복입니다. 대부분의 사람들은 행운을 찾고자 하는데, 저는 행운보다 더 소중한 것이 행복이라고 생각합니다. 그런데 행복을 옆에 두고 행운을 좇는 어리석음을 범하는 경우가 많습니다. 지금 여러분 곁에는 행복이 있습니다. 그 행복을 잘 지켜 나가는 것이 더 중요할지도 모릅니다. 오늘 여기서 행복해야 내일 거기서도 행복할 수 있습니다. 모두 다 행복하시기 바랍니다. 감사합니다."

"아주 옛날에 소와 사자가 살고 있었다. 둘은 너무 사랑해서 부모님의 반대를 무릅쓰고 결혼했다. 너무나 사랑했던 둘은 최선을 다해 서로를 섬겼다. 소는 자신이 가장 좋아하는 신선한 풀과 채소를 사자에게 주었고, 사자는 자신이 먹어본 중 가장 맛있는 고기를 갖다 주었다. 처음에는 상대방의 성의를 생각해 조금씩 먹으며 노력했지만, 둘은 결국 헤어지고 말았다. 소의 사랑, 사자의 사랑은 서로에게 오히려 독이 될 수 있었던 것이다. 사람도 마찬가지다. 나는 당신에게 최선을 다하는데 당신은 왜 나에게 최선을 다하지 않는가? 우리가 최선을 다한다고 할 때, 특히 인간관계에서는 상대방이 원하는 것에 대해 생각해 보아야 한다. 나만을 위한 최선은 상대에게 최선이 아닌 경우가 많다."

3. 강사의 자질과 요건

1) 강사의 자질

'다른 사람을 가르친다'라고 할 때 "내가 어떤 것을 잘 알고 있다는 말과 "잘 말할 수 있다"는 사실에는 커다란 차이가 있다. 머리로 생각하고 있는 것이 구체적인 말로 되기까지는 여러 가지 어려움이 뒤따른다. 말의 힘은 머리와 몸이 잘 조화되고 나서야 비로소 바람직하게 발휘되는 것이기 때문이다. 따라서 유능한 강사가 되기 위한 자질 요소로는 다음과 같은 것이 있다.

첫째, 통찰력이다. 어떤 것으로부터 여러 가지 사항을 바르게 판단하고 미래를 내다볼 수 있는 힘을 가지고 있어야 한다. 즉, 전체를 볼 수 있는 안목과 부분을 함께 주시할 수 있는 눈이 필요하다.

둘째, 추리력이다. 어떤 일에 직면했을 경우 '어째서?', '왜?', '그럴까?' 하는 왕성한 추리력이 강의 내용의 밀도를 높여준다. 즉, 이러한 능력을 가지고 있을 때 강의 내용에 대한 끊임없는 탐구심으로 인해 강의의 질이 높아질 수 있다는 것이다.

셋째, 기획력이다. 강의 내용의 화제선택과 이야기의 구성에 크게 영향을 미치는 중요한 자질이다. 즉, 강의의 경우 끊임없이 학습자들의 흥미를 이끌어 내야 좋은 강의가 될 수 있다. 그러므로 끊임없이 학습자들의 주의를 집중시키기 위해서는 강의 중간에 어떤 내용을 어떤 방법으로 구성할 것인가에 대한 기획도 상당히 중요한 부분이므로 기획력이 필요한 자질 중의 하나라고 할 수 있다.

넷째, 창의력이다. 과제에 대한 접근방식, 진행방식, 이야기의 집약방식 등을 남들과 다르게 하기 위해 창의력이 요구된다. 똑같은 강의 내용이라고 하더라도 다른 사람들과 좀 더 다르고 신선하게 구성할 수 있는 능력도 대단히 중요하다.

다섯째, 표현력이다. 말하고자 하는 내용을 충분히 전달할 수 있을 정도로 학습자의 조건에 맞는 대응력과 매력적으로 말하는 기술이 겸비되어야 한다.

이상과 같은 요소는 강사뿐만 아니라 일반인들도 가지고 있어야 할 중요한 자질 중의 하나이지만, 특히 강의를 하고자 하는 사람이라면 앞서 이야기한 자질을 갖추기 위해 끊임없이 노력해야 한다.

2) 명강사의 요건

강의를 잘하기 위해서는 첫째, 전문지식이 있어야 한다. 즉, 강의 내용에 대해서 충분한 지식과 경험을 가지고 있어야 한다. 지식이 없으면 강의에 깊이가 없고 경험이 없으면 강의에 설득력이 없다. 자신이 강의하고자 하는 분야에 대한 철저한 전문지식을 가지고 있어야 할 뿐만 아니라 강의하는 분야의 최신 자료들에 대한 것도 항상 새롭게 해야 한다. 강사가 전문지식을 갖추기 위해 끊임없이 자기개발을 하지 않을 경우 강단에 서지 말아야 한다. 항상 똑같은 내용으로 강의하는 것은 앵무새와 다를 바가 없다. 같은 내용을 강의하더라도 새로운 자료가 있을 때마다 수정하기 위해서는 끊임없는 자기개발이 필요하다. 매사추세츠공과대학교(MIT공대) 조사에 따르면 우리가 배우는 지식들은 11시간마다 두 배로 증가한다고 한다. 그러므로 본인이 가지고 있는 전문지식에 대해서 끊임없이 업데이트 하지 않으면 강사로서의 수명이 짧아질 수밖에 없다.

둘째, 가르치는 기술이다. 지식이 많은 것과 남을 가르치는 능력이 있는 것은 엄연히 다르다. 자신의 생각을 잘 정리하여 상대방의 머릿속에 깊이 간직할 수 있도록 어떻게 전달할 것인가? 즉, 어떻게 가르칠 것인가 하는 방법에 대한 고민이 있어야 한다. 그렇기 때문에 뛰어난 화법이나 상대방을 강의 내용에 집중시키는 방법 등을 익힐 필요가 있는 것이다.

셋째, 청중을 설득하는 방법을 잘 활용해야 한다. 즉, 발표자의 명성이나 신용을 바탕이 청중을 설득하는 에토스(ethos)나, 청중의 감정에 호소하는 방법인 파토스(pathos), 연구결과 통계 수치를 활용하는 로고스(logos) 등의 방법을 잘 활용하여 청중을 설득할 수 있어야 한다. 상대방을 설득할 때 어떻게 하는 것이 좋은가? 설득을 잘하기 위한 방법으로 ① Pathos의 활용이다. 파토스란 상대방이 내 말에 주의집중할 수 있도록 하는 것이다. 예를 들면, 유머를 활용하거나, 게임을 하거나, 흥미 있는 사례들을 이야기하는 등 강연 중간에 재미있는 내용들을 가미하는 것이다. 똑같은 내용으로 말을 하는데 어떤 사람이 하면 재미가 있고 흥미로운데 어떤 사람이 말할 때는 졸리고 들을 의욕이 나지 않는 경우가 있다. 파토스는 이야기 중간 중간에 재미있고 흥미 있는 내용들을 삽입하는 것이다. ② Ethos의 활용이다. 에토스란 나 자신의 권위나 명성, 학력, 경력, 경험 등을 강연 중간에 넣어서 말하는 방법이다. 그렇게 말을 하면 설득이 더 잘된다. 예를 들면, 내가 말하고 있는 내용 중 "내가 이 분야만 30년 연구했다. 내 연구결과에 의하면…" 또는 "이 분야의 논문만 20편 썼다" 등 자신의 권위를 활용하는 것이다. 그런데 이 에토스를 활용할 때에는 조심해야 한다. 왜냐하면 잘못 활용하면 잘난 척만 되기 때문이다. 명문대학교를 졸업했다고 하면 사람들이 쉽게 믿는 경향이 있다. 이것이 바로 에토스의 활용이다. 대학교수나 강사들이 강의 때 하는 말 중 몇 %가 거짓말일까? 약 50% 정도라고 한다. 설득을 위해 사례를 꾸미기 때문이다. 상인들은 60~70%, 정치인들은 99%가 거짓을 말한다. 1%만이 진실이다. 정치인의 입에서 나오는 것은 대부분 거짓말인데 숨 쉬는 것만 진실이라는 것이다. 유머다. ③ Logos의 활용이다. 로고스는 다른 사람들의 권위나 명성을 빌려서 말하는 방법이다. 즉, "앨빈 토플러 박사에 의하면"이라고 하면 누가 말하는 것인가? 앨빈 토플러 박사가 말하는 것이다. "통계청 자료에 의하면"이라고 하면? 통계청이 말하는 것이다. 이렇게 다른 사람들의 권위를 빌려서 말하면 설득력이 배가 된다. 유명한 설교가나 대중 연설을 잘하는 사람들의 말하는 방법들을 분석해 보면 위의 세 가지 모두 다 설교나 연설 내용 중에 있다. 확인해 보기 바란다.

넷째, 강사의 열정이다. 재미있거나 흥미로운 강의는 보통 강사의 열정이 대단한 경우이다. 이것은 여러 가지 측면에서 말할 수 있지만 무엇보다도 열의가 없는 강사의 이야기는 학습자의 잠재능력을 깨우는 자극제가 될 수 없다. 강사가 불타지 않고서는 학습자를 불태울 수 없는 것이다. 강사의 정열을 불태우는 에너지는 어디서 나오는가? 그것은 강사 자신이 강의 내용과 자기 책임에 대해 깊이 인식하는 데서 나온다. 그리고 그것을 기필코 달성하려는 성취의욕에서도 나온다. 그러므로 강사는 항상 강의 전에 철저히 준비하고 강단에 서는 것이 대단히 중요한 것 중의 하나라고 볼 수 있다.

다섯째, 좋은 인간관계이다. 강사와 학습자의 마음이 맞아야 한다. 인간적인 매력과 호감으로 친밀한 분위기를 조성해야 하며, 그래야만 강의 내용이 잘 전달된다. 아무리 열정이 있고 아무리 전문지식이 있더라도 강사와 학습자들 간의 기본적인 인간관계가 성립되지 않으면 그 강의는 학습자들이 잘 들어주지 않을 것이다. 그러므로 무엇보다 중요한 부분이 학습자와 강사와의 인간적인 관계 또는 신뢰와 같은 부분이다. 강사는 평소의 태도가 중요하다. 평소의 인간관계가 좋아야 한다. 평소의 인간관계나 상대방이 부정적인 감정을 가지고 있으면 강의 내용에 관계없이 거부감을 가지기 때문에 평소의 태도를 잘 관리하는 것이 좋다.

여섯째, 종합적인 연출자가 되어야 한다. 유능한 강사가 되기 위해서는 쇼맨십도 필요하다. 강단에 서는 순간부터 그 강의실 안에서 이루어지는 모든 활동은 강사에 의해 진행된다. 배우는 무대 위에서 연기만 하고 조명이나 음향은 담당이 따로 있지만 강사는 강의뿐만 아니라 그 외에 모든 것도 함께 연출해야 한다. 따라서 강사는 확실히 강의실 내에서 종합적인 연출자 역할을 해야 하는 것이다.

그리고 설득당하지 않는 것도 중요하다. 설득당하지 않는 방법으로 첫째, 상대방의 말을 끝까지 듣는다. 듣지도 않고 거절하는 것은 관계를 악화시킬 뿐이며,

끝까지 들어주면 경청이 된다. 경청을 했기에 충분히 상대방 말에 귀를 기울였다는 공감의 언어가 생긴다. 둘째, 거절하는 이유를 명확히 설명한다. 안 되는 이유를 객관적 사실적으로 설명하면 된다. 무작정 안 된다고 하면 계속 부탁을 한다. 셋째, 타협한다. 1억 원을 빌려달라는 사람에게 500만 원만 빌려준다. 이것이 타협이다. 넷째, 안타까워하며 공감한다. 원하는 것을 들어 주지 못해서 매우 미안하다는 표현을 하면 된다. 이것이 거절의 미덕이다.

개요

이 장에서는 ① 강의시작 방법, ② 팀 빌딩 방법, ③ 자기소개 방법에 대해 살펴본다.

학습 목표

1. 강의시작 방법을 세 가지 이상 설명할 수 있다.
2. 팀 빌딩 방법에 대해 두 가지를 설명할 수 있다.
3. 자기소개 방법에 대해 다섯 가지 이상 설명할 수 있다.

학습 과제

1. 이 장의 내용을 요약하시오(A4용지 2장 내외).
2. 이 장의 내용을 시험문제로 출제하시오(객관식 7문항, 주관식 3문항).
3. 자기소개를 어떻게 할 것인지 연구하여, 재미있고 감동적인 자기소개서를 작성하시오(A4용지 1장 내외).
4. 팀 빌딩 하는 방법에 대해 두 가지 이상 작성하시오(A4용지 1장 내외).

제12장

강의시작 방법, 팀 빌딩 방법, 자기소개 방법

1. 강의시작 방법

강의나 프레젠테이션을 하는 사람이면 누구나 '어떻게 시작해야 할까?'에 대해 고민할 것이다. 강의의 성패는 강의 시작 후 5분에 달려 있다고 해도 과언이 아니다. 사람의 첫인상이 중요한 것과 마찬가지로 강의 시작 후 5분이 강사에게는 매우 중요하다. 왜냐하면 첫인상은 두 번 줄 수 없기 때문이다. 누군가를 처음 만나 느낀 이미지는 뇌리에서 쉽게 사라지지 않는다. 대부분의 사람들에게 강의가 언제 시작되느냐고 물어보면 인사가 끝난 후 시작된다고 한다. 그러나 강의의 시작은 강사가 강연장 문을 열고 들어설 때부터 시작된다고 보면 된다. 문을 열고 들어갈 때 웃으면서 들어가는가? 아니면 화난 얼굴로 들어가는가? 박력 있고 씩씩하게 걸어 들어가는가? 아니면 힘없이 들어가는가? 강사는 사소한 행동 하나도 신경써야 하며, 강의 시작 때 어떻게 해야 할지 사전에 철저히 준비해야 한다.

이 장에서는 '강의를 시작할 때 어떻게 해야 하는가?'에 대해 살펴보고자 한다.

강의를 시작하는 방법은 여러 가지가 있다. 먼저 강의를 시작하는 방법 중 Ice Breaking의 몇 가지 방법을 설명한다. Ice Breaking란 말 그대로 얼음을 깨트리는 것이다. 즉, 사람들이 처음 만나면 서로 서먹하고 어색하기 때문에 이 서먹함과 어색함을 해소하기 위해 실시하는 분위기 조성 게임이라고 보면 된다. 이와 같은 Ice Breaking 게임을 통해 학습자 상호 간의 친밀감을 도모하고 닫혀 있던 마음의 문을 연 후 강의를 시작하는 것이 좋다는 것이다. 충분히 마음을 다스린 후 강의를 시작하면 학습자들은 강의에 몰입할 수 있고 주의집중 할 수 있기 때문에 강의 시작 전에 학습자들과 라포(Rapport) 형성을 위해서도 Ice Breaking을 하는 것이 좋다. 가네(Gagne)의 9 events에서 첫 단계인 주의집중(attention getting)이 바로 이 단계라고 보면 된다.

1) Ice Breaking 1: 주인님 모시기

교육기간 중 이기는 사람은 주인이 되고 지는 사람은 하인이 되는 게임으로, 하인은 주인이 시키는 대로 해야 한다. 이 게임에 모두 동의하면 박수를 세 번 치게 한다. 세 번 박수를 쳤으면 국회에서 법이 통과되었기 때문에 게임을 시작한다고 한다. 게임은 세 가지를 골라서 두 가지 게임을 이긴 사람이 주인이 된다. 하인은 쉬는 시간에 물, 커피, 간식 등 주인이 요구하는 대로 다 들어주어야 한다. 그러니까 교육도 중요하지만 이 게임이 어떻게 보면 훨씬 더 중요할 수도 있다. 게임을 하면서 자연스럽게 교육의 분위기나 옆 사람과 Ice Breaking이 될 수 있게 한다. 그리고 교육이 재미있을 거라는 느낌을 주는 Spot 기법이다.

(1) 손바닥 빨리 마주 치기

- 손바닥을 서로 마주보게 하여 어깨 넓이만큼 벌린다.
- 한 사람은 가로로 마주보게 하며 다른 한 사람은 세로로 마주보게 한다.
- 하나, 둘, 셋 한 후 마주보게 한 손바닥을 손뼉 치게 한다.
- 먼저 손뼉 치는 사람이 이기는 게임이다.
- 하나, 둘, 셋은 진행자가 한다.

(2) 잡고 빼기

- 왼쪽 손은 엄지와 검지로 원을 만들고, 오른쪽 손은 가위를 낸다.
- 상대방도 똑같이 그렇게 만들어서 서로 원을 만든 곳에 검지를 넣는다.
- 하나, 둘, 셋 하면 원을 만든 곳은 상대방 손가락을 잡고, 상대방 손가락에 검지를 넣은 것은 뺀다.
- 하나, 둘, 셋은 진행자가 한다.

(3) 엄지손 맞추기

－손을 깍지 낀다.
－엄지손가락 두 개만 가지고 한다.
－상대방과 가위바위보 해서 이긴 사람이 먼저 한다.
－먼저 숫자를 셋 하면서 자기 엄지손가락을 두 개 올리고 상대방이 엄지손가락 하나를 올리면 셋이 된다.
－자신이 말한 숫자대로 엄지손가락이 올라오면 이기는 게임이다.

(4) 손바닥 뒤집기

－양손을 손바닥 등이 하늘로 향하게 나란히 내려놓는다.
－상대방과 가위바위보 해서 이긴 사람이 먼저 한다.
－먼저 숫자를 외친 후 손바닥을 뒤집는다.
－자신이 말한 숫자대로 손바닥이 뒤집히면 이기는 게임이다.
－예를 들어 둘 하면서 자신의 손바닥은 하나 뒤집고 상대방이 하나 뒤집었으면 이기는 게임이다.

(5) 고개 돌리기

－하나, 둘, 셋 하면서 같은 방향으로 고개를 돌리면 이기는 게임이다.
－고개 돌리라고 했는데 어떤 사람은 눈만 돌아가는 경우도 있는데 그렇게 하면 안 되고 고개가 돌아가야 된다.

(6) 손바닥으로 고개 돌리기

－손을 얼굴 한가운데 가로로 세워서 있다.
－하나, 둘, 셋 하면서 손을 오른쪽이든 왼쪽이든 한쪽으로 가게 하면서 고개를

돌리게 만드는 게임이다.
- 손이 가는 방향으로 고개가 돌아가면 이기는 게임이다.

(7) 새우깡 게임

- 이 게임은 1:1로 내가 '새'라고 하면 상대방은 '우' 다음에 다시 나는 '깡' 상대방은 다시 '새' 나는 '우' 상대방은 '깡' 하면서 게임을 하는 것이다.
- 게임 도중 다른 말이 튀어나오거나 머뭇거리면 진다.

2) Ice Breaking 2: 혼자 왔습니다.

강의 시작 전 분위기 조성을 위해 할 수 있는 게임으로, 방법은 다음과 같다.

1. 전체 인원은 10명 내외로 하는 것이 좋다. 인원이 많을 경우에는 팀을 나누어서 한다.
2. 전체가 빙 둘러 원을 그리게 한 후 의자에 앉게 한다.
3. 팀원 중 한 사람을 선발하여 판정관 역할을 하게 한다.
4. 팀원 모두 손을 맞잡고 앉았다, 일어서기를 두 번 하게 한다.
5. 본격적인 게임으로 한 명이 일어서면서 "혼자 왔습니다"라고 외치게 한다.
6. 그런 다음 옆에 있는 사람이 같이 일어서면서 "둘이 왔습니다"라고 외친다. 그 다음에는 옆에 있는 사람이 같이 일어서면서 "셋이 왔습니다"라고 외친다. 이렇게 계속한다.
7. 맞고 틀리고는 판정관이 판정한다. 맞고 틀리고의 기준은 같이 일어서는 것과 같이 말하는 부분이 어색하면 틀린다.
8. 틀리면 틀린 사람 얼굴에 스티커를 붙인다.

〈피드백 방법〉

1. 누구나 실수할 수 있다. 그러므로 실수를 좀 너그러이 넘기는 아량이 필요하다고 말해 준다.
2. 또한 얼굴에 스티커가 가장 많이 붙은 사람에게 박수를 쳐 주게 한다. 왜냐하면 이 사람 때문에 우리가 재미있게 게임을 할 수 있었기 때문이다.
3. 교육을 혼자 왔으니 교육 마치고 돌아가실 때는 혼자가 아닌 동료들과 함께 있다는 것이다. "교육 중에 많은 사람들과 사귀어 교육을 마칠 때는 많은 친구를 사귀기 바랍니다"라고 할 수 있다.
4. "다른 학습의 장에서는 15분을 하여도 "일곱이 왔습니다"까지밖에 못했는데, 이번 교육에서는 "열이 왔습니다"까지 다했습니다. 아주 팀워크도 좋고 단합이 잘되는 것 같습니다"라고 해도 좋다.

2. 팀 빌딩 방법

팀 및 개인 소개 방법은 여러 가지가 있지만 여기서는 몇 가지만 소개한다. 첫째, 개인별 학습목표나 학습에 대한 기대사항을 적게 한다. 둘째, 팀 역할을 구분한다. 셋째, 팀명을 정하게 한다. 넷째, 팀 에너지 살리기를 한다. 다섯째, 우리 팀의 Ground Rule을 정하게 한다. 여섯째, 자기소개 시간을 갖는다.

첫째, 한 번에 다하지 말고 한 가지씩 해결한다. 예를 들어 ① 개인별 기대사항 발표, ② 팀명 정하기 및 발표, ③ 팀 역할 구분을 한다. 팀명이 나오면 전지에 팀명을 적고 반드시 점수를 줄 수 있게 한다. 팀 점수는 팀이 끝날 때까지 지우지 않고 지속적으로 점수를 준다.

둘째, 팀 역할을 구분한다. 팀 지도자를 스스로 정하게 한다. 팀 지도자를 자발적으로 할 사람을 선정한다. 자발적으로 할 사람이 없을 시에는 다음과 같이 한다. 팀원 전원이 모두 오른손을 높이 들면서 가위 표시를 한다. 진행자가 하나, 둘, 셋 하면 팀원 중 팀 지도자가 될 만한 사람을 손가락으로 지명한다. 손가락 표시를 가장 많이 받은 사람이 팀 지도자가 된다. 팀 지도자들은 일어나서 자기 팀을 어떻게 이끌고 나가겠다고 하는 소견을 1분간 발표하게 한다. 그 다음 절차로 팀 지도자는 비서를 한 명 선출하게 한다. 정견발표는 30초간 하도록 한다.

팀 역할을 구분하는 다른 방법도 있다. 1분 동안 사람을 그리게 한 후 그림을 보고 팀 역할을 구분한다. 웃는 모습은 밝은 사람, 찡그린 모습을 그린 사람은 스트레스를 많이 받고 사는 사람, 머리를 크게 그리고 몸통은 작거나 머리만 그려 놓은 사람은 생각은 많은데 행동이 못 따라가는 사람, 입을 벌리고 있는 사람은 발표력이 뛰어난 사람이기 때문에 조장, 가장 예쁘게 그린 사람은 총무, 뛰는 모습이나 만세를 하고 있는 사람은 매우 적극적인 사람이기 때문에 비서실장, 귀까지 그린 사람은 스파이, 자신과 다른 성별의 사람을 그린 사람은 이성에 대한 욕구가 강한 사람, 한쪽 귀퉁이에 조그맣게 그린 사람은 소심한 사람이라고 피드백하면서 팀의 역할 구분도 할 수 있다.

셋째, 팀명 정하기이다. 팀명은 긍정적인 것이 좋다. 팀장을 중심으로 팀명이 정해졌으면 팀을 대표할 수 있는 동물 마스코트를 그리게 한다. 또는 팀명과 맞는 그림을 그리게 하면 된다. 팀명을 정하기도 하지만, 조명으로 팀의 이름을 정하는 것도 좋다. 예를 들면 돈조, 이쁘조, 만나조, 새롭조 등으로 정할 수도 있다.

넷째, 팀 에너지 살리기이다. 팀 에너지 살리기는 '아싸'가 들어가는 구호로 정하면 좋다. 예를 들면 팀명이 '로또복권'이라고 하면 "아싸 로또 복권" 짝짝짝, 또는 팀명이 얼짱이면 "아싸 얼짱" 짝짝짝 하면 된다. 이때 짝짝짝은 박수를 세 번 친다. 이와 같은 팀 에너지 살리기는 쉬는 시간이 되었을 때, 그리고 시작 시간에 한 번씩 하게 한다. 이 팀 에너지 살리기를 하는 팀에게는 점수를 부여한다. 그렇게 하여 교육이 끝날 때까지 팀원들이 교육에 적극 참여할 수 있도록 항상 팀의 점수를 칠판이나 전지에 적어 모든 학습자들이 보게 한다. 팀 에너지 살리기와 함께 발표할 때 또는 토론할 때도 가끔씩 팀의 점수를 부여하여 각 팀별로 경쟁 및 학습에의 참여를 유도해 나간다. 그리고 교육 종료 시에는 반드시 우승팀을 가려서 상품을 준다. 상품은 주로 즉석 복권이나 초콜릿, 도서상품권 등이 좋다. 이렇게 정해 놓고 강의하면 시작부터 끝날 때까지 학습자들이 적극적으로 학습에 참여할 수 있는 분위기를 조성하는 방법으로는 아주 좋은 예가 된다. 실제로 진행을 해 보면 휴식시간이 되기 직전에는 팀원들이 강의가 언제 종료되는지 강사의 입만 보고 있다가 '쉬었다 하겠다'라고 말이 떨어지는 순간 팀 에너지 살리기를 바로 하는 경우가 있다. 그리고 시작 시간도 그냥 내버려 두더라고 한 팀이 자동적으로 시작 시간을 모두에게 알려 준다. 한 팀이 팀 에너지 살리기를 하면 다른 팀들로 빨리 자리에 앉아 팀 에너지 살리기를 하게 된다. 그러므로 처음부터 끝까지 학습자들이 자발적으로 학습에 참여할 수 있게 만드는 아주 유익한 방법이라고 볼 수 있다.

다섯째, 팀의 Ground Rule 정하기이다. 팀원들이 학습기간 동안 자발적으로 지킬 수 있는 규칙을 정하게 하여 스스로 학습에 적극 참여하게 유도한다. 예를 들면 교육 중 휴대폰 소리가 울렸을 경우 벌금 1,000원 또는 강의 시작 시 지각할 경우 교육 끝난 후 점심식사 대접하기, 옆 사람 이름을 부르지 않고 "저기요"라고 부르면 간식 사 오기, 아침에 만났는데 인사하지 않으면 "안녕하세요"라고 10번 쓰기, 교육에 불참하면 팀원들 모두에게 커피 사 주기 등 자율적으로 교육기간 중 지켜야 할 규칙들을 정하게 한다.

여섯째, 자기소개이다. 이상과 같은 작업이 다 끝났을 경우 개인별 학습목표 사항 적은 것을 포함해서 자기의 이름, 소속, 경력, 최근 관심사, 취미, 특기 등을 위주로 개인별 소개 시간을 갖게 한다. 이러한 시간이 끝나면 강사는 학습자들에게 교육 다음과 같은 피드백을 해 준다. "이틀 교육이든 삼일 교육이든 간에 겉으로 드러난 교육과정도 물론 중요하지만 교육 중 학습자들 상호 간의 친목도모도 대단히 중요하므로, 학습기간 중 많은 사람들을 사귈 수 있기를 바란다"라고 한다. 그런 후 강사가 학습자들에 대한 기대사항 다음과 같이 말하고 지켜 주기를 기대한다.

• 마음의 문을 열고

☞ 우선 자신의 마음을 활짝 열어 봅시다.

☞ 자신의 편견이나 고집을 버리고 상대방의 생각을 제대로 이해하려고 노력합시다.

☞ 다른 사람의 생각이나 경험에 귀를 기울입시다.

☞ 편안한 마음을 가지고 학습에 참여합시다.

• 상교학습이 이루어지도록

☞ 학습자들의 자발적인 참여가 이루어지도록 노력합시다.

☞ 자신의 지식이나 경험을 상대방과 적극적으로 교환합시다.

☞ 사소해 보이는 상대방의 경험이나 생각이 상대방에게 훌륭한 경험이 될 수 있습니다.

• 개인은 모두 다르다는 것을 받아들입시다.

☞ 사람은 모두 다 다릅니다. 그러므로 상대방의 의견이 나와 다르다고 해서 상대방을 무시하거나, 상대방이 틀렸다거나, 상대방에게 화를 내서는 안 됩니다.

• 학습이 여기에서 끝나지 않고 현업에서도 적극 활용할 수 있는 방법을 찾으면서 학습을 해 나갑시다.

☞ 다른 사람을 변화시키려고 하기보다 내가 먼저 변화겠다는 생각을 가집시다.

☞ 학습한 내용을 현업이나 일상생활 속에서 생활화할 수 있도록 노력해 봅시다.

이상과 같이 하여 팀 및 개인별 소개 시간을 갖는 것으로 교육과정을 도입할 수 있다.

3. 자기소개 방법

1) 강사 자신을 소개하는 방법

명강사가 되기 위해서는 먼저 자신의 존재를 학습자들에게 각인시킬 수 있어야 한다. 강의 시작 전에 반드시 이루어져야 하는 자기소개 시간에 학습자들은 저 강사가 강의를 잘할 수 있는지 없는지 판단하게 된다. 따라서 자기소개는 철저히 준비해서 첫 만남에서 학습자들의 이목을 집중시키는 것이 중요하다. '나 알리기'는 강의 시간에 따라 길어질 수도 있고 짧아질 수도 있다. 적어도 1박 이상 교육하는 강의의 경우 다소 구체적으로 30분 정도 하는 것이 바람직하다. 그러나 5시간 이하의 강의를 하는 경우에는 너무 구체적인 소개는 피하는 것이 좋다. 5분 정도 이름과 경력 등을 간단히 소개하는 것이 바람직하다. 짧은 강의 시간에 자기소개를 10분 이상 하면 자기소개로 시간 때우는 것처럼 보일 우려가 있기 때문이다. '나 알리기'는 주로 이름, 나이, 경력, 학력, 취미나 특기 등을 위주로 하게 된다.

(1) 문제식 자기소개 방법

"강의 시작 전에 통계 조사 내용을 먼저 보여드리겠습니다"라고 하면서 남자들이 좋아하는 연예인 3위 손예진, 2위 혜리, 1위 설현이라고 적힌 파워포인트 자료를 보여준다. 그다음 여자들이 좋아하는 연예인 3위 원빈, 2위 싸이, 1위는 강사 자신의 사진을 보여준다. 이러한 방식으로 강사를 소개할 수 있다. 남자면 여자들이 좋아하는 연예인 1위에 강사의 사진을 넣으면 되고, 강사가 여자면 남자들이 좋아하는 여자 연예인 1위에 사진을 넣으면 된다. 이를 변형하면 여름에 휴가 같이 가고 싶은 연예인으로 해도 되고, 겨울에 스키장 같이 가고 싶은 연예인을 순위대로 정하여 소개해도 된다.

(2) 진실 혹은 거짓 게임으로 자기소개 하기

학력과 경력이 그다지 화려하지 않을 경우에는 어떻게 할까? 이럴 경우에는 학력과 경력 대신 자기소개 방법을 연구해 보는 것이 좋다. 예를 들면 다음과 같이 할 수 있다. 윤옥한의 진실 혹은 거짓 맞추기 게임을 하면서 은연중에 자기소개를 한다. 지금부터 자신에 대해 열 가지 이야기하고 맞는지 틀리는지 맞추어 보게 한다. 10개 문항 중 최고로 많이 맞춘 사람에게는 선물을 준다고 이야기한 후 소개한다.

1. 나의 키는 170센티미터 이상이다. 진실 혹은 거짓
2. 나는 자격증이 5개 이상이다. 진실 혹은 거짓
3. 나는 운전면허증이 있다. 진실 혹은 거짓
4. 나는 내 이름으로 책을 쓴 적이 있다. 진실 혹은 거짓
5. 나의 주량은 소주 한 병이다. 진실 혹은 거짓
6. 나의 별명은 촉새이다. 진실 혹은 거짓
7. 나의 취미는 공부하고 연구하는 것이다. 진실 혹은 거짓
8. 나의 꿈은 유능한 강사가 되는 것이다. 진실 혹은 거짓
9. 내 휴대전화에 저장된 사람의 수는 100명 이상이다. 진실 혹은 거짓
10. 나의 콤플렉스는 코이다. 진실 혹은 거짓

이러한 내용을 강사 자신의 상황에 맞게 재구성하여 진실 혹은 거짓 게임을 통해 자신을 소개할 수 있다.

(3) 이름으로 자기소개 하기

첫째, 자신의 이름을 소재로 하여 자기소개 하는 방법도 있다. 한 강사가 칠판에 Air System이라는 글자를 써놓고 자기 이름을 소개한 예를 하나 들어 보겠다.

그는 “저는 에어 시스템입니다. 에어 시스템을 한국말로 풀어 쓰면? 바로 공기식이지요”라고 말했다. 자신의 이름을 특화해서 소개할 경우 학습자들이 최소한 강사의 이름은 기억할 수 있다.

(4) 별명으로 자기소개 하기

별명을 소재로 소개할 수도 있다. 그 별명이 왜 붙었으며, 별명이 가지는 의미 등에 대해 이야기해 주는 것도 좋은 방법이 된다. 예를 들면 유머 강사 김진배의 경우 “제 이름에서 받침을 다 빼면 어떻게 됩니까? 바로 기지배가 됩니다. 그래서 아이들이 기지배라고 놀렸던 기억이 납니다”라고 말했다.

(5) 나이로 자기소개 하기

단순히 “내 나이는 몇 살이다” 이런 식의 방법보다는 나이와 연관 지어서 자신을 잘 알리는 방법을 모색해 보는 것이 필요하다. 내가 태어나던 시대, 또는 가장 결정적인 시기에 발생했던 어떤 사건을 가지고 풀어 나갈 수도 있다. 그리고 겉으로 드러나는 나이와 내면의 나이를 가지고 이야기할 수도 있다.

(6) 경력과 학력으로 자기소개 하기

경력과 학력의 경우에는 있는 사실을 가지고 나 알리기를 하되, 지나치게 자랑하는 식으로 소개하는 것은 금물이다. 물론 자신을 소개하기 위해서는 경력과 학력사항에 대해 모든 것을 다 알리는 것이 좋지만 상대방이 거부감이 생길 수 있게 말을 하거나 소개해서는 안 된다. 경력과 학력은 처음에 소개하는 것도 방법이지만 문제를 풀어 나가다가 나중에 기회가 있을 때 간접적으로 이야기할 수도 있다.

(7) 취미와 특기로 자기소개 하기

취미와 특기 부분 또는 강점과 약점 부분도 말할 수 있다. 취미와 특기는 있는 그대로 말하는 것이 좋다. 그리고 어떤 취미의 매력이나 그 취미가 가지는 의미도 구체적으로 설명해 주어야 한다. 또한 특기 부분을 말할 때 자신이 못하는 부분도 이야기해 주는 것이 좋다. 즉, 자신의 강점을 위주로 소개하는 것도 좋지만, 자신의 약점을 약간 드러내면서 소개하는 것도 하나의 방법이 될 수 있다는 것이다. 예를 들면 "저는 주로 책 보고, 연구하고 글 쓰는 것, 빼고는 다 좋아합니다"처럼 반전을 줄 수도 있다. 처음 책 보고, 연구하고, 글 쓰는 것이라고 하면 학습자들이 조용해진다. 그런데 그것 빼고는 다 좋아한다고 하면 웃음이 나오게 된다.

자신의 유형에 맞도록 흥미 있게 재구성하여 학습자들로 하여금 맞히도록 한다. 물론 학력이나 경력이 화려하더라도 이렇게 구성하여 자기 자신을 소개할 수 있지만, 여러 가지 측면에서 자신을 홍보할 부분이 약할 경우 위에서 말한 방식으로 자신을 소개할 수 있다. 이상과 같은 나 알리기 작업은 강의 시작과 동시에 할 수도 있지만 상황에 따라서는 교육목적이나 목표, 과정개요를 먼저 설명한 후에 할 수도 있다. 강의실 분위기와 각 학습 상황에 따라 강사가 잘 판단해서 정한다.

2) 학습자 소개 방법

학습자가 자유로이 자신을 소개하게 만드는 방법도 있지만 일정한 규칙을 정해서 발표하게 한다. 예를 들면 두 사람씩 1분간 대화를 나눈 후 서로가 서로를 소개하는 방식이 있다. 또한 소개할 내용을 미리 몇 가지 정해 주는 것도 효과적이다. 지금부터는 여러 가지 자기소개 방법에 대해 알아본다.

(1) 자기 이름 작성을 통한 PEOPLE BINGO

이 방법은 교육 참가자들의 상호 소개 및 교류 증진을 위해 실시한다. 인원은 25명 정도가 적합하고 그 이상일 때에는 변형하여 실시해도 좋다. 진행절차는 다음과 같다.

- 참가인원 수만큼 빙고 카드를 준비한다.
- 빙고카드의 등록란에 이름을 쓰도록 한다.
- 자기 이름을 먼저 쓰고 다른 사람과 인사하면서 이름을 쓰도록 요청한다.
- 서명을 다 받은 후 어느 한 명을 시작으로 자신을 소개하고 다른 소개할 사람을 지명하도록 한다.
- 포상방법을 결정하여 해당자에게 포상한다. 예를 들면 TOP LINE을 소개하고, 소개된 사람이 빙고라고 크게 외치면 소정의 상품을 주면 된다. 방법을 정하는 것은 진행자 마음이다.
- 소개된 사람은 빗금을 쳐서 포상방법을 잘 들은 후 빙고를 하면 된다.

빙고카드

등록란 본인 이름				

(2) 그림을 통한 자기소개

이 방법은 형식적인 자기소개 방식에서 벗어나 그림 그리기를 통한 참여의식과 서로의 호기심을 유발시켜 단시간 내에 구성원 간의 친밀감을 높일 수 있다. 준비물로는 A4용지, 크레파스, 컬러펜 등이 있으면 된다. 진행절차는 다음과 같다.

- 종이와 그림을 그릴 수 있는 용구를 배부한 후 자신을 가장 잘 나타낼 수 있는 그림을 그리게 한다. 이때 그림을 잘 그리고 못 그리는 것은 문제가 되지 않는다고 말해 주는 것이 좋다. 왜냐하면 그림을 잘 못 그리는 사람의 경우 반감을 가질 수 있기 때문이다.
- 그림의 내용에는 제한을 두지 않으며 가족구성, 출생지, 자신의 신조, 가치관, 현재의 심정 등을 자유롭게 하여 자신을 가장 잘 나타낼 수 있는 그림을 그리게 하면 된다.
- 그림을 그리는 시간은 5~10분 정도로 한다.
- 그림을 다 그렸으면 한 사람씩 차례로 그림 내용을 중심으로 자기를 소개한다. 이때 나머지 사람들은 그림에 대한 느낌을 이야기하도록 하는 것이 좋다.
- 그림에 대한 부담감을 느끼는 사람을 고려하여 진행자가 쉬운 그림을 준비하여 칠판에 붙여 두는 것도 좋은 방법이다.
- 그림 그리기를 시도조차 못하는 사람에게는 동그라미나, 네모, 세모 등도 좋으니 자신의 개성을 나타낼 수 있도록 아무것이나 그려도 좋다고 설명하고 글씨로 보충해도 무방하다고 알려 준다.
- OHP에 그림을 그려 OHP를 통해 한 사람씩 소개해도 좋다.
- 자기소개가 다 끝나면 그림을 교육 기간 중 적당한 장소에 부착해 두고 심경의 변화가 일어날 때마다 그림을 더 그려 넣도록 한다. 휴식시간이 있을 때 다른 교육생이 다 볼 수 있는 공간에 붙여 두는 것이 바람직하다.

(3) 테니스볼을 통한 자기소개

이 방법은 단순히 말만 가지고 하는 것보다 약간의 활동을 가미한 자기소개를 통해 상호 간의 친밀감을 도모할 수 있다. 준비물은 테니스공만 있으면 된다. 진행방법은 다음과 같다.

- 진행자가 테니스공을 가지고 학습자 중 한 사람에게 테니스공을 던져 주면서 자신의 이름을 소개한다.
- 볼을 받은 사람은 다시 다른 학습자에게 테니스공을 던져 주면서 자신의 이름을 소개한다. 이와 같은 방법으로 하되, 한 번 소개한 사람에게 테니스공을 던지면 안 된다.
- 이때 자신의 이름만 소개하면서 할 수도 있고 자신의 이름과 좋아하는 음식을 함께 말하면서 할 수도 있다. 예를 들면 홍길동 김치찌개 하면서 다른 사람에게 공을 던진다. 또는 김삿갓 인사부 김치찌개 하면서 공을 던지게 하는 방법도 있다.
- 이러한 단계가 끝나면 교육생 수를 보고 시간을 단축시키는 방법을 모색하게 하여 똑같은 방법으로 진행한다.
- 각 조별로 나뉘어 있을 경우 위와 같은 요령으로 테니스공을 학습자 모두의 손을 거치게 하여 가장 짧게 소개하는 방법을 모색하여 보게 한다.

(4) 이름 외우기를 통한 자기소개

이 게임은 자신의 조 이름을 정확히 외워야 한다. 즉, 진행자가 지목하는 사람의 시계 방향으로 이름을 나열한다. 이름과 함께 소속이나 직급도 같이 할 수 있다. 예를 들면 김영희 인사부 과장, 박철수 연수부 대리, 이영수 총무부 부장 등과 같이 하면 연이어 앞의 사람을 반복하여 말하면서 끝까지 하게 하는 방법이다. 처음에는 팀별로 돌아가면서 자기소개를 한다. 자기소개가 다 끝난 시점에서 앞사람의 이름과 소속 직급을 반복하여 소속 팀원 전부를 다하게 한다. 만약 중간에 틀리면 틀린 사람부터 다시 시작하게 하는 것이 좋다. 이렇게 함으로써 팀원들 모두의 이름과 소속 직급을 알게 할 수 있다.

(5) 마인드맵을 통한 자기소개

마인드맵이란 영국의 부잔(Tony Buzan)에 의해 고안된 학습방법으로, 인간의 두뇌라는 무한한 용량의 컴퓨터에 읽고, 생각하고, 분석하고, 기억하는 그 모든 것들을 두뇌 속에 지도를 그리 듯이 해야 한다는 독특한 학습방법이다. 이 방법은 이미지와 핵심단어, 그리고 색과 부호를 사용함으로써 좌우 뇌의 기능을 유기적으로 연결하여 우리의 능력을 최대한 발휘할 수 있게 하는 21세기형 정보관리 및 활용기법이다. 이 방법은 자기소개를 통하여 창조적 사고와 논리적인 사고를 함께 함양할 수 있다. 준비물로는 A4용지와 각기 서로 다른 색깔의 색연필이나 형광펜이 있다. 진행방법은 다음과 같다.

- 백지의 중앙에서 시작한다.
- 그림으로 표현한다.
- 만약 그림으로 표현하기 어려우면 그림과 핵심단어의 혼용도 가능하다
- 그림의 크기는 마인드맵 용지의 크기에 맞추어 정한다.
- 그림은 3~4색 정도로 채색한다.
- 그림을 그린 후 틀(테두리)을 만들지 않는다.
- 생각이 핵심이 되는 주제는 항상 중심이미지에서 시작한다.
- 중심 이미지에 관련된 주요 주제(주가지)는 사람의 몸에 붙어 있는 팔처럼 연결시켜 표현한다.
- 가지들의 연결은 핵심이미지와 핵심단어를 통해 확산한다.

– 계속 이어지는 부주제(부가지)들은 나뭇가지의 마디마디가 서로 연결되어 있는 듯한 구조를 한다.

(6) 메모카드를 통한 자기소개

자신이 직접 자신을 소개하는 방식보다 다른 사람을 소개하는 방식을 통해 상대방과 친밀감을 도모하고 한 사람이라도 더 알 수 있게 해 준다. 준비물은 메모카드나 명함이며, 진행방법은 다음과 같다.

– 메모카드나 명함 뒷면에 자신이 직접 자기의 이름, 소속, 취미, 최근 관심사, 성격, 좋아하는 음식, 장점, 단점 등을 적는다. 이때 적는 내용은 진행자가 알아서 하되 네다섯 가지로 하는 것이 좋다.
– 메모카드나 명함뒷면에 적은 것을 거두어 섞은 후 학습자에게 나눠 준다.
– 배부된 것을 가지고 어느 한 사람을 지명하여 자신이 가지고 있는 카드를 학습자들에게 소개한다.
– 소개된 사람은 일어선다.
– 소개가 끝나면 일어선 사람은 "고맙습니다"라고 한 후 더 소개할 내용이 있으면 계속하도록 한다. 그리고 서 있는 사람이 다른 한 사람을 지명하여 소개하면 된다.
– 자신이 가지고 있는 메모카드나 명함은 버리지 말고 계속 가지고 있으면서 교육 중 그 사람과 집중적으로 대화하면 최소한 두 사람과는 친밀한 인간관계를 유지해 나갈 수 있다.

(7) 의자 위(통나무 위) 자기소개

이 방법은 상호 간의 스킨십 또는 활동을 통하여 자기소개를 함으로써 친밀감을 도모할 수 있으며 진행방법은 다음과 같다.

- 처음에는 자기의 이름, 소속, 관심사, 성격, 장·단점 등을 말하고 맨 마지막에 좋아하는 음식이나 동물을 말하게 한다.
- 조별로 실시하는 것이 좋으며 인원은 7~8명 정도로 하는 것이 좋다.
- 각 조별로 앞으로 나오게 한다.
- 실내일 경우 의자를 7~8개 옆으로 붙여 놓고 한 조가 발표를 할 경우 다른 조는 의자를 뒤에서 붙잡아 준다.
- 발표할 조는 의자 위에 자연스럽게 서게 한다.
- 맨 마지막에 동물 이름을 말하게 한 경우 의자 위에서 다시 자기소개를 하고 동물 이름 대신 처음에 자신이 말한 동물의 울음소리를 낸다.
- 동물의 크기에 따라 순서대로 서게 한다.
- 맨 마지막에 좋아하는 음식을 말하게 했을 경우 똑같은 방법으로 음식 값이 비싼 순서대로 서게 한다.
- 야외의 경우 통나무가 있으면 그 위에서 해도 좋다. 또한 야외의 경우 각 조별로 동시에 실시하여 팀워크의 정도를 보는 방법으로 해도 좋다.

(8) 좋은 친구와 싫은 친구를 통한 자기소개

이 방법은 참가자들의 양면적인 모습을 스스로 소개함으로써 집단 상호작용에 필요한 분위기를 조성한다. 인원은 20명 내외가 좋으며 다수 인원인 경우에는 소그룹으로 편성하여 실시하면 된다. 준비물로는 빈 의자 1개, 나에 대한 친구의 평판 시트, 필기구가 있으면 된다. 진행방법은 다음과 같다.

- 해당 프로그램의 목적을 간략히 이야기한다.
- 참가자들에게 “여러분 마음속에 당신에게 우호적이면서 동시에 당신을 가장 정확히 알고 있는 사람 한 명을 생각해 보십시오. 어머니, 아버지, 부인, 남편, 형제자매, 친구 아무라도 좋습니다. 여러분이 생각하고 있는 그 사람을 이번

시간 중에는 당신의 가장 좋은 친구라고 부르겠습니다"라고 이야기한다.

- 계속해서 "이번에는 당신에게 적대적이면서 동시에 당신에 대해 오해와 편견을 가지고 있다고 생각되는 사람을 한 명만 머리에 떠올리십시오. 상사나 부하 혹은 동료 아니면 헤어진 연인이나 한때의 친구 누구라도 좋습니다. 여러분이 생각하고 있는 그 사람을 이번 시간 중에는 당신의 가장 싫은 친구라고 부르겠습니다"라고 말한다.
- '나에 대한 친구의 평판' 시트를 배포하고 필요한 내용을 기재하도록 한다.
- 한 사람씩 차례대로 중앙의 빈 의자 뒤에 나와 시트에 기재한 내용대로 친구의 입장에서 자기 자신을 소개하도록 한다. 빈 의자에는 당신 자신이 앉아 있는 것이며 의자 뒤에 서 있는 당신은 바로 친한 친구, 싫은 친구인 것이다.
- 전원의 소개가 끝나면 상호 질문 및 느낌의 표현 등을 통하여 상호 간의 이해를 깊게 한다.
- 자기 자신을 소개할 때 "나에 대한 친구의 평판"시트에 기록되어 있는 것만을 소개하도록 한다.
- 두 명 혹은 세 명씩 짝을 지어 한 사람은 의자에 앉고 나머지 사람은 친구의 입장이 되도록 서로 소개를 해 줄 수도 있다.

〈나에 대한 친구의 평판 시트〉

아래 좌측 항목의 질문에 대해 당신의 가장 좋은 친구와 가장 싫은 친구가 당신에 대해 갖고 있다고 생각되는 느낌이나 생각을 상상하여 그 내용을 해당란에 기재해 주십시오.

♤ 나의 이름은 홍길동입니다

구분	나의 가장 좋은 친구	나의 가장 싫은 친구
홍길동의 능력 중 잘하는 것		
홍길동이 잘 못하는 것		
홍길동의 10년 후의 모습		
홍길동을 좋아하는 이유		

(9) 윤회악수를 통한 자기소개

이 방법은 참가자 모두가 손을 잡으며 인사와 소개를 함으로써 신체 접촉을 통한 친밀감을 도모한다. 진행방법은 다음과 같다.

- 특정인, 즉 진행자, 대표자, 최고령자, 표창자 등을 중심으로 차례로 악수를 교환하며 상호 소개를 한다. 기념품이 있으면 서로 교환해도 좋다. 명함이 있으면 명함을 교환하면서 하는 것도 바람직하다.
- 상호소개가 끝나면 앞사람의 왼편 혹은 오른편에 서서 뒤에 오는 사람과 악수와 소개 및 교환할 것을 교환한다.
- 동일한 방법으로 소개하고 계속해서 왼편이나 오른편에 선다.
- 동일한 방법으로 계속 진행하되 전체가 원형을 이루도록 한다.
- 인원이 20명 이상일 경우에 한 번에 소개하고자 할 때 하는 것이 바람직하며 교육종료 시 헤어지는 인사로 사용하는 것이 특히 효과적이다. 악수가 끝난 상태에서 원형으로 종료의식을 해도 좋다.

개요

이 장에서는 ① 스팟이란 무엇인가, ② 강의 중 할 수 있는 스팟 기법에 대해 살펴본다.

학습 목표

1. 스팟 기법을 설명할 수 있다.
2. 강의 중 할 수 있는 스팟을 다섯 가지 이상 진행할 수 있다.

학습 과제

1. 이 장의 내용을 요약하시오(A4용지 2장 내외).
2. 이 장의 내용을 시험문제로 출제하시오(객관식 7문항, 주관식 3문항).
3. 강의 중 할 수 있는 스팟 기법을 다섯 가지 이상 작성하시오(A4용지 3장 내외).

제13장

스팟 기법

1. 스팟이란 무엇인가

영어로 스팟(Spot)이란 태양의 흑점, 얼룩점, 장소, 지점, 현장, 행락지, 사마귀, 여드름, 위치, 얼룩, 때, 오점, 지폐, 조금, 점, 형기, 티, 즉석에서, 당장, 현지, 꼭, 딱, 정확히 등의 뜻을 갖는다. 스팟 기법이란? 인적자원관리 분야(Human Resource Development: HRD)에서 스팟 기법이라는 용어는 강사나 교육진행자가 분위기 조성과 전환을 위해 잠깐 활용하던 유머나 흥미유발 요소들을 모아서 활용하는 것을 말한다. 학교보다 산업교육 분야에서 활동하는 강사나 교육담당자들의 경우 어떻게 하면 성인학습자들의 흥미를 유발시켜 학습에 적극 참여하도록 할 것인가에 많은 관심을 가졌다. 학습의 현장에서 졸음을 쫓아내고, 학습에 좀 더 관심을 갖고 참여하도록 유도하기 위해 이러한 스팟 기법은 많이 활용되고 있으며 지금은 스팟 기법 자체를 체계적으로 연구하고 체계적으로 강의하는 강사들도 늘어나고 있는 실정이다.

1) 스팟은 어떻게 준비하나?

〈S: Study이다.〉

뭘 공부하느냐? 학습자들의 흥미와 관심을 불러일으킬 수 있는 것을 끊임없이 연구해야 한다. 학습자들이 학습에 지루하지 않고 자발적으로 학습에 적극 참여할 수 있도록 자극을 주어야 한다. 따라서 교수는 반드시 이러한 스팟을 연구, 개발해야 한다.

〈P: Play이다.〉

학습하는 것을 노는 것처럼 즐기게 만들어야 한다. 공부하는 것이 괴롭고 지겨운 것이 아니라 그 자체가 놀이처럼 흥미가 있고 아주 즐거워야 한다. 스팟은 학습을 놀이처럼 할 수 있도록 학습 효과를 극대화하는 촉매 역할을 해야 한다.

〈O: Own이다.〉

남의 것을 그대로 따라 하기보다 자신의 것으로 만드는 것이 중요하다.

〈T: Technic이다.〉

전문적으로 해야 한다. 다른 사람이 도입했던 부분을 그대로 모방해서 할 경우 참다운 느낌이 나지 않는다. 스팟을 할 경우에 자신의 성향이나 자신의 스타일에 맞게 준비하여 실시해야 효과가 매우 크게 나타난다.

2) SPOT는 언제 활용하나?

(1) 갑자기 주어지는 자투리 시간

교육 담당자가 강의를 진행할 때 강사가 늦게 도착할 경우, 강사가 교육을 너무 일찍 끝냈을 경우, 휴식 시간 후 다시 교육을 시작하는 시점에 활용할 수 있다.

(2) 강의 중 시선집중이 잘 안 되거나 기분전환을 필요로 할 때

본 강의와는 별개로 강의 시작 전과 강의 중, 강의 종료 시 등 다양하게 활용할 수 있다. 그러나 대부분의 경우 스팟 기법은 자투리 시간을 대신하는 것이라고 생각하는데, 이것은 잘못된 생각이다. 갑자기 주어지는 자투리 시간은 물론이고 강의 중에 시선집중이 잘 안 되거나 기분전환이 필요할 경우에 실시하면 효과가 크게 나타난다.

(3) 학습목표 달성에 스팟이 필요할 경우

학습목표를 달성하기 위해서는 다양한 자료나 기법들이 필요하다. 강의 효과를 극대화하기 위해서 학습자들에게 흥미가 있고 관심을 유도할 수 있으며 또한 학습 목표를 극대화할 수 있는 스팟 기법을 연구하는 것이 필요하다.

2. 강의 중 할 수 있는 스팟

1. 질문게임

(1) 목적

자신의 순발력을 강화시키며, 어떤 대상자를 선발하기 위해 실시한다.

(2) 인원

4~5명 정도

(3) 방법

가. 무조건 질문만 한다.
나. 질문에 웃거나 머뭇거리면 패한다.
다. 화를 내거나 질문한 사람을 두 번 보면 패한다.
라. 반복되는 질문을 하면 패한다.
마. 반말은 해도 된다.
바. 질문에 답을 하면 패한다.
사. 질문은 바로 옆 사람에게 하고 또 그 사람은 바로 옆 사람에게 순서대로 질문한다.

2. 3·6·9 게임

교육 중간에 지루할 경우 팀별로 3·6·9게임을 진행한다.

가. 3·6·9에는 박수를 친다.

나. 10단위에는 만세를 한다. 예를 들면 10, 20, 30, 40 등에 만세를 한다.

다. 연습 게임 후 본게임을 시작한다.

라. 제일 먼저 할 사람은 강사가 지명한다.

마. 시작하기 전에 3·6·9, 3·6·9, 3·6·9, 3·6·9라고 네 번 외치면서 양팔을 갈비뼈에 대고 친다.

바. 팀별로 몇 번까지 하는 것을 체크하여 팀의 점수를 준다.

3. 손가락 맞추기

〈진행요령〉

가. 손가락을 가위 모양으로 한다.

나. 전체가 다 일어서게 한다.

다. 양팔을 벌릴 만큼 간격을 넓힌다.

라. 가위 모양을 한 손가락을 한 채 양팔을 벌리고 빠르게 손가락을 가운데서 맞추게 한다.

마. 열 번 하여 정확하게 몇 번 이나 제대로 맞는지 세어 본다.

〈피드백 방법〉

가. 왼손가락이 위로 올라가면 우뇌 콤플렉스, 오른손가락이 위로 올라가면 좌뇌 콤플렉스, 손가락이 앞뒤로 왔다 갔다 하면 나르시즘에 도취

나. 어린아이들은 절대로 이렇게 못 맞춘다. 따라서 유치원 아이들에게는 주먹을 쥐로 맞추게 한다.

4. 주먹 쥐었다 펴기

〈진행요령〉

가. 주먹을 쥐었다 펴게 한다.

나. 1분 내에 가장 빨리 쥐었다 폈다 하여 몇 번이나 하는지 체크하게 한다.

다. 10초가 지난 후 10초 지났다고 이야기한다.

라. 10초 지난 후 10초 지났다고 하면 아직도 10초밖에 안 지났는데도 불구하고 엄청 힘들다는 사실을 안다.

〈피드백 방법〉

가. 오장육부가 손안에 있어서 건강에 좋다.

나. 머리가 좋아진다. 미국의 한 심리학자가 조사한 바에 의하면, 이 운동을 하기 전과 하고 난 후를 비교해 본 결과 이 운동을 하고 난 후 무의미 철자를 10% 정도 기억했다는 사실이 있다.

다. 자녀를 여러 학원에 보내지 말고 아침저녁으로 식구들끼리 벽을 보며 이 운동을 하면 건강에도 좋고 머리도 좋아진다.

5. 질문을 하거나 발표를 하게 만드는 방법

가. 테니스공을 준비한다.

나. 테니스공을 던져서 받는 사람이 발표하거나 질문하게 한다.

다. 첫 번째 공을 받은 사람은 다른 상대방에게 공을 던져서 질문하게 한다(예: 행복한 부부는 하루에 세 가지를 한다. 세 가지는 무엇일까요?). 테니스공을 던지면서 실제로 해 본다.

① 눈과 눈이 마주친다(Eye to Eye).

② 손과 손을 잡는다(Hand in Hand).

③ 마음과 마음이 통한다(Heart to Heart).

6. 왼손, 오른손 활용법을 통한 오빠 게임

가. 이목을 집중시킬 필요가 있을 때, 교육 종료 시점에 하면 좋다.

나. 오른손가락을 하나씩 꼽으면서 하나 구부리면 "일", 둘 구부리면 "이", 셋 구부리면 "삼", 넷 구부리면 "사", 다섯 구부리면 "오"라고 한다. 시범을 먼저 보이고 따라 하게 한다.

- 왼손의 경우 주먹일 경우에 묵
- 가위일 경우에 찌
- 보일 경우에 빠

다. "머리가 좋은지 나쁜지 알아보기 위해 하는 게임"이라고 말한 후 왼손과 오른손을 활용하여 번갈아 가며 따라 하게 한다.

라. 어느 정도 따라 하면 오른손은 '오'를 왼손은 '빠'를 하게 한다.

마. 이렇게 왼손과 오른손을 번갈아 하면 '오빠, 오빠'가 되는 것이다.

7. 왼손, 오른손 활용을 통한 환호법

이것은 아주 간단한 게임이다. 나에게 집중시키기 위하거나 스팟 타임에서 활용할 수 있다. "왼손을 올리면 박수를 쳐 주십시오", "오른손을 올리면 '와'하고 소리쳐 주십시오"라고 한 후 왼손 한 번 올리고 오른손 한 번 올린다. 몇 번을 시도한 후 왼손과 오른손을 동시에 올리면 박수 치면서 "와!" 하게 된다.

8. 음식 이름 대기

가족 간에 몇 개의 팀이 같이 갔을 경우에 부부끼리 나오게 하여 음식 이름을 돌아가면서 대도록 한다. 예를 들어 "육개장" 하면 그 다음 팀은 "순두부찌개", 또 그 다음 팀은 "김치찌개" 같은 식으로 계속하면 된다. 중간에 같은 음식 이름이 나오거나 머뭇거리면 틀린 것으로 간주하여 하나씩 탈락시킨다.

9. 포옹하기

부부나 연인 사이에 한다. 연인일수록 더 좋은 게임이다. 서로 포옹하게 하여 누가 더 밀착되어 있느냐를 가지고 등수를 매긴다. 포옹하면서 풍선 터트리기를 해도 된다.

10. 연인을 업고 한쪽 다리로 서기

남성이 여성을 업고 한쪽 다리로 오래 버티는 게임이다. 시간이 지날수록 중심을 잃고 비틀거리거나 힘이 빠져 포기하는 경우가 생기는데, 이 과정에서 재미와 흥미가 유발될 수 있다.

11. 뒤로 돌아서 고개 돌리기

이 게임은 짝을 정할 때 하면 재미있다. 두 사람을 앞으로 나오게 하여 하나, 둘, 셋 하면 고개를 오른쪽이나 왼쪽으로 돌리게 하여 같은 방향으로 나오는 팀을 짝으로 하면 된다.

12. 뒤로 돌아서 엉덩이 들이받기

두 사람을 앞으로 나오게 하여 일정간격을 유지시킨 후 하나, 둘, 셋 하면 엉덩이를 서로 들이받게 한다. 그래서 먼저 넘어지는 사람이 진다. 남자끼리 또는 여자끼리 실시해 보면 이 게임도 단순해 보이지만 재미있는 게임이다.

13. 닭싸움하기

한쪽 다리를 다른 한쪽 무릎에 올리고 한 손으로 잡는다. 그런 다음 다른 상대방과 같이 구부린 무릎끼리 부딪혀서 넘어뜨리면 이긴다. 이 게임도 가족끼리 하면 상당히 재미있다.

14. 딱지 뒤집기

두 팀으로 나누어서 네모나 동그라미 모양의 앞뒷면이 다른 딱지를 여러 장 준비해서 서로 많이 뒤집기를 한다. 상대방이 뒤집어 놓은 것을 다시 뒤집어도 된다. 이렇게 하면 아이는 신이 나서 잘 놀 수 있다.

15. 재기차기

재기 하나만 준비하면 한두 시간은 재미있게 놀 수 있다.

16. 신체부위 바닥에 닿게 하기

진행하는 사람이 가족들을 일렬로 세워 놓고 앞에 선다. 그런 후 "지금 나의 신체부위가 땅에 있는 부분이 몇 군데냐"고 물으면 양발이 닿아 있으므로 두 군데라고 할 것이다. 그렇게 설명한 후 조별로, 즉 4~5명씩 나누어 신체부위를 바닥에 닿게 한다.

예를 들면 4~5명이 한 조가 되었을 경우 '신체부위 네 개' 하면 그 조에서 4개의 신체 부위가 땅에 닿아야 한다. '두 개' 하면 2개만 그 조에서 신체부위가 바닥에 닿아야 하고 '하나' 하면 하나의 신체부위만 바닥에 닿아야 한다. '영' 하면 신체부위가 하나도 닿지 않아야 이기는 게임이다.

17. 6·4·3·2·1

방법은 다음과 같다.

가. 학습자들을 일렬로 세운다.

나. 앞 사람을 여섯 번 주무르거나 두들기게 한다.

다. 반대로 뒤에 있는 사람을 여섯 번 주무르거나 두들기게 한다.

라. 이번에는 네 번을 번갈아 가면서 두들기거나 주무르게 한다.

마. 이번에는 세 번, 다음에는 두 번 다음에는 한 번 하고 짝짝 박수를 치게 하면 된다.

강사는 하나둘셋넷다섯여섯, 하나둘셋넷, 하나둘셋, 하나둘, 하나, 짝짝이라고 소리 내어 말해 준다. 처음에는 천천히 하다가 다음에는 조금 더 빠르게 그 다음에는 더 빠르게 진행하면 재미있게 운영할 수 있다. 그리고 앞뒤로 했다가 다음에는 약간 비스듬히 옆으로 서게 해도 좋다. 졸리거나 몸을 움직일 필요가 있을 때 하면 도움이 된다.

18. 두들겨요, 두들겨

이 게임은 가장 많이 사용한다. 상대방의 몸을 두들겨 주는 게임인데, 이것도 마찬가지로 그냥 두들기기만 하는 것이 아니라 좀 더 유머가 있게 하는 것으로 방법은 다음과 같다.

가. 모두 우향우 하여 옆 사람 어깨를 주무르게 한다. 반대로도 한다.

나. 이번에는 어깨를 두들기게 한다. 어깨를 두들길 때도 그냥 하는 것이 아니라 처음에는 천천히 하다가 점점 속도를 높인다.

다. 어깨를 두들길 때 백두산부터 제주도까지 지도를 그리면서 아래쪽으로 내려온다.

라. 이러한 방법은 대부분 등이나 목만 두들겨 주는데 머리를 두들기게 하는 방법도 있다. 상대방의 머리를 가볍게 만져주기도 하고 손끝으로 두들기기도 한다. 이렇게 하면 혈액순환도 잘되고 머리도 맑아진다.

19. 비포 게임

패러다임의 전환을 설명하기 위해 실시할 수 있으며, 방법은 다음과 같다.

가. 손가락을 하나씩 접으면서 하나 접을 경우 '1', 두 개 접을 경우 '2', 세 개 접을 경우 '3', 네 개 접을 경우 '4', 열 개 접으면 '10'이라고 설명한다.

나. 다음은 기본을 말한다. 기본을 3으로 정하고 난 후 손가락을 2개 접으면 '3'이다. 다음에 4개 접을 경우 정답은 무엇일까? 정답은 2이다. 다음 하나 접을 경우 정답은 4이다. 즉, 정답은 지금 현재 손가락을 접기 바로 전에 손가락을 접은 개수가 정답이다. 왜냐하면 기본적인 게임의 룰이 Before Game이기 때문이다.

20. 휴대전화 게임

휴대전화를 활용한 개입에는 여러 가지가 있는데, 그 방법을 소개해 본다.

〈진행방법〉

가. 휴대전화를 모두 꺼내게 한다.

나. 강사나 진행자가 자신의 연락처를 가르쳐 준다.

다. 모든 사람에게 똑같이 번호를 가르쳐 주면서 자신의 번호로 전화를 하게 한다.

라. 강사에게 제일 먼저 전화를 걸어 통화가 연결된 사람에게 상품을 준다.

〈피드백〉

가. 강사 자신의 연락처를 모든 사람에게 공개한다.

나. 진행하면서 "상품이 걸려 있다고 하니 강사는 뒷전이고 휴대전화만 본다"거나 "스마트폰 많이 사용하는 젊은이들이 상품 탈 확률이 크겠죠?" 등의 재미있는 멘트를 하면 더욱 효과적으로 활용할 수 있다.

21. 도우미 팀 빌딩

진행목적은 다음과 같다.

가. 상대방 입장에서 생각해 보는 연습을 한다.
나. 직접 체험을 통하지 않고 잘 이해할 수 없다는 것을 알게 한다.
다. 팀 전원이 합심하지 않으면 목적을 달성할 수 없다는 것을 인식하게 한다.
라. Ice Breaking 목적으로 한다.
마. 팀별로 게임을 실시한다.

〈준비물〉

가. 고무풍선 30여 개
나. 초시계

〈진행요령〉

가. 고무풍선을 일정한 크기로 분다.
나. 고무풍선을 ㄷ자 모양으로 일정한 간격을 두고 배열한다.
다. 오른쪽의 그림과 같이 고무풍선을 배열한다.
라. 팀을 3~4명 단위로 나눈다.
마. 각 팀별로 대항을 시킨다.

〈게임규칙〉

가. 한 명씩 눈을 감고 고무풍선 ㄷ자 모양 끝까지 갔다 오게 한다.
나. 이때 나머지 팀들은 왼쪽, 오른쪽, 앞으로, 뒤로, 옆으로 하면서 고무풍선에 닿지 않도록 한다.
다. 게임에서 이기고 지는 것은 고무풍선에 닿지 않고 최대한 빨리 갔다 오는 팀이 이긴다.

22. 치고 빠지기

가. 왼손은 엄지와 검지를 붙여 동그랗게 오링을 만들고, 오른손은 가위 모양을 만들게 한다.

나. 사람들과 나란히 앉아 오른손 가위는 옆 사람의 오링에 넣었다가 잡히지 않고 재빨리 빼내야 하고, 왼손은 그 옆 사람의 오른손 가위를 잡아야 한다.

진행자는 처음 한두 번은 아주 큰 소리로 “하나, 둘, 둘반”이라고 해서 본게임 전에 연습게임을 시키도록 한다. 세 번째에 미리 “둘반은 없다”고 이야기해 주고 “하나, 둘, 셋”이라고 말하는데, 셋은 작게 말한다.

〈피드백〉

“사람이 치고 들어갈 때와 빠져나올 때를 잘 구분해야 된다”거나 “게임에서 이기려면 항상 준비가 되어 있어야 한다”는 등의 이야기를 한다.

23. 카이젠 활동(Kaizen Activity)

카이젠(Kaizen)은 일본의 카이젠, 즉 개선방식에서 유래된 것으로 업무의 프로세스를 개선하는 데 도움을 주기 위한 것이다.

가. 가능한 한 빨리 팀원이 1번~30번까지의 번호판을 순서대로 Touch 하고 원위치 한다.

나. 가능한 한 빨리 팀원이 30번~1번까지 역순으로 뒤집어진 번호판을 복구한다. 이 방법은 과제 1을 해결하고 난 후 해 보면 된다.

다. 준비물: 1번~30번이 쓰여 있는 30개 원형 번호판, 초시계, 호각, 원을 표시할 수 있는 청색 테이프 또는 분필

〈규칙사항〉

가. 팀원 중 1명만 원 안에 들어갈 수 있고 나머지 팀원은 원 밖에서 번호판을 터치한다.

나. 1번~30번까지의 번호판을 순서대로 터치해야 하며 반드시 번호를 큰 소리로 외쳐야 한다.

다. 원을 밟거나 원 안에 신체 일부가 들어갈 수 없다. 단, 번호를 터치할 때는 제외한다.

라. 규칙을 어기면 건당 10초 가산의 벌칙을 준다.

마. 1, 2차 실시 후 전략을 강구할 시간을 5분씩 준다. 일반적으로 3회 실시한다.

〈활동내용〉

가. 게임의 목적 및 진행순서, 규칙에 대해 설명한다.

나. 1차 실시의 경우 팀장들이 가위바위보를 해서 팀 순서를 정한다.

다. 정해진 팀 순서에 따라 팀원은 출발선에서 서서 호루라기 소리와 함께 원을 향해 뛰어간다.

라. 도착하자마자 1번~30번까지 터치하면서 다른 사람이 들을 수 있도록 외친다.

마. 팀별로 1차에 대한 반성 및 2차 실시에 대한 전략 수립 시간을 준다.

바. 2차 실시한다.

사. 3차 실시 전 경쟁사의 사례를 이야기해 주고 사고 발상을 새롭게 해야 한다고 제시한다.

아. 3차 실시한다.

〈최종 점수 확인 및 피드백 방법〉

가. 소수의 의견이 묵살되지는 않았는가?

나. 개인이 아닌 팀워크의 중요성에 대해서 인식했는가?

다. 획기적인 아이디어를 어떻게 구했는가?

라. 무엇을 느꼈는가? 즉, 업무의 개선, 프로세스, 현장 확인 등에 대해 피드백 한다.

24. 매직 넘버

"학습자들의 머리가 좋은지 저의 머리가 좋은지 테스트를 해 봅시다. 만약 학습자들이 이기면 오늘 저녁은 제가 사겠습니다"라고 말한 후 동기를 부여한다.

〈진행 절차〉

가. 학습자들에게 숫자 세 자리 숫자 단위를 세 번 부르게 한다.
나. 예를 들면 한 학습자가 2, 3, 6이라고 하면 부르는 숫자를 칠판에 받아 적는다.
다. 다음 학습자가 8, 2, 5라고 하면 마찬가지로 칠판에 받아 적는다.
라. 그 다음 학습자가 5, 3, 4라고 하면 마찬가지로 칠판에 받아 적는다.
마. 학습자 3명이 아무 숫자나 불렀기 때문에 강사도 2개의 숫자를 말하겠다고 한다.
바. 두 개의 숫자를 칠판에 적을 경우 하나의 숫자가 1,000이 되게 하여 총합 2,000이 되게 한다.
사. 총 숫자는 이천이라 하고 나머지 숫자를 적으면 된다.

예〉 학습자들이 말한 숫자 255, 827, 136
강사가 말한 숫자 745, 173
암산으로 한 숫자 2,136

25. 화투게임이 주는 인생의 지혜

(1) 비풍초똥팔삼

살면서 무엇인가를 포기해야 할 때 우선순위를 가르쳐 줌으로써 위기상황을 극복해 나가는 과정을 가르쳐 준다.

(2) 광박

인생은 결국 힘 있는 놈이 이긴다는 무서운 사실을 가르침으로써 광이 결국은 힘이라는 사실을 깨우치게 해서 최소한 광 하나는 가지고 있어야 인생에서 실패하지 않음을 깨우치게 한다.

(3) 피박

쓸데없다고 생각하는 피 하나가 고스톱에서 얼마나 중요한지를 깨우치게 해서 사소한 것 한 가지도 소홀히 보지 않도록 한다.

(4) 나가리

인생은 곧 '나가리'라는 허무를 깨닫게 해 주어 그 어려운 '노장사상'을 단번에 이해하게 한다.

26. What is it?

It 이 공통으로 의미하는 것은 무엇일까?

1. It is greater than God.

2. It is more evil than the devil.
3. Poor people have it.
   Rich people more it.
4. If you eat it, you will die.

What is it? Nothing.

초등학생에게 물어보면 85%가 정답을 맞히고, 중학생에게 물어보면 65%, 고등학생에게 물어보면 25%, 대학생 15%, 성인 5% 정도 맞춘다.

27. 있고 없고?

왼쪽에는 있고 오른쪽에는 없다. 그 차이점은?

영조에게는 있고 세종대왕에게는 없다.
교사에게는 있고 선생에게는 없다.
판사에게는 있고 법관에게는 없다.
이미자에게는 있고 조용필에게는 없다.
일본에게는 있고 미국에게는 없다.
삼각형에게는 있고 원에는 없다.
오른쪽에는 있고 왼쪽에게는 없다.

위의 왼쪽과 오른쪽의 있고 없고의 차이는 무엇일까요?

정답: 숫자

28. 단어 조합하기

아래에서 단어를 조합하여 핵심가치를 찾게 하는 게임이다. 핵심가치가 창조, 헌신, 융합, 책임, 소통, 협조, 혁신일 경우 가로, 새로 조합하여 단어를 찾게 하는 게임이다.

라	미	파	도	인	차	승	합	철	가	노
희	임	신	창	조	국	실	변	화	망	헌
비	매	습	인	전	울	창	구	지	현	신
봉	이	루	해	해	예,	전	체,	인	슬	윤
탁	부	범	귀	영	감	시	솔	중	융	주
월	민	인	준	통	헌	병	신	견	강	합
홍	오,	청	파	책	병	용	창	영	실	김
창	늘	푸	수	유	태	협	도	기	원	하
라	하	소	환	자	입	기	차	바	인	양
책	신	통	재	아	삽	인	수	마	태	혁
통	임	인	협	조	형	효	과	역	어	신

개요

이 장에서는 ① 인생 태도 ② 상대방을 장점으로 보는 연습 ③ 나의 자아상태 ④ 스트로크 ⑤ 좋은 관계를 유지하는 방법 등 평생학습자가 좋은 관계를 유지하는 방법에 대해 살펴본다.

학습 목표

1. 나의 인생 태도를 설명할 수 있다.
2. 상대방을 장점으로 보는 방법을 설명할 수 있다.
3. 나의 자아 상태에 대해 설명할 수 있다.
4. 좋은 스트로크 활용방법을 세 가지 이상 설명할 수 있다.
5. 좋은 인간관계를 유지해 나가는 방법을 다섯 가지 이상 설명할 수 있다.

학습 과제

1. 이 장의 내용을 요약하시오(A4용지 2장 내외).
2. 이 장의 내용을 시험문제로 출제하시오(객관식 7문항, 주관식 3문항).
3. 갈등이 있었던 상대방을 떠올리고, 갈등을 해결해 나갈 수 있는 방법 중 스트로크 활용법을 적용하여 어떻게 갈등을 해결해 나갈 수 있는지 설명하시오(A4용지 2장 내외).

제14장

평생학습자 이해

- 1. 인생 태도 진단
- 2. 상대방의 장점을 보는 연습
- 3. 나의 자아 상태
- 4. 스트로크
- 5. 상대방과 좋은 관계를 맺는 방법

1. 인생 태도 진단

아래 문항을 읽고 매우 계속할 수 있다면 5쪽에, 매우 계속할 수 없다면 1쪽에 체크해 보라. 3은 보통이다.

나의 인생 태도 진단

1. 하나의 일을 끈기 있게	계속 못한다.	1 2 3 4 5	계속할 수 있다.
2. 하루의 일을 효과적으로 활용	하지 않는다.	1 2 3 4 5	많이 활용하고 있다.
3. 일에는 흥미나 재능을	못 살리고 있다.	1 2 3 4 5	많이 살리고 있다.
4. 일할 때 실수를	자주 한다.	1 2 3 4 5	하지 않는다.
5. 일을 연구개선하기를	잘 못한다.	1 2 3 4 5	매우 좋아한다.
6. 타인과의 접촉은	잘 못한다.	1 2 3 4 5	매우 좋아한다.
7. 타인의 말에	신경을 쓴다.	1 2 3 4 5	신경 안 쓴다.
8. 타인은 나와 함께 있기를	피하고자 한다.	1 2 3 4 5	피하려 하지 않는다.
9. 사회적 문제에 대한 관심은	그다지 없다.	1 2 3 4 5	대단히 많다.
10. 평상시 사귀는 친구는	적다.	1 2 3 4 5	많다.
11. 나라는 인간이	싫다.	1 2 3 4 5	좋아한다.
12. 자기 장래에 불안을	가지고 있다.	1 2 3 4 5	가지고 있지 않다.
13. 사물을 혼자 생각하는 습관은	적다.	1 2 3 4 5	매우 많다.
14. 나는 사람을 잘 이해	할 수 없다.	1 2 3 4 5	할 수 있다.
15. 자신의 행동에 착오는	자주 있다.	1 2 3 4 5	거의 없다.
16. 놀이에 참여하는 것은	귀찮다.	1 2 3 4 5	매우 즐겁다.
17. 가족여행을 정기적으로	하지 않는다.	1 2 3 4 5	자주 한다.
18. 외출이나 출장 중에 집에 전화를	걸지 않는다.	1 2 3 4 5	자주 건다.
19. 일에 관한 것은 가족에게	말하지 않는다.	1 2 3 4 5	잘 말한다.
20. 가족에게 괴로움을	자주 끼친다.	1 2 3 4 5	끼치지 않는다.
총점			

앞의 문항들은 인생 태도에 대한 점수이다. 전반적인 인생 태도 점수가 어느 정도 되는지 알아보는 문항이다. 긍정적인 인생 태도인지 부정적인 인생 태도인지 확인한 질문이다. 100점 만점에서 50점 내외이면 보통이고 70점 이상이면 긍정적이며 50점 이하이면 부정적인 인생 태도를 가지고 있다.

행복한 삶을 위한 세 가지 선택이 있다.

행복도 선택이고 불행도 선택이다. 행복한 삶을 선택하라.

행복이란 스스로 만족하다고 하는 사람들의 것이다.

행복한 삶을 선택하는 세 가지 방법이 있다.

첫째, 긍정적인 생각을 선택하라!

긍정적인 생각을 선택하면 긍정적인 에너지가, 부정적인 생각을 선택하면 부정적인 에너지가 생긴다.

착각을 하더라도 부정적인 착각보다 긍정적인 착각을 하라.

부정적인 생각의 선택에서 긍정적인 생각의 선택으로 고쳐먹는 연습이 필요하다.

기뻐하기로 선택하라! 감사하기로 선택하라! 미소 짓기로 선택하라!

내가 먼저 하기로 선택하라! 할 수 있다는 것으로 선택하라!

좋아질 것이라고 선택하라!

된다고 선택하라! 괜찮다고 선택하라!

여기서 중요한 것은 그럴 수 없는데도 불구하고 그렇게 하기로 '긍정적인 생각으로 선택하기로'가 중요하다.

둘째, 지금을 선택하라!

톨스토이의 저서 『세 가지 질문』이 있다.

① 가장 중요한 시간은 언제인가?

② 가장 중요한 사람은 누구인가?

③ 가장 중요한 일은 무엇인가?

결론부터 말하면 가장 중요한 시간은 지금이며, 가장 중요한 사람은 지금 내 옆에 있는 사람이고, 가장 중요한 일은 현재 하고 있는 일이다.

셋째, 가치 있는 삶을 선택하라!

행복과 쾌락을 추구하지 말고 가치 있는 삶을 선택할 때 행복은 저절로 찾아온다.

증오나 투기보다 사랑(Love), 염려나 고통보다 희락(Joy), 원수 맺는 것, 분쟁보다 평화(Peace), 경솔함보다 인내(Patience), 무관심, 냉담보다 자비(Kindness), 불친절보다 선량함(Goodness), 배신보다 충성(Faithfulness), 포악보다 온유(Gentleness), 방랑함보다 절제(Self control)를.

아래 문항을 보고 자신에게 해당된다고 생각하는 것에 3점 해당되지 않는 것에 0점 어느 쪽이라고 할 수 없는 것에 1점을 체크란에 쓰시오.

〈A형〉

구분	질문 내용	체크
1	나는 자신에 대해 성실한 편이다.	
2	나는 다른 사람으로부터 상처받기 쉬운 편이다.	
3	나는 나 자신에게 능력이 없다고 체념하는 경우가 자주 있다.	
4	나는 나의 실패를 별로 마음에 두지 않는다.	
5	나의 패션 감각을 좋아하는 편이다.	
6	나는 왜 이런 짓을 하고 있을까? 하고 생각할 때가 종종 있다.	
7	나는 내가 하고 싶은 일이라도 다른 사람이 싫어할 것 같으면 참는다.	
8	나는 나의 행동이나 말에 자신을 가지지 못한다.	
9	나는 나에게 감추어진 재능이 있다고 생각한다.	
10	나는 남에게 비판을 받으면 아무 말도 하지 못한다.	
11	나는 좋아하는 사람에게는 내가 먼저 접근한다.	
12	나는 대부분의 일을 '하면 된다'고 생각한다.	
13	나는 나 자신을 매력적이라고 생각한다.	

구분	질문 내용	체크
14	나는 싫은 일이 있어도 금방 기분전환을 할 수 있다.	
15	나는 하고 싶은 일이나 즐거운 일이 많다.	
16	나는 남에게 거리낌 없이 말하는 것이 별로 마음에 걸리지 않는다.	
17	나는 나 자신을 스스럼없이 드러내 보이면 상대방이 나를 싫어할 것 같은 느낌이 든다.	
18	나는 내가 먼저 상대방에게 접근하는 일은 거의 없다.	
19	나는 나의 생활 방식이 마음에 든다.	
20	나는 상대방이 화제로 삼고 싶어 하지 않는 일에 대해서는 말을 하지 않는 편이다.	
21	나는 무엇을 해도 잘되지 않을 것 같은 느낌이 든다.	
22	나는 상대방과 비교해서 자신이 쓸모없게 생각되는 일이 자주 있다.	
23	나는 내가 느낀 것은 무엇이든 상대방에게 이야기하는 편이다.	
24	나는 나의 호의가 상대방에게 피해가 되는 것은 아닐까 걱정이 된다.	

〈B형〉

구분	질문 내용	체크
1	나는 '이 사람이 있어서 다행이다'라고 생각하는 일이 많다.	
2	나는 남과 함께 일을 하면 잘 안 되는 경우가 많다.	
3	나는 나의 취미에 맞지 않는 사람과는 사귀고 싶지 않다.	
4	나는 상대방이 여러 가지 일에 대해서 이야기하는 것을 듣는 편이다.	
5	나는 다른 사람이 나에게 친절해도 반갑지 않다고 느끼는 일이 있다.	
6	나는 상대방이 좋은 점, 장점을 이야기할 때 잘 들어주는 편이다.	

구분	질문 내용	체크
7	나는 상대방이 실패하거나 실수를 해도 그다지 초조해 하지 않는다.	
8	나는 나와 다른 사고방식을 가지고 있는 사람과도 친근해질 수 있다.	
9	나는 다른 사람이 '연애란 이런 것이다'라고 말할 때 반론을 편다.	
10	나는 상대방의 결점이 하나라도 눈에 띄면 상대방의 모든 것이 싫어진다.	
11	나는 상대방과 싸움을 해도 화해의 실마리를 스스로 만들 수 있는 사람이다.	
12	나는 귀찮은 일에는 될 수 있는 대로 관여하고 싶지 않다.	
13	나는 남에게 무엇인가 해 주거나 받는 것을 좋아한다.	
14	나는 즐거워 보이는 사람을 보면 자신까지 유쾌해진다.	
15	나는 무엇을 해도 잘 해내지 못하는 사람이 많다고 생각한다.	
16	나는 스스로 나 자신은 이렇게 노력하고 있는데 상대방은 그렇지 않다고 생각하는 일이 자주 있다.	
17	나는 무엇인가 분쟁이 생기면 남의 탓으로 돌려 버리는 일이 많다.	
18	나는 상대방을 진심으로 좋아한다고 느끼는 일이 자주 있다.	
19	나는 사적인 일은 거의 남에게 이야기하지 않는다.	
20	나는 상대방의 무관심함에 화가 나는 일이 자주 있다.	
21	나는 상대방의 싫은 면도 포함해서 교제해 나갈 수 있다.	
22	나는 옆이 있는 어떤 사람보다 더 좋은 상대가 반드시 있으리라고 생각한다.	
23	나는 '당신과 함께 있으면 안심이 된다'라는 소리를 다른 사람들로부터 자주 듣는 편이다.	
24	나는 남의 말을 있는 그대로 잘 믿는 편이다.	

– 채점 방법

해당되는 칸에 점수를 쓰고 더한다.

〈A형〉

문항	1	4	5	9	11	12	13	14	15	16	19	23	합계	내용
점수														자기 긍정
문항	2	3	6	7	8	10	17	18	20	21	22	24	합계	내용
점수														자기 부정

〈B형〉

문항	1	4	6	7	8	11	13	14	18	21	23	24	합계	내용
점수														타인 긍정
문항	2	3	5	9	10	12	15	16	17	19	20	22	합계	내용
점수														타인 부정

2. 상대방의 장점을 보는 연습

우리는 일상생활을 하면서 상대방에 대해서 자신의 기분에 따라 아무렇게나 생각하고 판단하는 경우가 많다. 그 판단이 긍정적일 때에는 별 문제가 없지만 부정적일 경우에는 살아가는 데 매우 곤란을 겪을 수도 있다. 따라서 상대방을 보는 눈이 부정적일 경우 상대방을 긍정적으로 인식하려고 노력하는 것은 상당히 중요하다. 여기서는 부정적으로 볼 수 있는 것을 긍정적으로 볼 수 있도록 연습을 해 본다. 예를 들면 '저 사람은 매우 소심하다'라고 부정적으로 보아왔던 것을 '저 사람은 매우 차분하고 세심한 사람이다'라고 긍정적으로 볼 수도 있다. 또한 '저 사람은 건방지다'라고 부정적으로 보던 것을 '저 사람은 매사에 자신감 있고, 의욕이 있으며, 책임감이 강한 사람'이라고 긍정적으로 인식할 수도 있다. 이와 같이 상대방에 대해서 부정적인 태도를 가지고 있는 사람은 그동안 긍정적으로 인식할 수 있는 것을 부정적인 눈으로 보고 있었다는 것이다. 따라서 상대방에 대한 긍정적인 태도와 상대방의 단점을 장점으로 인식하는 연습이 필요하다. 그 연습을 통해서 상대방에 대한 긍정적인 태도를 형성할 수 있다.

고집불통 → 끈기 있는, 자신감 있는, 인내심이 강한
건방진 → 자신감 있는, 의욕이 있는, 책임감이 강한

단점으로 인식	장점으로 인식
아부하는	
경쟁적인	
나서는, 설치는	
독재적인	
공격적인	

단점으로 인식	장점으로 인식
엉뚱한	
냉정한, 차가운	
거만한	
신경질적인	
편파적인	
허황된	
경솔한	
게으른	
이기적인	

1) 아스퍼거(Asperge)형 인간과 사스퍼거(Sasperger)형 인간

나는 어떻게 세상을 살아가고 있는가? 네 가지 유형 중 하나의 유형으로 세상을 본다. 첫 번째, 자기긍정, 타인긍정, 두 번째, 자기부정, 타인부정, 세 번째, 자기부정, 타인긍정, 네 번째, 자기긍정, 타인부정이다. 이 중 네 번째, 자기긍정 타인부정적인 인생 태도를 갖고 살아가는 사람들의 유형 중 아스퍼거형 인간과 사스퍼거형 인간이 있다.

원래는 아스퍼거 증후군(Asperge syndrome), 사스퍼거 증후군(Sasperger syndrome)이다. 아스퍼거 증후군이란 자폐성 장애처럼 사회적 상호 교류의 장애, 제한된 관심, 행동 장애를 보이지만, 언어 및 인지 발달은 비교적 다른 영역보다 정상적인 발달 수준에 있는 전반적 발달장애의 한 유형으로, 1944년 오스트리아의 의사인 한스 아스퍼거가 이 장애를 자폐성 정신질환이라고 지칭하며 최초로 증상을 기술했다. 말할 때 운율이 없고 표정도 없고 상대방의 감정을 공감하지 못하고 대화할 때 답답하며 눈치가 없다.

사스퍼거 증후군은 자신에게 한없이 관대하고 남들에게는 무자비하다. 이기적인 범주를 넘어 남에 대한 최소한의 예의조차 없으며 잔인할 정도로 무자비한 사람을 말한다. 사스퍼거 증후군 환자의 경우 남을 이해하지 못한다는 점에서는 아스퍼거와 동일하나, 남들에게 피해를 준다는 점에서 다르다. 발달장애인을 제외하고도 세상을 살아가면서 아스퍼거형 인간과 사스퍼거형 인간들을 많이 보게 된다. 예를 들면 아스퍼거형 인간은 남을 배려할 줄 모르는 인간이다. 식당에서 아이들이 떠들어도 남이 뭐라고 하면 "왜 내 아이 기를 죽이냐"고 한다. 전철이나 버스 안에서 큰 소리로 통화하면서 다닌다. 상대방은 안중에도 없이 자기만 생각한다. 사스퍼거는 자기가 잘못했으면서 상대방이 뭐라고 하면 상대방에게 과할 정도로 피해를 준다.

아스퍼거형 인간은 양심의 가책도 없는 사람 사스퍼거는 양심의 가책뿐만 아니라 법을 어기고 죄까지 저지르는 유형으로 보아도 무리가 없을 듯하다. 사회가 점점 각박해져감에 따라 치열한 경쟁의 현실이 만들어낸 결과가 아닌가 싶다. 남을 떨어뜨리지 않으면 내가 살 수 없는 잔인한 경쟁사회는 자연스럽게 아스퍼거와 사스퍼거를 대량 양성하고 있는지도 모른다. 이들에게 있어 베푼다는 의미는 무가치한 사항이며 오히려 자신의 귀중한 시간을 낭비하는 것으로 착각한다. 배려와 나눔은 선택이 아니다. 사회는 경쟁이 아니라 배려와 나눔으로 유지되어야 한다.

3. 나의 자아 상태

평상시 자기의 행동을 생각하여 아래 내용과 일치하면 3점표, 일치하지 않으면 0점, 애매모호 하면 1점을 빈칸에 표시하시오.

1	자기의 손익을 생각하고 행동하는 편이다.					
2	자유롭게 행동하는 사람이라고 생각한다.					
3	남의 말을 가로막고 자기생각을 말하는 일이 있다.					
4	생각하고 있는 바를 잘 말하지 못하는 성격이다.					
5	다른 사람을 엄하게 비판하는 편이다.					
6	다른 사람에 대해 헤아려 주는 바가 강하다.					
7	상대방의 좋은 점을 잘 알아차리는 편이다.					
8	대화 중에 감정적이 되는 일은 적다.					
9	호기심이 강한 편이다.					
10	시간이나 금전에 대한 약속을 소홀히 하는 것을 싫어한다.					
11	사람들로부터 좋은 인상을 받고 싶어 한다.					
12	남이 부탁하면 거절 못하는 편이다.					
13	양보심이 많으며 참는 편이다.					
14	사회의 규칙, 윤리, 도덕 등을 중시한다.					
15	사물을 분석적으로 깊게 생각한 다음에 결정한다.					
16	싫은 일은 이유를 붙여 뒤로 미루는 경향이 있다.					
17	아이들이나 남의 일을 돌보아 주는 것을 좋아한다.					
18	자기생각을 주장하기보다 타협하는 일이 많다.					
19	감정보다는 이성적인 편이라고 생각한다.					
20	예절이나 규범에 까다로운 편이다.					
21	남의 의견은 찬반양론을 듣고 참고로 한다.					
22	오락이나 음식 등을 만족할 때까지 찾는 편이다.					
23	책임감을 남에게 강하게 요구한다.					
24	남에 대해 융통성이 있는 편이다.					
25	남의 안색이나 말에 신경을 쓰게 된다.					
26	괴로울 때는 참는 편이다.					

27	"해야 한다. 하지 않으면 안 된다"는 말을 자주 쓴다.					
28	말하고자 한 것을 거리낌 없이 말해 버리는 편이다.					
29	작은 잘못이라도 흐지부지 지나치지 않는 편이다.					
30	남의 기대에 어긋나지 않도록 노력을 많이 한다.					
31	자기감정을 억누르는 편이다.					
32	원하는 것을 손에 넣지 않으면 못 배기는 편이다.					
33	무슨 일이나 사실에 입각해서 판단한다.					
34	"이야, 멋있다, 우아!" 등 감탄사를 자주 쓴다.					
35	자신이 없고 열등감을 느낄 때가 많다.					
36	여러 가지 책을 많이 읽는 편이다.					
37	농담을 잘하는 편이다.					
38	화내는 일이 많은 편이다.					
39	'좋다, 나쁘다'를 분명하게 말한다.					
40	앞으로의 일을 냉정하게 생각하고 행동한다.					
41	잘 모르는 것은 질문이나 상의해서 처리한다.					
42	아이들이나 부하의 잘못에 대해 관대하다.					
43	상대방의 말에 귀를 기울여 공감하는 편이다.					
44	아이들이나 부하를 엄격히 교육시킨다.					
45	흥에 취하면 도가 지나치는 행동을 할 때가 있다.					
46	길을 물으면 친절히 가르쳐 준다.					
47	감정이 풍부하고 눈물이 많은 편이다.					
48	친구나 가족들에게 무엇이든 사 주는 것을 좋아한다.					
49	몸이 좋지 않을 때는 자중해서 무리를 피한다.					
50	동정심이 많다고 생각한다.					
점수 계						
총점						

점수 계산하는 방법은 빈칸의 점수를 세로로 더한다. 첫 번째 점수는 FP, 두 번째 점수는 MP, 세 번째 점수는 A, 네 번째 점수는 FC, 다섯 번째 점수는 AC의 점수이다.

나의 마음상태 다섯 가지

마음! 인간에게 마음이 있는가? 마음이 있다면 그 마음이란 도대체 어떤 것인가? 눈으로 볼 수도 없고 손으로 만질 수도 없지만 우리는 마음에 대해서 많이 이야기한다. 착한 마음, 나쁜 마음, 엄마 같은 마음, 아빠 같은 마음, 아이 같은 마음, 공자 같은 마음, 부처님 같은 마음, 예수님 같은 마음 등과 같이 우리는 마음에 대해서 많은 이야기를 한다.

흔히 사람들은 모든 일이 마음먹기에 달려 있다고 한다. 마음은 어떤 모습을 하고 있는 것일까? 미국의 정신의학자 에릭 번은 인간의 마음상태를 체계적으로 구분했다. 그는 인간의 마음 상태에는 크게 세 가지가 있다고 보았다.

첫째, 가르침을 받은 나, 즉 부모의 마음상태(Parent. P), 둘째, 생각하는 나, 즉 성인의 마음상태(Adult, A), 셋째, 느끼는 나, 즉 어린이의 마음상태(Child, C)이다. 이 세 가지 마음 상태에 대해 구체적으로 설명하면 다음과 같다.

어린이의 마음상태(C)는 말 그대로 어린이 같은 마음이다. 즉, 자기중심적이며 자신이 알고 있는 그대로 표현하는 자유분방하고 감정 표현이 풍부한 마음이다. 이 어린이의 마음 상태는 부모의 영향을 받으며 그 영향에 의해서 본래의 모습이 변한다. 따라서 어린이의 마음 상태는 부모의 영향 정도에 따라서 '자유로운 어린이의 마음상태(Free Child, FC)'와 '순응하는 어린이의 마음상태(Adapted Child, AC)'의 두 가지로 구분한다. 자유로운 어린이의 마음상태(FC)는 부모의 영향을 가장 적게 받은 부분으로 천성적이며 자연스럽게 행동하는 것이다. 이 마음 상태는 본능적, 자기중심적, 공격적인 것과 동시에 호기심이나 충동적인 표현이 많다. 또한 규칙이나 법률, 도덕 등의 현실을 생각하지 않고 즉석에서 쾌락을 추구하는 경향이 있다. 순응하는 어린이의 마음상태(AC)는 어릴 때 부모의 영향을 가장 많이 받아서 형성된 부분이다. 이 마음은 부모의 애정을 잃지 않기 위해서 그 기대에 부응하려고 사용한 갖가지 순응의 양식이 포함된다. 합리적으로 잘 순응한 어린이의 마음상태는 대인관계에서의 적절한 대응 방법으로 진행되기도 하지만 한편으로는 자유로운 어린이의 마음상태를 희생시키고 진짜 감정을 억압해서 착한 아이가 되거나 현실을 회피해서 자폐적이 되기도 한다.

성인의 마음상태(A)는 자신의 내부에 있는 컴퓨터와 같은 것이다. 즉, 합리적이고 논리적이며 사실을 기초로 한 자료를 수집하고 그것을 정리 통합하는 마음이다. 성인의 마음이 부모의 마음상태나 어린이의 마음상태를 통제한다.

부모의 마음상태(P)는 주로 부모로부터 가르침을 받은 마음상태로서 다시 아버지의 마음상태(Father Parent FP)와 어머니의 마음상태(Mother Parent MP)로 구분된다. 아버지의 마음상태는 주로 권위적, 보수적, 비판적, 이상적, 규제적 마음상태에 해당되며, 어머니의 마음상태는 주로 양육적, 보호적, 지지적, 동정적인 마음이 많은 상태를 말한다.

번(Eric Berne)은 인간의 마음 구조를 크게 세 가지로 구분하여 설명하고 있다. 또한 작게는 그 세 가지 마음이 어떻게 기능하느냐에 따라서 다섯 가지로 분석했다. 프로이트의 정신분석 이론과 비교해서 번이 분류한 마음을 보면 정신분석에서 본능(ID)은 어린이의 마음상태에 가까운 것이고, 자아(EGO)는 성인의 마음상태에 해당되는 것이며, 초자아(SUPER EGO)는 부모의 마음상태에 가까운 것이라고 보아도 무방할 것이다.

왜 예스맨이 많을까?

실제 연수 교육을 하다 보면 P(부모의 마음상태), A(성인의 마음상태), C(어린이의 마음상태) 중에서 P가 우세한 사람들이 많은 것으로 나타난다. 특히 관리자들의 경우 P 중에서 FP(아버지의 마음상태)와 A가 높은 사람들이 많았다. 상대적으로 MP(어머니의 마음

상태)와 FC(자유로운 어린이의 마음상태)는 낮게 나오는 경향이 있었다. FP가 높은 관리자는 주로 AC가 높은 부하를 만들어낸다. MP가 높은 관리자 밑에서는 주로 FC가 높은 부하가 생겨난다. 우리나라 직장인들 가운데 '예스맨'이 많은 이유는 주로 FP가 높은 관리자 밑에서 생활하기 때문이다. 그러나 이런 관계는 그리 바람직하다고 할 수 없다. 왜냐하면 이런 관계에서는 사디즘과 마조히즘적인 관계가 성립되기 쉽고 자발적인 아이디어나 창의적인 아이디어가 잘 나오지 못한다.

부모와 자식의 관계도 마찬가지이다. FP가 높은 부모 밑에서 자란 아이는 AC가 높게 나온다.

매력적인 사람 괜찮은 나 만들기

모든 사람의 마음에는 위의 다섯 가지 마음상태가 많든 적든 모두 들어 있다. 괜찮은 나 매력적인 나를 만들기 위해서는 마음 상태를 때와 장소에 따라서 적절하게 사용해야 한다. 오락, 레크리에이션, 회식 등을 하는 장소에서는 자유로운 어린이의 마음 상태가 많이 나와야 하며, 회사에서 업무를 볼 때에는 성인의 마음상태에서 일을 해야 한다. 그리고 환자를 돌볼 때에는 어머니의 마음상태가 있어야 하며 남을 질타할 때에는 아버지의 마음상태가 필요하다. 사람의 성격은 대개 장점이나 단점으로 나누어 표현되지만 여기서는 강점이라는 말을 써 보자. 다시 말해 그 사람의 성격에는 장단점이 따로 있는 것이 아니라 모두가 다 강점인데 그 강점을 지나치게 많이 사용했거나 지나치게 사용하지 않았을 경우 그 사람의 약점이 된다는 의미이다.

그러므로 때와 장소에 따라 각각의 마음상태 에너지를 적절히 사용하는 것이 바람직한 인간관계를 형성하는 데 무엇보다 중요하다. 다섯 가지 마음상태 중에서도 때와 장소를 가리지 않고 항상 높게 나오거나 항상 낮게 나오는 경우 개선하는 방법은 낮게 나올 점수를 높여 주면 된다. 왜냐하면 항상 점수가 높게 나오는 부분은 그 사람에게 오랫동안 길들여진 생활습관이나 행동이기 때문에 한 번에 바꾸기란 매우 힘든 일이다. 점수가 낮게 나오는 마음상태는 그러한 마음상태를 높이기 위한 행동을 조금만 조성해 주면 충분히 만회할 수 있기 때문에 그 같은 마음 상태를 개선하는 것이 보다 쉽고 생산적이다.

괜찮은 나, 매력적인 사람이 되는 것은 의외로 간단하다. 간단한 마음상태의 진단을 통해서 그 개선 방법을 모색해 본다. 한 가지 사례를 들어 보자. 오토바이 뒤에 여자를 태우고 시속 100km로 달리던 폭주족이 버스와 정면충돌하는 사고가 일어났다. 이 광경을 본 뒤 자신의 마음속에 가장 먼저 떠오르는 생각을 말로 표현해 본다. 물론 이때 여러 가지 생각이 동시에 떠오를 수도 있다. 그러나 가장 먼저 생각나는 마음 상태를 말로 표현해 본다. 언젠가 두 남녀의 만남을 주선하는 자리에서 이 방법을 시도해 보았더니 남자는 '먼저 차의 번호를 적는다(A성인의 마음상태)'라는 반응을 보였고, 여자는 '빨리 병원에 데리고 가야 할 텐데(MP어머니의 마음상태)'라는 반응을 나타냈다.

앞의 글을 읽은 사람이라면 위의 반응 결과만 가지고도 양자 모두의 마음상태를 개선하는 방법을 찾아낼 수 있을 것이다. 남자는 P(부모의 마음상태)나 C(어린이의 마음상태)를 높이기 위해 노력해야 하고 여자의 경우에는 A(성인의 마음상태)나 C(어린이의 마음상태)를 높여야 한다.

조금 더 나아가 보자. 앞에서도 이야기했지만 이 다섯 가지 마음상태를 때와 장소, 즉 상황에 따라서 적절히 그 에너지를 발휘하면 누구나 매력적인 사람이 될 수 있다. 사교적인 만남의 자리에서는 FC가 많이 발휘되어야 대화가 부드럽게 이루어질 수 있다. 그래서 그 두 사람이 서로 친숙해질 수 있도록 노래방에 가도록 권유했다. 그리고 남자에게는 여자를 감싸주는 보호의 마음을 높이기 위해 데이트할 때마다 여자를 집까지 데려다 줄 것과 FC를 높이기 위해 데이트할 때마다 유머를 한 가지 준비해 오도록 권유했다.

매력이란 특별한 것이 아니다. 때와 장소에 따라서 적절한 에너지를 발휘하는 것이 바로 매력이며 그렇게 할 수 있는 사람이 매력적인 사람이다. 여자나 남자나 모두 마찬가지이다. 외모와는 관계없이 매력이 느껴지는 사람들에게는 남들이 갖지 못한 어떤 강한 에너지가 있다. 사람을 만날 때 적절한 FP・MP・A・FC・AC의 마음상태를 잘 발휘할 수 있어야 한다. 괜찮은 사람 매력적인 사람은 일할 때, 놀 때, 봉사할 때 등 그 상황에 따라서 각각의 에너지를 항상 적절히 발휘한다. 반면에 매력이 없는 사람은 놀 때도, 일할 때도, 봉사할 때에도 그 상황에서 적절한 에너지를 발휘하는 데 서투르다. 예컨대 노래방에 가서는 FC가 높게 나와야 하는데 합리적이고 논리적인 A의 마음이 계속해서 나온다면, 즉 남이 놀 때 '오늘 술값 누가 내나', '집에는 몇 시에 가지?' 같은 생각만 하면 그 사람은 결코 매력적인 사람이 될 수 없다. 매력이란 스스로 만들 수 있다. 자기에게 어떤 에너지가 넘치고 어떤 에너지가 잘 발휘되지 않는지를 정확히 파악하고 때와 상황에 맞게 에너지를 발휘할 수 있는 사람이 바로 매력적인 사람이다.

상대방을 기쁘게 하고 나도 즐거워지는 방법: 스트로크 이해

사람이 살아가기 위해서는 어떤 형태로든 자극을 받아야 한다. 그 자극을 교류분석에서는 '스트로크(stroke)'라고 한다. 스트로크는 일종의 정신적 자양분이다. 이를 통해 자신의 존재를 확인하게 된다. 심리학자들이 이런 실험을 한 적이 있다. 어미 쥐가 새끼를 낳으면 곧바로 핥아 주는데, 핥아 준 집단과 핥아 주지 않은 집단을 비교한 결과 핥아 준 집단의 쥐가 건강하고 뇌도 잘 발달되어 있었다.

적절한 스트로크는 사람을 기분 좋게 만들고 대인관계를 원만하게 만들어 주지만 적절하지 못한 스트로크는 이와 반대로 작용한다. 스트로크란 신체 접촉, 윙크, 말하기를 포함하여 매우 넓은 의미로 사용된다. 일반적으로 타인의 존재를 인정하기 위한 작용이나 행위를 가리키며, 자신의 존재를 확인시키는 행위이기도 하다. 양육자로부터의 신체 접촉 등 신체적 스트로크에 대한 욕구는 성장한 뒤에 칭찬이나 허락 등의 정신적 스트로크에 대한 욕구로 이행된다. 사람마다 다소 차이는 있지만 우리 모두는 자기의 존재를 인정받으려는 욕구를 갖고 있다. 우리가 생활하기 위해 세 끼의 식사를 필요로 하듯 스트로크도 사람에게 필요 불가결한 것이다. 자신이 받은 스트로크의 종류와 강도에 따라 그 사람의 미래가 정해지기도 한다. 어렸을 때부터 긍정적인 스트로크를 받고 자란 사람에게는 긍정적인 인생 태도가 형성되고, 부정적인 스트로크를 받고 자란 사람에게는 부정적인 인생 태도가 형성된다.

4. 스트로크

스트로크의 종류에는 첫째, 긍정적인 스트로크와 부정적인 스트로크가 있다. 긍정적인 스트로크는 모든 '쾌락의 자극'을 지칭한다. 상대방이 나를 기분 좋게 만드는 모든 자극이 긍정적인 스트로크이다. 예를 들어, 칭찬이나 격려, 포옹이나 악수, 우수한 성적이나 승진 등이 모두 긍정적 스트로크이다. 사람은 이러한 긍정적인 스트로크를 받지 못하면 부정적인 스트로크라도 얻으려고 한다. 애정 결핍 어린이는 일탈적 행동을 통해 부모에게 꾸중을 듣거나 매를 맞아서라도 스트로크를 얻고자 하는 것이다. 상사에게 무시당한 직원이 중요한 업무 실패를 자초하여 주목을 끌려는 것도 마찬가지이다. 부정적 스트로크는 사람이 느끼는 모든 '불쾌한 자극'을 말한다. 꾸중이나 질책, 체벌, 승진 누락, 따돌림, 인격모독 등이 부정적 스트로크에 해당한다. 이런 부정적인 스트로크를 계속해서 받게 되면 부정적인 인생관이 형성될 가능성이 높다.

둘째, 신체적·정신적 스트로크가 있다. 어깨동무나 악수, 포옹 혹은 발길질, 폭생 등이 신체적 스트로크에 해당하며, 정신적 스트로크란 칭찬이나 꾸지람 등이다.

셋째, 조건적·무조건적 스트로크가 있다. 조건적 스트로크는 행위나 태도에 대해서 자극을 주는 것이다. 어떤 행위나 태도에 대해 긍정적 또는 부정적 스트로크나 신체적 또는 정신적 스트로크를 주는 것을 말한다. "공부를 잘해서 기특하다", "심부름 잘해 줘서 고맙다" 등의 칭찬이 조건적 스트로크이다. 조건적 스트로크는 상대방의 행동을 반복하도록 만드는 경향이 있다. 무조건적 스트로크는 어떤 이유를 붙이지 않고 자극을 주는 것을 말한다. 즉, 누군가가 이유 없이 좋거나 싫은 경우가 여기에 해당된다. 스트로크를 잘 활용하면 상대방의 기분은 물론 자신의 기분도 좋아진다.

긍정적 스트로크 활용방법

스트로크를 잘 활용하여 상대방을 기분 좋게 하고 나도 즐거워지는 방법이 있다. 첫째, 양적으로 적절하게 사용해야 한다. 양적으로 적절하다는 의미는 상대방이 나에게 긍정적인 스트로크 1개를 주면 나는 최소한 상대방에게 1개 이상의 긍정적인 스트로크를 주어야 상대방과 좋은 인간관계를 맺어 나갈 수 있다는 것이다. 예를 들어 직장에서 선배가 "안녕, 주말 잘 보냈어?"라고 인사했는데 "예!"라고만 대답하고 자기 자리에 앉아 일을 계속했다고 해 보자. 선배는 후배에게 긍정적인 스트로크를 2개 주었는데 자기는 선배에게 한 개의 스트로크만 주었기 때문에 양적으로 2:1의 스트로크가 교환된 셈이다. 그러므로 이런 스트로크 교환은 좋은 관계를 맺지 못한다. 좋은 스트로크 교환 방법은 이렇게 인사하는 것이다. "예, 선배님. 안녕하세요. 주말 잘 보내셨습니까? 얼굴 좋아 보이네요"라고 말하면 2:4의 스트로크 교환이 된다. 상대방이 먼저 나에게 스트로크를 주었기 때문에 나는 최소한 상대방이 준 스트로크보다 더 많이 주어야 좋은 관계가 형성된다. 그럼에도 불구하고 어떤 사람은 상대방에게 부정적인 스트로크를 주기도 한다. 예를 들면 "안녕하십니까, 선배님. 주말 잘 보내셨습니까?"라고 상대방이 긍정적인 스트로크 2개를 주었는데 "얼굴이 아주 맛이 갔네!"라고 말하면 부정적인 스트로크를 주는 것이다.

둘째, 질적 수준이 균형을 이루어야 한다. 친구끼리 오랜만에 만나서 한 사람은 악수를 청하고 어깨를 쓰다듬으면서 "정말 반갑다"라고 했는데 다른 한 사람은 마지못해 악수에 응하면서 "그래, 반갑다"라고 했다면 이 스트로크의 교환에는 질적인 차이가 있다. 한 사람은 긍정적이고 신체적·정신적인 스트로크를 적극적으로 주었는데, 다른 한 사람은 긍정적·정신적이기는 했지만 신체적인 스트로크를 주지 않았다. 스트로크를 교환할 때 작은 선물을 주는 것도 질적인 차이를 보여 주는 예이다. 이처럼 스트로크를 교환할 때 질적인 차이가 나면 둘 사이에 무언가 어색함이 놓이게 된다. 이런 경우도 있다. 출장 가는 남편이 부인에게 "여보, 나 다녀올게"라고 말하자 부인이 "응, 잘 다녀와"라고 대답했다. 이 스트로크 교환은 2 : 2의 스트로크 교환이다. 그런데 이 스트로크를 한 번 바꾸어 보겠다. "여보, 나 다녀올게, 당신 나 없는 동안 심심하겠네. 친구들이라도 만나고 있어" 하면서 뽀뽀를 해 준다면 부인의 반응은 어떨까? "친구들 만나게 돈 내놔!" 하지는 않을 것이다. "응, 조심히 잘 다녀와. 보고 싶을 거야. 맛있는 것 해 놓을게"와 같은 인사를 하게 될 것이다. 이것이 스트로크 교환이다.

셋째, 상황이나 시기에 맞게 교환해야 스트로크 진가를 발휘한다. 예를 들어 아내가 파마를 하고 왔는데 일주일 후에 "어, 당신 파마했네"라고 말하면 상대방이 뭐라고 반응할까? 아마 아내는 '내가 이 인간과 계속 같이 살아야 하나'라고 생각할지도 모른다. 시기나 상황이 맞지 않을 경우 스트로크를 주는 것은 그 효과를 반감시키거나 오히려 자신의 무심함을 드러내는 것으로 작용할 수 있다. 상대방의 기분을 고조시켜 놓고 사랑을 고백하는 것과 그렇지 않고 자기 기분대로 아무렇게나 고백하는 것이 같은 결과를 가져오지는 않는다.

넷째, 상대방이 나에게 긍정적인 스트로크를 주지 않을 경우 긍정적인 스트로크를 유도해야 한다. 예쁘게, 파마를 하고 왔는데 상대방이 모를 경우 마음속으로 비난하고 스스로 스트레스 받기보다는 긍정적인 스트로크를 유도해 본다.

"여보, 나 달라진 데 없어?"

"뭐가 달라졌지?"

"잘 봐봐. 어디가 달라졌는지."

"음, 잘 모르겠네. 뭐가 달라졌을까…."

"그럼 얼굴 쪽만 잘 봐봐."

"아! 당신 파마했네? 어쩐지 예뻐졌다 했어."

상대방이 자신에게 긍정적인 스트로크를 주지 않는다고 화를 내면 결국 자기 손해다. 그러므로 남이 나에게 긍정적인 스트로크를 주지 않을 경우 긍정적인 스트로크를 유도하는 것이 좋다.

다섯째, 상대방 이야기를 적극적으로 들어준다. 스트로크에 굶주린 사람들은 말이 많아지는데, 그 이야기를 경청해 주는 것만으로도 긍정적인 스트로크를 주는 것이 된다. 단순히 듣는 척만 하는 것이 아니라 상대방 입장에서 그 사람의 태도나, 정서, 자세, 숨결 등까지 들어주는 것이 적극적이고 올바른 경청의 자세이다.

여섯째, 빈익빈 부익부이다. 긍정적인 스트로크를 많이 받고 자란 사람은 긍정적인 스트로크를 많이 보여주는 반면 부정적인 스트로크를 많이 받고 자란 사람은 부정적인 스트로크를 많이 보인다. 그러므로 아이들에게도 긍정적인 스트로크를 많이 주어야 한다.

당신은 부자인가?

토끼를 잡으려면? 귀를 잡는다. 개를 잡으려면? 목덜미를 잡는다. 사람을 잡으려면? 마음을 잡아야 한다. 그런데 어떤 사람은 "사람을 잡으려면 어떻게 하면 될까요?"라고 하면 "멱살을 잡는다", 또 어떤 사람은 "약점을 잡는다"고 한다. 사람을 잡으려면 그 사람의 마음을 잡아야 한다. 어떤 사람이 부자인가? 이 질문에 어떤 사람은 "아버지와 아들"이라고 대답하기도 한다. 어떤 사람이 부자인가? 돈 많은 사람? 물론 돈 많은 사람이 부자이다. 그렇다면 진정한 부자는 어떤 사람인가? 마음이 부자인 사람? 그럴 수도 있겠다.

미국의 유명한 토크쇼 진행자인 오프라 윈프리는 부자의 개념을 다섯 가지로 정리하여 설명하고 있다.

첫째, 경제적으로 부자여야 한다. 경제적으로 부자라는 말을 들으려면 우선 자신의 집이 있어야 한다. 그리고 현금 자산이 내 통장에 30억 정도 있어야 부자 소리를 듣는다. 부동산이 많은 것이 아니라 현금자산이 통장에 그 정도 있어야 된다는 것이다.

둘째, 육체적으로 건강해야 한다. 내 통장에 30억이 있어도 육체적으로 건강하지 못하고 매일 병원에 있으면 부자라도 소용이 없다.

셋째, 정신적으로도 건강해야 한다. 30억이 있든 100억이 있든 아침에는 정신이 멀쩡한데 저녁마다 이상행동을 보인다면 어떻게 되겠는가?

넷째, 지적으로도 갖추어야 한다. 지적으로 갖춘다는 것은 학력이나 학위, 자격증 등을 의미하기도 하지만 책을 많이 읽고 경험을 쌓아 소양을 넓히는 것도 중요하다.

다섯째, 관계형성을 잘해야 한다. 아무리 경제적으로 부유해도 친구나 동료들이 없으면 혼자서 살기 어렵다. 경제적 풍요만으로 부자라고 할 수는 없을 것이다. 돈은 많은데 육체적, 정신적, 지적, 관계적으로 부족한 사람들이 얼마나 많은가?

위의 다섯 가지 기준에서 볼 때 여러분들은 부자인가, 가난한 사람인가? 아마 대부분이 부자일 것이다. 그럼에도 불구하고 '나는 가난하다'고 생각하며 불행해하는 사람들이 얼마나 많은가? 이제 부자가 되기 위한 항목 중 관계정립에 대해 좀 더 구체적으로 살펴본다.

5. 상대방과 좋은 관계를 맺는 방법

모든 것은 사람과 사람의 관계에서 시작된다. 부모와 자식, 형제자매, 부부 사이, 친구, 애인, 동료나 상사, 이웃, 더 나아가 국가와 국가와의 관계가 좋아야 모든 일이 순조로워지는 것이다. 죄 중의 가장 큰 죄는 괘씸죄라는 말이 있듯이, 좋은 관계를 유지하는 것이 중요하다.

좋은 관계를 맺는 방법을 가르치는 방법에는 여러 가지가 있다. 스티븐 코비 박사에 의하면 인간의 성장단계를 의존적인 단계에서 독립적인 단계, 독립적인 단계에서 상호의존적인 단계로 발전해 나가는데 의존적인 관계에서 독립적인 단계는 유아기부터 학창 시절까지로, 이 단계에서는 개인의 승리라는 것이다. 그런데 독립적인 단계에서 상호의존적인 단계는 대학졸업 후 사회생활 하는 단계로 이때부터는 대인관계의 승리라는 것이다. 인간관계를 잘해야 성공할 수 있다는 것이다.

우리나라 IMF 경제 위기 이후 기업에서는 구조조정이 많이 이루어졌다. 그때 실직한 사람들에게 "당신은 왜 구조조정을 당했습니까?"라고 물어 보니 80% 이상이 상사에게 잘못 보여서 구조조정 당했다고 대답했다. 업무능력 부족이나 실적 부족으로 구조조정 당했다고 생각하는 사람은 거의 없었다. 이처럼 인간관계는 매우 중요하다.

좋은 인간관계를 형성해 나가기 위해서는 어떻게 해야 하는가?

첫째, 상대방에게 신뢰를 주어야 한다. 신뢰를 주기 위해서는 평소 말과 행동에 일관성이 있어야 한다. 일관성이란, 하나의 방법이나 태도로써 처음부터 끝까지 한결같은 성질이다. 예를 들어 한 번 정한 약속은 무슨 일이 있어도 지켜야 한다. 그래야 신뢰가 형성되는 것이다. 그런데 약속을 지키지 않거나, 한 번은 약속을 지키고 다른 한 번은 지키지 않으면 일관성이 형성되지 않을 뿐만 아니라 신뢰도 깨어지게 된다. 좋은 관계를 유지하기 위해서는 일관된 태도로 상대방과의 신뢰를 형성해야 한다.

둘째, 상호존중이다. 서로 상대방의 가치를 존중해 주어야 좋은 관계가 형성된다. 상대방이 어떤 위치나 상황에 있든 그 사람 자체의 존엄성에 대한 가치를 인정해야 한다. 왜냐하면 사람은 모두 차이가 있기 때문이다.

부부 관계가 좋지 않은 한 가정이 있었다. 부부는 서로에 대한 불만이 있을 때마다 말로 하는 대신 쪽지에 적어 상자에 넣기로 하고, 한 달 후 그 내용을 보기로 약속했다. 한 달 후 확인해 보니, 남편에 대한 아내의 불만이 적힌 쪽지는 많았지만 남편이 아내에 대해 적은 내용은 불만이 아니라 자신의 부족한 점과 아내를 사랑한다는 내용들이었다. 내용을 확인한 부부는 서로 어떤 반응을 보였을지 상상해 보라.

셋째, 대인감수성이 있어야 한다. 대인감수성이란, 상대방의 행동에 내가 어떻게 반응해야 상대방이 좋아할지 미리 예측하여 반응하는 것이다. 삼겹살을 먹을 때 계속 굽기만 하는 사람과 잘 구워진 고기를 계속 먹기만 하는 사람이 있다고 생각해 보자. 구운 고기를 먹기만 하는 사람은 대인감수성이 떨어지는 사람이다. 자신이 왜 삼겹살을 구워야 하는지 의식하지 못한 채 남이 구워 놓은 고기를 먹기만 하는 사람은 좋은 관계를 형성해 나가지 못한다.

넷째, 내가 먼저 상대방에게 다가간다. 갈등이 생겼을 때 상대방이 먼저 해결해 줄 거라 생각하며 기다리기보다는, 자신이 먼저 상대에게 손을 내밀어 보는 것이다. 상대방을 억지로 변화시키려 하지 말고 나 자신이 변하면 상대방은 자연스럽게 변화한다. 좋은 관계를 형성하려면 문제의 원인을 내부에서 찾아야 하는데, 외부에서 원인을 찾을 경우 핑곗거리만 될 뿐이다. 골프 경기에서 이기지 못하는 이유에는 101가지가 있다. 어제 술을 많이 먹어서, 아침에 너무 일찍 일어나서…. 그리고 마지막 101번째 이유는 "오늘따라 이상하게 안 맞네"라고 한다.

다섯째, 평소에 좋은 관계를 만든다. 상대방과의 좋은 관계는 하루아침에 쌓이는 것이 아니다. 평소에 상대방의 감정은행 계좌에 좋은 감정을 많이 저축해 두어야 한다. 그러면 문제가 발생해도 감정은행 계좌에 있는 좋은 감정으로 문제를 해결할 수 있다. 평소 감정은행 계좌에 부정적인 감정을 저축해 둔 사람은 상대방과 좋은 관계를 형성하지 못할 뿐만 아니라 사소한 문제가 발생해도 상대방과 많이 부딪히게 된다.

맹인의 등불 이야기가 있다. 한 나그네가 캄캄한 밤에 험하고 낯선 길을 가고 있었다. 목적지를 찾아가기가 매우 힘이 들었다. 그런데 앞에서 희미한 등불이 보이기 시작했다. 등불 가까이까지 간 나그네는 깜짝 놀랐다. 그 등불을 밝히고 있는 사람이 맹인이었기 때문이다. 그래서 맹인에게 물어보았다.

"당신은 앞을 보지 못하는데 왜 등불이 필요한가요?"

맹인은 이렇게 대답했다.

"나는 낮이나 밤이나 늘 캄캄하여 안 보이기는 마찬가지이고 소리만 들어도 장애물을 피해갈 수 있지만, 밤눈 어두운 그대들이 돌부리에 걸려 넘어질까 봐 이렇게 등불을 들고 다닌다오."

개요

이 장에서는 발표기법에 대해 살펴본다.

학습 목표

1. 대중 앞에 섰을 때 떨지 않는 방법을 설명할 수 있다.
2. 발표 기법에 대해 시선처리 등 열 가지 이상 설명할 수 있다.
3. 강의 중 문제행동 발생 시 대처 방법을 설명할 수 있다.
4. 강의의 서른 가지 법칙에 대해 설명할 수 있다.

학습 과제

1. 이 장의 내용을 요약하시오(A4용지 2장 내외).
2. 이 장의 내용을 시험문제로 출제하시오(객관식 7문항, 주관식 3문항).
3. 자유주제를 바탕으로 발표할 내용을 10분 분량으로 작성하시오(PPT 10장 내외).

제15장

발표 기법

1. 떨지 않는 방법

대중 앞에서 말을 잘하는 방법은 무엇일까? 많은 사람들 앞에서 말을 할 때 가장 중요한 것은 떨지 않는 것이다. 사람은 언제 가장 두렵고 떨리는가? 어두운 밤, 골목에서 괴한이나 야생 짐승을 맞닥뜨렸을 때나 심각한 병에 걸렸다는 사실을 알고 난 뒤일까?

'사람이 가장 두려움을 느끼는 때'가 언제인지에 대해 캐나다의 토론토대학교에서 조사·연구한 결과 대중 앞에 섰을 때 가장 두렵고 떨린다는 대답이 전체 응답의 60%를 차지했다. 여러분들은 대중 앞에서 떨지 않을 자신이 있는가? 만약 내가 투자자들 앞에서 중요한 보고를 한다면? 아마 굉장히 떨릴 것이다. 이 상황에서 떨지 않고 말하는 방법은? 대중 앞에서 떨지 않는 방법은 다음과 같다.

첫째, 많이 떨어 본다. 대중 앞에 서서 많이 떨다 보면 오히려 덜 떨린다. 그런 경험이 한 번, 두 번 쌓이다 보면 자신이 언제 어떻게 떠는지 알고 대처할 수 있는 능력을 키우게 된다. 나는 아이들의 발표력을 향상시켜 주기 위해 〈개그콘서트〉라는 TV프로그램을 보고 그대로 따라 하게 한 적이 있다. 관객이 가족뿐인데도 아이의 가슴에 손을 대 보니 쿵쾅쿵쾅 뛰고 있었다. 이 두려움을 극복하기 위해 매주 연습을 시켰더니 심장 뛰는 횟수가 현저히 줄어들었다. 기회가 있을 때마다 청중 앞에 서는 연습을 해야 한다.

둘째, 처음 시작을 철저히 준비한다. 대중 앞에서 말할 때, 언제 가장 떨리는가? 대부분 시작할 때 많이 떨릴 것이다. 떨지 않고 매끄럽게 진행하기 위해서는 처음 시작하는 말을 외워두는 것이 좋다. 그리고 주의를 집중시킬 수 있는 이야기로 준비해야 한다. 예를 들어 "사람이 아침에 깨어나기 위해서는 세 가지가 필요하다고 합니다. 첫째, 우리 몸은 운동을 해야 깨어나고, 둘째, 우리 정신은 미소를 지어야 깨어나며, 셋째, 우리 영혼은 사랑합니다라고 말해야 깨어난다는 것입니다"와 같은 이야기를 준비하여 시작하면 좋다.

셋째, 처음 시작할 때 나에게 가장 호의적인 반응을 보여주는 사람과 눈을 맞춘다. 대화법에서는 눈 마주침이 중요한데 처음부터 다수의 사람과 눈을 마주치다 보면 오히려 더 떨릴 수 있다. 나에게 집중하지 않는 사람을 보면 자신감이 낮아져 더 떨릴 수 있는 것이다. 그렇기 때문에 처음 시작할 때는 내게 가장 호의적인 반응을 보이며 집중을 잘하는 사람과 눈을 마주쳐 마음의 안정을 찾을 수 있다.

넷째, 철저한 준비를 한다. 준비 없이 청중 앞에 서면 떨릴 수밖에 없다. 철저한 준비를 했을 때 덜 떨릴 뿐만 아니라 자신감도 높아진다.

다섯째, 이미지 훈련을 한다. 철저한 준비도 중요하지만, 실제 강연장에서 연습을 하기란 쉽지 않다. 이때 필요한 것이 이미지 훈련이다. 말할 내용을 머릿속에 전체적으로 외워 놓는 이미지 훈련을 하면 효과적이다.

여섯째, 자신감을 갖는다. 철저한 준비와 이미지 훈련을 하면 자신감이 생긴다. 그리고 스스로 잘할 수 있다는 생각을 반복한다.

일곱째, 복식호흡을 한다. 긴장을 하게 되면 심호흡을 많이 하게 되는데, 복식호흡을 많이 하면 덜 떨게 된다.

여덟째, 비합리적인 사고방식을 버린다. 비합리적인 사고방식이란 발표를 하거나 청중 앞에 섰을 때 한 번도 실수를 하지 않아야 한다는 강박관념이다. 사람은 실수할 때도 있다. 단지 실수한 후에 어떻게 그 상황을 잘 대처할 것인가를 생각해 두면 오히려 더 잘 말할 수 있다. 청중 앞에 섰을 때 완벽하게 해야 한다는 생각은 비합리적인 것이다. 이것을 버릴 때 더 자연스럽게 말할 수 있다. 예를 들어 연말에 TV에서 방송되는 시상식에서도 사회자가 아나운서인지 연예인인지에 따라 차이가 있는 것을 알 수 있다. 큰 무대에 선 아나운서들은 부자연스러운 모습을 종종 보여주는데, 실수하면 안 된다는 강박관념 때문에 오히려 굳은 표정과 말투로 이야기한다. 반면, 연예인들은 사소한 실수를 하더라도 "제가 큰 무대에 서니 많이 떨리는 것 같습니다. 애교로 봐 주세요"라고 말하면서 자연스럽게 넘어간다. 이처럼 강박관념에서 벗어나면 오히려 청중 앞에서 더 자연스럽게 말할 수 있다.

2. 시선

사각지대는 어디인가? 맨 뒷자리나 양쪽 구석이 아니라 강사 바로 앞이다. 등잔 밑이 어둡다는 말이 있다. 시험 볼 때 커닝하기 제일 좋은 장소로 꼽히는 곳 역시 강사 바로 앞자리라고 한다.

- 강사의 시선은 항상 학습자에게 있어야 한다.
- 한곳만 응시하지 말고 모든 학습자들에게 골고루 시선을 분배한다.
- 사각지대를 의식적으로 한 번씩 쳐다본다.
- 학습자과 지속적인 눈 맞춤을 이루어 나갈 수 있어야 한다.
- 시선을 줄 때, 노려보듯 똑바로 쳐다보아서는 안 된다.
- 상대방의 눈을 마주보는 것이 힘들면 눈을 직접적으로 보는 것이 아니라 미간 사이를 보면 된다.
- 눈 맞춤의 경우 처음에는 자신에게 호감을 보이는 학습자나 긍정적인 신호를 보내는 사람과 마주하면서 차츰 전체 학습자에게로 해 나가면 덜 부담스럽게 진행할 수 있다.

3. 자세

강단에 서는 순간부터 강사는 기본적으로 자신의 몸가짐에 대해 신경을 써야 하는데, 자연스럽고 바른 자세를 유지한다. 좋은 자세는 몸의 움직임에 약간의 변화를 주면서도 성실한 태도를 유지하는 것이다.

– 피해야 할 자세

- 몸을 비틀거나 앞뒤로 흔들기

- 머리 만지기
- 교탁에 몸을 기대기
- 팔짱을 끼거나 호주머니에 손 넣기
- 한 자리에만 서 있기
- 다리 벌리고 서 있기
- 양손으로 교탁을 짚거나 허리 잡기

4. 몸짓

몸짓은 강의 시 중요한 요소이며 강의에 활력소가 되기도 한다. 단순한 손놀림이나 몸짓이 아닌 말을 보충하거나 강조하는 것으로, 단조로움을 없애는 의식적인 동작을 사용해야 한다. 움직이라고 해서 정신없이 왔다 갔다 하면 오히려 학습자들에게 혼란을 줄 수 있으므로 피한다. 예를 들어 "동산 위에 보름달이 떴습니다"라고 말하며 보름달을 그려 보여야 할 경우, 허리춤에서 작게 그리는 것보다는 머리 위에서 크게 그리는 것이 좋다. 그러나 학습자 중 한 명을 지목할 때 손가락을 이리저리 움직이며 한 사람씩 가리키다가 마지막에 한 명에게 고정하는 것은 좋지 않다.

5. 버릇

강의를 진행하면서 좋지 못한 버릇을 보여 주게 되면 학습자로 하여금 불신을 주고 주의를 산만하게 하여 학습효과를 떨어뜨린다. 말을 하다가 혼자 이유 없이 피식 웃기, "에…"와 같은 무의미한 소리를 자주 내기, 반복적으로 코를 만지기 등의 버릇은 고치는 것이 바람직하다.

한 번은 이런 일이 있었다. 내가 근무하는 연수원에는 CCTV가 설치되어 있는데, 신입사원 교육을 모니터하면서 보니 한 친구가 열심히 뭔가를 쓰고 있었다. 그래서 CCTV 화면을 확대해 보니 바를 정(正)자가 30개 정도 적혀 있는 것이다. 교육이 끝난 후 신입사원을 불러 왜 노트에 바를 정자를 썼는지 물어보았다. 그 친구의 대답은 이러했다.

"강사가 '엉'이라는 소리를 낼 때마다 체크한 것입니다."

이 학습자는 교육받는 동안 무엇을 들었는가? 결국 두 시간 내내 "엉"이라는 소리만 들은 것이다.

6. 마이크 사용법

말을 잘하는 사람도 마이크 사용을 잘 몰라 어려움을 겪기도 한다. 또한 마이크를 사용할 때 마치 노래방에서처럼 줄을 손에 둘둘 감거나 노래할 때처럼 입에 너무 가까이 대고 말하기도 하고, 마이크 사용 전에 '아아' 하고, '후후' 불고, '툭툭' 치거나 이 세 가지를 동시에 하기도 한다. 그리고 마이크를 사용하면서도 고함을 치거나 마이크에 치중해 자세나 시선이 한쪽으로 고정되는 경우도 있는데 이런 행동은 모두 피하는 것이 좋다. 강사에게 마이크는 아주 좋은 도구이기도 하지만, 잘못 사용할 경우 오히려 강사 자신의 단점만 부각시킬 수 있으므로 사용에 신경을 써야 한다.

7. 시정해야 할 태도

1) 뽐내는 태도

뽐내는 태도는 언제 많이 나타나는가? 자신감이 있을 때이다. 강의 준비를 철저히 했다든지 또는 그 분야에 경험이 많고 풍부한 지식이 있을 경우에 이러한 태도가 많이 나온다. 따라서 자신감이 있을수록 겸손해질 필요가 있다는 것이다. 뽐내는 태도는 청중에게 반감을 일으키게 한다. '가르침을 준다'는 것을 무언중에 나타내 보이는 태도로 보이기 때문이다. 학습자들로 하여금 뽐내는 태도로 인식하는 행동에는 다음과 같은 것들이 있다.

- 뒷짐을 진다.
- 몸을 뒤로 젖힌다.
- 호주머니에 손을 넣고 이야기한다.
- 팔짱을 낀다.

2) 비굴한 태도

뽐내는 태도와는 반대로 비굴한 태도는 언제 많이 나타나는가? 강의에 자신이 없거나, 준비가 소홀하거나, 학습자들이 자기보다 더 많은 경험이나 학식을 가지고 있다고 판단될 경우 비굴한 태도가 나타난다. 그러나 강사는 뽐내는 태도보다 비굴한 태도를 더 삼가야 한다. 예를 들면 "저는 이 분야에 전문가도 아니고 사실은 아는 것도 별로 없는데 누가 부탁해서 강의를 어쩔 수 없이 하게 되었습니다"와 같은 말은 대단히 좋지 않다. 이 경우 학습자들은 강사에 대해 불신을 가지고 강의에 집중하지 않게 되며 심한 경우 경멸의 눈초리를 받게 된다.

- 굽실거리는 자세를 보인다.
- 자기주장 없이 자신의 입장을 지나치게 낮춘다.
- 수강자나 청중을 바라보지 않는다.
- 교탁에 턱을 대거나 두 손으로 짚는 등 무기력한 모습을 보인다.

3) 침착하지 못한 태도

대부분의 사람들은 남들 앞에 서면 얼굴이 창백해지고 긴장하게 된다. 그러므로 자신만이 소심하다는 생각을 버리고 자신감을 갖는 것이 중요하다. 침착하지 못한 태도에는 다음과 같은 것들이 있다.

- 몸을 흔든다.
- 시선을 불안정하게 이리저리 옮긴다.
- 분필이나 칠판지우개 등 주변 물건을 자주 들었다 놨다 한다.
- 자주 왔다 갔다 한다.

8. 시간관리

강사에게 가장 어려운 것 중 하나가 정해진 시간에 강의를 끝내는 것이다. 할 이야기를 너무 빨리 마쳐 시간이 남는 경우도 있지만 시간을 초과하는 경우가 더 많다. 이러한 시간 관리는 강의 전에 철저히 해야 하고 예상치 못한 지연이나 부족을 감안해 대책을 마련해 두어야 한다.

시간이 부족할 때

- 강의를 진행하는 동안 10분 정도 간격으로 강의계획안을 보고 예정시간과 실제시간을 비교하여 적절히 조절한다.
- 강의 준비 시 계획한 내용을 80~90% 정도로 줄여서 구성하며, 필요에 따라 첨가하거나 생략하여 진행한다.
- 자신의 강의시간이 끝났는데도 불구하고 자신이 준비해 온 내용을 끝까지 강의하려 해서는 안 된다. 아무리 좋은 내용이라도 정해진 시간에 끝내는 것이 학습자나 다음 강사에 대한 배려이다.
- 학습자들의 휴식시간은 절대로 침해해서는 안 된다. 강의 내용이 아무리 좋아도 개인시간을 침해하면 강의의 효과가 떨어진다.
- 학습자들이 강의 시간이 촉박하다는 느낌을 받지 않도록 시간을 적절히 배분하여 강의하는 것도 강사의 능력이다. 그럼에도 불구하고 꼭 전달해야 할 중요한 내용이 있다면, 먼저 학습자들에게 양해를 구하고 간단하게 정리해서 전달하거나 자료로 대치하는 것도 한 가지 방법이다.

시간이 남을 경우

시간이 남을 경우 어떻게 해야 할까?

- 강의 시간에 배운 내용을 정리하도록 하거나, 몇 개 그룹으로 나누어 의견을 발표하도록 한다.
- 학습자들과 강의 내용에 대한 질의응답 시간을 갖는다.
- 강의와 관련된 추가 자료를 준비해 둔다.

9. 주의력 집중 요령

강의 기법의 핵심은 학습자들의 주의력을 집중시키는 데 있다. 효과적인 학습자들의 주의력 집중요령은 다음과 같다.

- 학습자가 직접 몸을 움직여야 하는 실습, Role-Playing 등을 강의와 자연스럽게 연결시킨다.
- 활기찬 목소리로 강의하며 어조의 강약, 완급을 변화 있게 구사한다.
- 학습자에게 적절한 질문을 던져 긴장이완을 방지한다.
- 강조할 때 몸짓을 하거나, 판서를 하여 주의집중을 유도한다.
- 유머나 수수께끼 등을 활용한다.
- 심각한 이야기나 신기한 사례를 소개한다.
- 강단 위에서 적당히 자리를 옮기거나 교단에서 내려와 학습자와의 접촉을 시도하며 교단 연출을 시도한다.
- 시청각 교육 보조 자료를 활용한다.
- 내용에 따라 학습자들이 복창하도록 한다.
- 토론을 시킨다.

10. 판서요령

판서 시 주의사항에 대해서 알아보자.

판서의 의미와 기능

교수활동과 학습활동이 이루어지는 교육현장에서는 교재나 기타 모든 교육 내용을 학습자들이 수용해 나가는 데 중요한 역할을 하는 것이 판서이다.

- 판서는 시각에 호소하기 때문에 말보다 학습효과가 높다.
- 판서는 주의를 집중시킬 수 있다.
- 판서는 집단 사고의 장을 마련할 수 있다.
- 판서는 색채감을 나타낼 수 있고 다양한 구성이 가능하므로 학습의 흥미를 돋울 수 있다.
- 판서는 잔상의 작용으로 인상을 깊게 할 수 있다.
- 판서를 잘할 경우 강사의 능력을 돋보이게 할 수 있다.
- 판서를 통하여 강의의 흐름을 조절할 수 있다.

판서의 요건

판서에 대한 기준을 이해하는 데 필요한 좋은 판서의 요건을 들면 다음과 같다.

- 명료하고 정확하게 판서할 것
- 계획적인 판서를 사전부터 고려할 것
- 학습자 전체가 잘 보이도록 판서할 것
- 빠르고 정확하게 판서할 것
- 학습자에게 등을 보이지 말 것

판서의 요령

- 칠판의 어느 지점에 어떤 내용을 쓸지 미리 정해 놓는 것이 좋다.

- 글자는 될 수 있는 대로 정자로 짜임새 있게 써야 한다.
- 맨 뒤에 앉은 학습자라도 똑똑히 보일 정도로 써야 한다.
- 학습을 진행하면서 판서하는 것을 원칙으로 한다. 판서하는 시간을 따로 정해 두면 시간 낭비는 물론 학습자의 학습활동을 단절시키기 쉽다.
- 강의 시작 전에 판서에 필요한 도구를 준비한다.
- 판서에 쓴 내용 중 강의시간 내내 지우지 않을 내용과 썼다가 지울 내용을 구분한다.
- 주제는 좌측 상단에 약간 크게 쓰고 끝까지 지우지 않으며 내용은 주제보다 작게 쓴다.
- 학습자들이 메모해야 할 내용과 일상적인 판서 내용을 구분한다.
- 그림이나 도표는 오른쪽 상단에 그린다.
- 판서할 부분이 반사되는 일이 없도록 위치를 잘 조절해야 한다.

〈표 15-1〉 칠판(화이트보드) 활용 방법

정리용 칠판	토의용 칠판
메인/테마 큰 제목 • 의미 없는 공간을 두지 않는다. • 천천히 쓰도 좋으니 또박또박 쓴다. • 이 부분은 반드시 학습자가 노트할 내용을 적는다.	질문 내용 요약 낙서 비슷하게 활용 • 토의된 내용을 적는다. • 빨리 그리고 많이 쓰는 것을 활용한다. • 도표나 그림을 그린다.

11. 말씨

말씨를 어떻게 하느냐에 따라 강사의 평가가 달라질 수도 있다. 말씨에 대해서 주의사항을 살펴보면 다음과 같다.

- 목소리에 감정을 싣는다. 예를 들어 화가 난 것을 설명할 때는 화난 목소리로, 슬픈 이야기를 할 슬픈 목소리로 말한다.
- 평소 대화하는 것처럼 자연스럽게 말한다.
- 말의 속도가 너무 빠르거나 느린 것은 좋지 않다. 보통 1분에 100 내지 200단어가 적당하다.
- 가급적이면 표준말을 쓴다. 사투리를 쓰더라도 큰 문제가 되지는 않지만, 강의 시작 전에 학습자들에게 미리 알리고 양해를 구하는 것이 좋다.
- 인격을 모독하거나 종교적 편견, 직업적 편견이 담긴 언행은 삼가야 한다.
- 바른 발음과 표현을 위해 노력한다.
- 지나친 겸손은 금물이다.
- 접속사를 이용한다. 명강사와 그렇지 못한 강사의 차이는 '그리고, 그래서, 그러므로, 따라서, 결국, 하지만' 등과 같은 접속사를 잘 구사하느냐 그렇지 못하냐에 달려 있다고 해도 과언이 아니다.
- 떨릴 경우에는 말을 천천히 하면 해소된다.
- 문어체보다는 구어체를 사용한다.

12. 목소리

좋은 목소리는 어떤 목소리인가? 24시간 동안 자신의 목소리를 제대로 낼 수 있으면 좋은 목소리다. 그렇다면 매력적인 목소리는? 바로 상황에 맞는 목소리이다. 자신의 목소리는 어떤지 점검해 볼 필요가 있다.

1. 나의 목소리의 음색은 어떠한가?
2. 나의 목소리는 주로 어디서 나오는가?

3. 주변 사람들은 나의 목소리만 듣고도 금방 알아채는가?
4. 나의 감정을 목소리로 잘 드러내는가?
5. 문장 끝까지 발음이 또렷한가?
6. 나의 목소리는 듣기 좋은가?
7. 목소리에 고저장단이 있는가?
8. 목이 자주 불편한가?
9. 목소리를 관리하고 있는가?
10. 본인의 목소리를 본인은 좋아하는가?

우리나라 말의 경우 어디에 강조를 두고 읽느냐에 따라 의미가 달라지기도 한다. 아래 문장 중 굵은 글씨를 강조하여 읽어 보면 알 수 있다.

나는 철수를 절대로 때리지 않았다.
나는 **철수를** 절대로 때리지 않았다.
나는 철수를 **절대로** 때리지 않았다.
나는 철수를 절대로 **때리지** 않았다.

첫 번째 문장은 내가 때리지 않았다는 의미이고, 두 번째 문장은 철수를 때리지 않았다는 의미이며, 세 번째 문장은 절대로 때리지 않았다는 의미이며, 네 번째 문장은 때리지 않았다는 의미가 강하다.

오늘 사고는 **종합운동장 쪽으로 달리던 택시가** 중앙선을 침범해 마주 오던 승용차를 피하지 못해서 일어난 것이다.
오늘 사고는 종합운동장 쪽으로 달리던 택시가 **중앙선을 침범해 마주 오던 승용차**를 피하지 못해서 일어난 것이다.

앞의 문장을 보면 첫 번째 문장은 택시가 잘못한 것이고 두 번째 문장은 승용차가 잘못했다는 의미가 된다. 우리나라 말은 어디를 강조하느냐에 따라 의미가 달라질 수 있다. 따라서 끊어 읽기 및 강조하기를 잘하는 것이 중요하다.

좋은 목소리를 내는 방법은 다음과 같다.

첫째, 자세를 바르게 한다. 좋은 목소리는 좋은 자세에서 나온다. 자세가 바르지 않으면 목소리가 제대로 나오지 않는다. 좋은 목소리를 내기 위한 첫 번째 훈련은 스트레칭이다. 몸 풀기 스트레칭을 한 후 발성연습을 하고 똑바로 앉는 훈련을 한다. 그런 다음 입술 풀기, 혀 풀기 연습을 한다. 입술 풀기 방법은 '푸우~' 하고 반복하는 것이다. 혀 풀기는 '아르르르~' 하고 반복하면 된다.

둘째, 흉식 호흡을 하지 말고 복식 호흡을 한다. 복식호흡 방법은 다음과 같다.

① 코로 숨을 들이마시고 입으로 내뱉는다.
② 코와 입으로 동시에 숨을 들이마시고 입으로 내뱉는다.
③ 코로 들이마신 숨을 배에 적당히 힘을 주어 풍선처럼 부풀린 상태로 만든다. 10초 정도 속으로 참고 있다가 윗니와 혀를 이용해 '스' 하는 소리를 낸다.
④ '예', '예', '예', '예' 하고 빠르게 끊으면서 소리를 내는데 배의 움직임을 느껴 본다.
⑤ '아, 에, 이, 오, 우' 등 소리를 다르게 내어 본다.
⑥ 숨을 쉬지 않고 국민교육헌장처럼 긴 문장을 어디까지 읽을 수 있는지 연습한다.

셋째, 정확한 발음 훈련을 한다. 입에 볼펜을 물고 '가, 갸, 거, 겨, 고, 교, 구, 규, 그, 기' 등을 정확히 읽는 연습을 한다. 그리고 신문을 매일 10분 이상 큰 소리로 읽어 본다.

• 어려운 말 발음훈련

- 들의 콩깍지는 깐 콩깍지인가, 안 깐 콩깍지인가. 깐 콩깍지이면 어떻고 안 깐 콩깍지이면 어떤가. 깐 콩깍지나 안 깐 콩깍지나 콩깍지는 콩깍지인데.
- 상표 붙인 저 깡통은 깐 깡통인가 안 깐 깡통인가?
- 간장공장 공장장은 강 공장장이고, 된장공장 공장장은 공 공장장이다.
- 저기 있는 분은 박 법학박사이고, 여기 있는 분은 백 법학박사이다.
- 멍멍이네 꿀꿀이는 멍멍해도 꿀꿀하고, 꿀꿀이네 멍멍이는 꿀꿀해도 멍멍하네.
- 강낭콩 옆 빈 콩깍지는 완두콩 깐 빈 콩깍지이고, 완두콩 옆 빈 콩깍지는 강낭콩 깐 빈 콩깍지다.
- 한양 양장점 옆 한영 양장점, 한양 양장점 옆 한양 양장점.
- 저기 있는 말뚝이 말 맬 말뚝이냐 말 못 맬 말뚝이냐.
- 작년에 온 솥 장수는 헌 솥 장수이고, 금년에 온 솥 장수는 새 솥 장수이다.
- 내가 그린 구름 그림은 새털구름 그린 그림이고, 네가 그린 그림은 뭉게구름 그린 그림이다.
- 중앙청 창살은 쌍창살이고, 시청 창살은 외창살이다.
- 사람이 사람이라고 다 사람인 줄 아는가, 사람이 사람 구실을 해야 사람이지.
- 옆집 팥죽은 붉은 팥 팥죽이고, 뒷집 콩죽은 검은 콩 콩죽이다.

넷째, 음성을 생동감 있고 다양하게 한다. 음성의 고저장단을 확인해 본다. 중요한 부분을 이야기할 때는 2초 쉬었다가 말한다. 음에도 색깔이 있다. 즐거울 때는 밝은 목소리, 우울할 때는 어두운 목소리, 슬플 때는 슬픈 목소리 등 상황에 맞는 목소리가 나와야 한다. 이렇게 하려면 연극이나 영화 등의 대사를 실제 그 상황에 맞게 해 보는 연습을 많이 해야 한다. 또한 말을 할 때 서두르지 않는다. 떨릴 경우에는 말을 천천히 해 본다.

• 말소리의 크기와 빠르기

〈큰소리〉

봄이 없는 북한 땅에 자유의 꽃 소식을 전해 줄 그날까지 우리 모두 차돌 같이 똘똘 뭉칩시다.

〈작은 소리〉

달 밝은 밤에는 잔잔한 호숫가를 아버지와 함께 손을 잡고 걸었네.

〈빠른 소리〉

소나기가 쏟아진다. 친구들아, 비를 피할 곳은 어디냐. 어서 가자.

〈느린 소리〉

아, 4월은 다시 돌아왔는데 불의와 부정에 대항하여 싸우다 가신 님들은 돌아 올 줄 모르는구나.

• 말소리의 색

〈밝은 색깔〉

여러분! 바로 어제는 이 어린이의 생일이었답니다. 학교에서 공부를 마친 뒤 여러 친구들을 집으로 초대해 신나게 노래를 부르고, 맛있는 음식을 먹으면서 즐겁게 지내고 있었습니다.

〈어두운 색깔〉

어느 날 옆방에 누워 계시던 할아버지의 신음 소리가 들려 건너가 보았더니, "얘들아! 나는 이제 다 살았나 보구나!" 하며 고통스러워 하셨습니다. 할아버지를 보고 우리 집은 울음바다가 되고 말았습니다.

〈파란 색깔〉

새들이 높은 하늘을 날고, 시냇물이 푸른 벌판을 달리는 5월은 즐거운 달입니다.

〈분홍 색깔〉

오솔길을 거닐면서 나누는 언니 오빠들의 아름다운 사랑 이야기를 듣고 진달래 꽃도 즐거운 듯 미소를 지었습니다.

• 말소리의 두께

〈두꺼운 소리〉

임금님께서는 노인에게 "노인장, 이제 나무를 심어 언제 나무에 열매를 따먹겠소?" 하고 물었습니다.

〈가는 소리〉

응접실 의자에 불이 붙고 천정이 불타면서 아빠가 귀여워하시던 새장 속의 잉꼬가 울면서 죽어 갔고 어항 속의 금붕어도 퍼덕거리면서 죽었습니다.

이상과 같은 라디오 대본 연습으로 발음, 감정 표현, 억양, 말의 속도 등을 교정할 수 있다.

여섯째, 닮고 싶은 목소리를 모방한다. 내가 꼭 닮고 싶은 목소리를 녹음하여 연습해 본다. 말의 속도가 너무 빠르거나 느린 것은 좋지 않다. 따라서 고저강약의 리듬, 속도 등을 적절히 조절한다. 말의 속도는 보통 1분에 100~200단어가 적당하다. 가급적이면 표준말을 쓴다. 표준말이 되지 않을 경우에는 강의 시작 전에 본인이 사투리 쓴다는 것을 알려주고 미리 양해를 구한다.

일곱째, 좋은 발성법을 배운다. 좋은 발성법으로 좋은 목소리를 내기 위해서는 안정된 상태에서 천천히 명확하게 말한다. 상대방이 듣기 쉬운 장소에서 편하게 나오는 목소리로 말한다. 넓은 곳이나 시끄러운 장소에서 말할 때는 마이크를 사용한다. 반면 나쁜 발성법으로는 큰 소리로 말하거나 고함을 지르는 것, 힘을 주어 말하는 것, 운동을 하면서 목소리를 내는 것, 흥분하여 말하는 것, 빨리 말하는 것, 시끄러운 장소에서 말하는 것, 피로한 상태에서 말하는 것, 극단적으로 높거나 낮은 소리로 말하는 것, 감기 중에 목소리를 사용하는 것, 이상한 목소리를 흉내 내는 것 등이다.

여덟째, 음성도 관리가 필요하다. 좋은 목소리로 관리하기 위해서는 충분한 수면과 휴식을 취해야 한다. 카페인 음료를 삼간다. 금연할 뿐만 아니라 따뜻한 물을 많이 마시는 것이 도움이 된다.

13. 촉진자로서의 역할

학습을 촉진시키기 위해 경험적인 방법을 활용하여 교육생들이 좀 더 쉽게 학습할 수 있도록 역할을 수행하는 사람이다. 즉, 조력자, 학습 촉진자, 중재자, 활성화시키는 사람의 역할을 해야 한다.

- 교육생들이 주제에 관해 의견을 교환하고 결론을 얻도록 조력한다.
- 강사로서가 아니라 함께 참여하고 의견을 공유하는 부분을 강조한다.
- 의사결정이 원활하도록 중개역할을 수행한다.
- 프레젠테이션 기법을 사용한다.
- 사고를 촉진시킨다.
- 교보재를 기교 있게 활용한다.
- 강사는 교통정리를 잘해야 한다. 토론이나 발표가 있을 때 발표자, 발표 정리자, 토론 시간, 발표 시간 등을 명확히 제시해 주어야 한다. 또한 토론이나 발표 시간에 다른 책을 보거나 자리를 비우는 것은 매우 좋지 못한 행동이다.

훌륭한 촉진자(facilitation skill)에게는 질문 스킬(questioning skill), 경청 스킬(listening skill), 요약 스킬(summarizing skill), 피드백 스킬(feed-back skill)이 있다.

질문기술

최근에는 강사가 일방적으로 지식을 전달하는 강의방식에서 강사와 학습자가 대화를 나누는 방식으로 변화하고 있다.

• 질문의 효용

- 주의를 끈다. "이 문제에 대해서 생각해 본 적이 있습니까?"
- 흥미를 갖게 한다. "이런 일에 부딪혔을 때 여러분이라면 어떻게 처리하겠습니까?"
- 참여시킨다. "이것을 할 수 있겠습니까?"
- 변화를 준다. 지금까지 "입니다" 조의 서술문으로 진행되어 오던 이야기가 자기 의문문으로 바뀌면 청중은 변화를 느낀다.
- 효과를 확인한다. 강의자의 질문으로 학습자의 기초지식이 어느 정도인지를 파악할 수 있으며 강의 도중의 질문은 강의 내용을 어느 정도 이해하고 있는지를 알 수 있다. 질문에는 여러 가지 목적이 있다. 그 목적에 따라 질문을 하지 않으면 그 질문이 부질없는 것이 되고 만다.
- 생각하기 위한 질문이 있다. "앞서 말한 문제의 원인이 어디에 있다고 생각합니까?"
- 자료를 모으기 위한 질문이 있다. "이것에 관해서 경험한 바가 있으면 어느 분께서 말씀해 주시겠습니까?"
- 반대나 비판을 구하기 위한 질문이 있다. "A와 B는 어떻게 다른지 여러분의 의견을 말해 주시겠습니까?"

– 태도를 결정하기 위한 질문이 있다. "찬성입니까? 반대입니까?"
– 답에 대한 재 질문이 있다. "구체적으로 어떤 것을 들을 수 있습니까?"

• 질문할 때 주의사항

– 질문의 타이밍을 생각한다.
– 유도적인 질문을 삼간다.
– 특정인에게만 질문하지 않는다.
– 1회 1문을 원칙으로 한다.
– 같은 질문은 되풀이하지 않는다.
– 공격적인 질문을 하지 않는다.
– 빠져나갈 구멍을 마련해 준다.
– 학습계획에서 이탈된 질문을 하지 않도록 해야 한다.
– 질문을 몇 사람에게만 한정하지 말고 가급적 많은 학습자가 질문에 참가할 수 있도록 해야 한다.
– 질문에 대한 답이 오답인 경우 즉각적인 반응을 보여서는 안 된다.
– 질문은 학습자가 지닌 경험이나 지식의 범위 내에서 해야 한다.
– 학습자 상호 간의 질문과 대답을 억제해서는 안 된다.
– '비교하라', '분류하라', '요약하라', '정의하라' 등 강사가 어떤 방법의 해답을 원하는가를 분명히 지시해야 한다.

• 강사가 질문을 받을 때 주의사항

– 강사는 학습자의 질문에 대답이 막혔을 때 솔직하게 "모르겠으니 알아보겠다"라는 말을 할 수 있어야 한다.
– 질문 내용은 반드시 메모한다. 질문 내용이 불투명한 경우 피드백을 통해 구체화할 수 있어야 한다.

– 질문을 받으면 바로 답을 하지 않는다. 즉, 흥분하지 않는다.
– 질문 내용을 알더라도 질문에 대한 답을 다른 학습자에게 돌린다. 다른 학습자가 그 답을 하도록 유도하고 본인은 나중에 그 답에 대해 피드백 한다.
– 질문 내용을 반문한다.
– 답을 하고 나서는 질문자의 궁금증이 풀렸는지 "질문에 대한 답이 되었습니까?" 하고 확인한다.
– 질문에 대한 답이 길거나 교육생 상호 간의 답변이 길어질 경우에는 다른 학습자들을 위해 양해를 구한 후 질문에 대한 답을 끊고 휴식시간에 답하도록 한다.

• 질문의 종류

– 전체 질문: 대답할 사람을 특별히 정하지 않고 참석자들 중에서 아무나 자진하여 대답할 수 있도록 하는 질문이다. 이 질문은 주로 토의 시초에 많이 쓰며 화제를 던져서 문제를 명확히 한 다음 토의로 들어갈 때 이 질문을 사용한다. "이 문제에 대해 여러분은 어떻게 생각하십니까?" 하는 식으로 질문하면 참석자들 중에서 아무나 답을 할 것이다.
– 지명 질문: 이 질문은 특정인을 지정하여 질문하는 방법이다. 전원대상 질문의 경우 질문을 해 놓고 아무나 자진하여 답을 할 수 있도록 하지만, 그렇게 해도 답이 나오지 않을 경우 지명하여 질문하는 것이 바람직하다. 강의가 너무 엄숙하거나 참석자들이 많이 위축되어 있을 경우, 그리고 발표를 잘 안 하거나 참석자들이 소극적이어서 자기의사를 적극적으로 말하는 데 서툰 경우에 특별히 지명하여 그 사람의 생각이나 의견을 발표하게 한다. 또 특정한 사람에게 그 사람이 가지고 있는 전문적인 지식이나 경험을 말하게 할 경우, 참석자의 참여도가 한쪽으로 기울어 적극적인 몇몇 사람만 발언을 독점하는 일이 없도록 하고자 할 경우, 특정 참석자의 주의를 집중시킬 필요가 있을 때

지명 질문을 한다. 예를 들어 "김 과장의 생각은 어떻습니까?" 하는 식으로 질문한다.

- 릴레이 질문: 참석자들 중에는 강사의 의견이나 생각을 들으려 하거나 지도자에게 어떤 해답을 구하려는 경우가 종종 있다. 이럴 때는 강사가 그 질문에 바로 답하면 참석자의 사고력이 떨어질 뿐만 아니라 어떤 문제에 대해 심각하게 생각하려 하지 않게 된다. 이런 경우 강사는 그 질문에 바로 대답하지 말고 참석자 중에서 그 질문에 대한 대답이 나오도록 유도한다. 예를 들면 "방금 질문하신 내용에 대해서 이현명 씨는 어떻게 생각하십니까?" 하는 식으로 중간에 서서 질문을 중개하는 방식이 릴레이 질문이다.
- 반대 질문: 강의 참석자가 스스로 깊이 생각하려 하지 않는다든지, 자기도 의견이 있으면서 일부러 강사에게 질문을 던져 강사의 의견이나 생각을 요구하는 경우가 있다. 이런 경우 강사는 그 질문에 바로 대답하지 말고 다시 본인에게 같은 질문으로 되묻는다. 이것이 반대 질문이다. 이렇게 함으로써 상대방의 생각할 의욕을 솟구치게 하는 것이다. 예를 들면 "방금 질문한 내용에 대해 한심한 씨 본인은 어떻게 생각하십니까?" 하는 식으로 질문한다.

요약기술

요약기술이란 강의과정에서 특정시점까지의 언급된 핵심적인 사항(content)나 진행된 과정(process)에 대해 간략히 정리하는 기술을 말한다. 요약의 경우 전환 연결 시의 요약이 있고 마무리 요약이 있다. 전환 연결 시 요약의 경우 화제나 학습활동의 단계를 교육목표에 따라 연결시키기 위하여 요약하는 경우에 해당되며 마무리 요약의 경우 강의 마지막에 전체 내용에 대해 간단히 정리해 주는 것을 말한다.

요약 기술이 필요한 경우는 다음과 같다.

첫째, 소그룹별 또는 교육생의 토의 내용을 요약하는 것이 중요하다고 판단될 때이다.

둘째, 수많은 데이터나 혼란이 발생했을 때 교육생 스스로 할 수 없는 경우 핵심 포인트를 메모해 두거나, 차트나 전지에 요약하고 그림이나 표, 모델을 활용한다.

셋째, 강의 마지막에 요약·정리해 줄 경우에는 지금까지 배운 내용 중 핵심적인 부분을 정리해 준다. 또한 요약의 한 방법으로 실천사항(action plan)을 발표하게 한다.

넷째, 전환 연결 시 요약의 경우, 즉 하나의 활동이나 화제에서 다른 방향으로 전환시킬 때 필요한 기술이다. 현재까지 학습되고 있는 흐름과 앞으로의 방향에 대해서 설명하고 다음에 어떤 내용이 전개되는지를 설명한다. 그것이 전체 학습 목표나 현재의 주제와 어떻게 관련되는지도 설명한다.

14. 겉모습

강의 실력 못지않게 강사의 용모도 매우 중요하다. 표정과 태도는 물론 깔끔하고 장소나 강의 내용에 걸맞은 옷차림인지 확인해야 한다.

- 옷소매나 깃이 더럽지는 않은가?
- 옷이 구겨져 있지는 않는가?
- 신발은 깨끗한가?

15. 교안

교안이 필요한 이유는 다음과 같다.

첫째, 이탈을 방지한다. 교안 없이 중구난방으로 강의를 진행하다 보면 어떤 경우에는 생각이 잘 나지 않는 경우가 있다. 이럴 경우 학습자들에게 자신이 어디까지 강의했는지 묻는 것은 잘못된 것이다.

둘째, 일관성을 유지한다.

셋째, 시간관리가 용이하다. 즉, 지금까지 강의한 내용을 체크하여 시간을 관리할 수 있다.

넷째, 자신감을 확보할 수 있다. 모 기업에서 ○○대리에게 초청강의를 제의한 적이 있다. ○○대리는 한 달 동안 특강 준비를 열심히 하고 하루 전날까지 자신이 작성한 강의 자료를 달달 외웠다. 그런데 머릿속에 있는 내용과 그동안 외운 것만 믿고 교안을 준비하지 않았다. 당일 날 그가 강단에 서서 "오늘 제가 여러분들께 말씀 드릴 내용은…" 하는데 갑자기 멍해지면서 아무것도 생각나지 않았다. 그래서 마음을 가다듬기 위해 뒤로 한 발 물러서서 다시 인사하고 "오늘 제가 여러분들께 말씀 드릴 내용은…" 하고 시작하려 했지만 생각이 나지 않았다. 또다시 뒤로 물러나다 강단 밑으로 떨어져 특강은 하지도 못하고 병원에 실려 갔다는 이야기가 있다.

16. 효과 없는 강의 형태

효과 없는 강의 형태에는 다음과 같은 것이 있다.

첫째, 훈시형이다. 처음부터 끝까지 훈시, 훈시 투로 일관하는 경우이다. 설명도 딱딱하고 같은 말을 되풀이한다. "내가 가르쳐 주는 것이니까 잘 들어요!" 하는 식으로 뽐내는 태도가 은연중에 거만한 자세로 나타나게 된다. 학습자에게 강압적인 질문을 하거나 자기 말이 처음부터 끝까지 다 옳다고 주장하는 경우가 있다.

둘째, 수면제형이다. 강의의 목적은 어디까지나 듣게 하는 데 있다. 그런데 마치 잠재우기 위해서 이야기하는 것처럼 강의하는 사람이 있다. 가냘픈 목소리, 무슨 이야기를 하고 있는지 알 수 없는 중얼거리는 음성, 수강자 중에 잠을 자는 사람이 있는데도 자신이 할 말만 계속한다.

셋째, 저자세형이다. “저처럼 부족한 사람이 학식 높은 여러분 앞에서…. 그야말로 천학비재인… 다만 경청해 주신다면…” 하는 식으로 시작하는 강사가 있다. 또는 학습자들에게 “여러분들께서” 또는 “여러 선생님들께서” 하는 식으로 필요 이상의 존칭을 한다. 자신을 지나치게 낮추면 강사에 대한 신뢰도나 권위가 떨어지고 학습자들로 하여금 동기유발과 주의집중을 할 수 없게 된다.

넷째, 이론 전용형이다. 자기만의 철학이나 의견 없이 남의 이야기와 학설만 인용하는 경우로, 강의 내내 “아무개의 이론에 의하면… 아무개가 말하기를…” 하는 식으로 이어간다. 이럴 경우 유명 학자들의 이야기를 빌리더라도 한두 가지 정도는 자신의 이론을 피력하는 것이 필요하다.

다섯째, 경험 보고형이다. 넷째 경우와는 반대로 처음부터 끝까지 자기중심적인 사물의 관찰 경험담으로 이어간다. 따라서 다분히 비합리적이고 객관성이 없다. 이럴 경우 마지막 한두 가지는 검증된 이론을 곁들이는 것이 필요하다.

여섯째, 천상천하 유아독존형이다. 지각을 하고서도 미안해하지 않고 머리, 복장, 몸가짐에도 전혀 신경을 쓰지 않는다. 휴식시간도 멋대로 정하는가 하면 아예 무시하고 강의를 계속하기도 한다. 판서도 자기만 알아볼 수 있게 하여 학습자들을 곤란하게 한다. 한마디로 자기 멋대로 하는 경우이다. 강단에 서는 자체를 우습게 여기는 사람이라고 할 수 있다.

일곱째, 중도 탈선형이다. 논리적이지 못하고 앞뒤가 맞지 않아 도대체 무슨 이야기를 하려는 것인지 알 수가 없다. “잠깐 이야기는 딴 길로 나갑니다” 하고는 또 옆으로 빠지거나 “에, 어디까지 이야기를 했지요?”라고 묻는 등 강사 자신도 헤맨다. 다른 길로 빠지더라도 빠진 장소를 알아 두어야 한다. 그렇지 않으면 예정된 강의시간보다 빨리 끝나거나 늦게 끝날 수 있다. 따라서 다른 주제로 넘어갈 때는 교안에 어디까지 했는지를 표시해 두고 다른 설명을 해 나가는 것이 요령이다.

여덟째, 불안초조형이다. 의외로 이런 유형의 강사들이 꽤 있는데, 학습자들을 전혀 보지 않고 벽이나 창밖을 멍하게 보고 있다든가 칠판과 책상을 무의미하게 번갈아가며 쳐다보기도 한다. 또한 초조한 듯이 벽시계나 손목시계를 수시로 확인한다.

위에서 말한 예들은 편의상 몇 가지로 분류해서 다루었지만, 실제로는 몇 가지가 겹쳐서 나타나기도 한다. 효과적인 강의를 위해서는 꼭 피해야 하고 시정해야 할 태도이다.

17. 강의 중 문제행동 대처법

강의 중 문제행동이 발생했을 경우 대처 방법으로는 다음과 같은 것이 있다.

낮잠, 하품 처치법

학습자가 하품을 할 경우 강사는 자기 강의에 대한 평가의 적신호가 왔다고 판단하고 이야기 방법이나 내용을 수강자에게 맞추지 않으면 안 된다.

- 유머 등 예화로 분위기를 조절한다. 성인교육의 화법은 들을 때 기분이 좋아야 한다. 따라서 "흥미－유익－흥미"의 반복이어야 한다. 15분 단위로 분위기에 변화를 주는 것이 효과적이다.
- 잠자는 사람의 주변 사람에게 질문한다. 잠자는 사람에게 직접 질문하는 것을 가급적 피한다.
- 하품의 질을 구분한다. 하나는 강의를 듣고 싶지만 야근이나 아침 운동이 과해서 나타나는 신체적인 피로, 다른 하나는 강사의 이야기가 지루해서 나타나는 반응이므로 판단하여 조치한다.

• 실내체조를 해 보거나 휴식시간을 앞당긴다.

사담을 멋게 하는 방법

강의 중에 학습자들이 사담을 속삭이는 경우가 종종 있다. 이때 '내 이야기를 신통치 않게 생각하는 것이 아닐까?'라고 생각할 수도 있지만, 강사의 이야기에 찬성이나 동감의 뜻을 옆 사람에게 표현하는 경우도 있다.

• 상대방을 존중해 준다. "저쪽에서 잡담하는 사람들 입 다무세요", "강의 중에 쓸데없는 말은 하지 마세요"라고 무안을 주지 않는다.
• 사담을 하는 사람을 이야기에 등장시키거나 뒤에 가서 서 본다.
• 휴식이 필요한지 물어본다.

야유처리법

야유에는 강사를 고무하는 야유와 반대하는 야유가 있는데, "옳소" 하는 경우는 있지만 반대의 야유는 거의 없다. 만약 야유 발생 시 처리법은 무시하는 것이다. 다만, 호의적인 야유일 때는 거기에 편승할 수도 있고, 잠깐 위트나 유머로 그 대목을 강조할 수도 있다.

외부방해의 처리

갑작스러운 정전, 외부의 소란, 전화벨 소리, 음료수나 간식 배부 등으로 휴식시간도 아닌데 자리를 뜨는 사람이 나타난다.

• 계속될 경우에는 휴식시간을 앞당겨 기분전환을 꾀하도록 한다.
• 전화벨이나 호출이 있을 경우에는 알아서 처리한다. 외부로부터의 방해자극

에는 너무 신경을 쓴다거나 무시하지 말고 오히려 그 자극을 이용하도록 해야 한다. 예를 들면 강의 중 휴대전화 벨소리가 울렸을 경우 "잠시 꺼두셔도 좋습니다"와 같은 멘트로 유머러스하게 넘길 수 있다.

편견이 강한 학습자

강사를 무시하는 얼굴로 바라본다든가, 오만한 태도, 어떤 이야기를 할지 모르지만 이론과 현실은 다른 것이라는 표정, 흥미 없다는 불쾌한 눈빛, 그런 정도는 나도 알고 있다는 듯한 얼굴로 무슨 계기만 있으면 반발하려고 노리는 듯한 태세의 학습자는 편견이 강한 학습자로 볼 수 있다.

- 편견을 인정한다.
- 학습자의 생각을 물어 본다.
- 그들의 생각을 대변하는 형식으로 말한다.
- 학습자에게 이야기를 시킨다.

지나치게 수다스러울 경우

정보를 많이 갖고 있거나 과도하게 열성적인 경우에 해당된다. 이럴 경우에는 우선 비난조로 대응해서는 안 되며 공격적인 질문을 한다.

과도하게 도와주려고 할 경우

이런 경우에는 다른 사람들에게 의견을 제시하도록 요청한다. 또한 그 사람에게 고마움을 표시하고 "알아서 하도록 합시다"라고 제안한다. 그리고 워크숍 시 서기나 기록자 역할을 맡긴다.

산만하여 주제에 벗어난 경우

논점을 다시 밝힌 다음 계속 진행한다. 요점을 말한 다음 “우리는 지금 주제에서 벗어나 있다”고 말한다.

두 명 이상 구성원들 간의 의견충돌이 있는 경우

의견불일치가 발생한 포인트를 찾아내고 가능한 최소화한다. 토론 주제 쪽으로 관심을 환기시키고 다른 구성원을 그들의 토론에 참여하게 한다. 또한 의견에는 항상 개인차가 있다고 직접적으로 말해 준다.

애매모호한 말을 할 경우

“무슨 말이냐”고 묻지 말고 “다시 말해 이런 의미냐”라고 좀 더 이해하기 쉬운 말로 바꿔서 물어본다. 그 사람의 아이디어를 가능한 한 바꾸지 말고 표현만 달리 한다. 또는 “무슨 이야기인지는 알겠는데 본 주제와 좀 더 직결시킬 수는 없느냐?”고 말한다. 그러나 위와 같은 행동을 할 경우 가장 좋은 방법은 안면을 익히는 방법이 있다. 안면을 익힐 때는 쉬는 시간에 문제행동을 야기하는 학습자와 사적인 이야기를 간단히 나누는 것이 좋다. 예를 들면 문제행동을 하는 학습자에게 “어제 피곤하셨나 봐요? 차 한 잔 하실까요?” 하면서 제안한다. 대부분의 경우 이후 강의 시간부터는 문제행동을 하지 않는다. 우리나라 사람들의 경우 특히 안면이 없을 때와 안면이 있는 때는 많은 차이가 난다. 문제행동을 하는 학습자를 그냥 두지 말고 이와 같은 방식으로 라포를 형성하면 문제행동을 줄일 수 있다.

18. 강의의 서른 가지 법칙

강의의 서른 가지 법칙을 소개하면 다음과 같다.

- 제1법칙: 학습자들과 시선(Eye Contact)을 마주한다.
- 제2법칙: 교단을 넓게 활용한다.
- 제3법칙: 적절한 신체언어와 몸짓을 사용한다.
- 제4법칙: 평소의 나쁜 버릇을 고쳐야 한다.
- 제5법칙: 마이크를 적절하게 잘 사용한다.
- 제6법칙: 학습자에 대한 인식이나 태도에 적절하게 대처한다.
- 제7법칙: 교육매체를 적절하게 활용한다.
- 제8법칙: 서론, 본론, 결론과 클라이맥스를 적절히 배분한다.
- 제9법칙: 강의의 초반 5분과 마지막 5분을 잘 관리한다.
- 제10법칙: 강의의 전개(본론)단계에서는 강의법 외 다른 방법을 적절히 사용한다.
- 제11법칙: 반드시 강의 결론에는 요약과 강한 메시지를 전달한다.
- 제12법칙: 음성의 고저강약을 조화 있게 한다.
- 제13법칙: 예화와 유머, 적절한 사례를 많이 사용한다.
- 제14법칙: 강의장 환경을 학습 분위기에 맞게 조절한다.
- 제15법칙: 공격적인 학습자를 잘 처리한다.
- 제16법칙: 강사의 외형적인 모습에도 신경을 많이 쓴다.
- 제17법칙: 강의주제에 벗어나지 않는다.
- 제18법칙: 시간을 엄수한다.
- 제19법칙: 교육이 한 시간 이상이면 반드시 휴식시간을 준다.
- 제20법칙: 보조 자료는 반드시 준비해 둔다.
- 제21법칙: 객관성 있는 이야기를 한다.

• 제22법칙: 학습자들에게 군림하려 하지 않는다.
• 제23법칙: 표현 그 자체도 중요하지만 인간적인 믿음, 유대관계가 중요하다.
• 제24법칙: 대화체를 많이 사용한다.
• 제25법칙: 학습대상자의 눈높이에 맞는 용어를 선택한다.
• 제26법칙: 시청각 자료를 많이 활용한다.
• 제27법칙: 학습자들끼리 논쟁을 벌이도록 놓아두지 않는다.
• 제28법칙: 무엇보다도 강사의 열의가 중요하다.
• 제29법칙: 학습자들에게 발표할 수 있는 기회를 주고, 거기에 귀를 기울인다.
• 제30법칙: 성인교육은 '흥미'가 있어야 한다.

19. 강의 실습 진행

목적

가. 강사가 담당할 부분의 학습내용을 완전히 파악한다.

나. 강사 양성 과정에서 익힌 제반 기법을 최대한 활용하고 이를 습득하게 한다(학습원칙, 화법, 강의기법, 교안 작성, 기타 기법).

다. 강사 자신의 장단점을 평가하고 이를 수정, 보완하여 차후 강의를 대비한다.

진행방법

가. 강의 내용은 각자가 담당하고 있는 부분으로 한다.

나. 강사에게는 교육 전 또는 교육 첫날 이를 과제로 부여하고 준비하게 한다.

다. 1인당 발표시간은 15분으로 한다.

라. 시간 관리는 다음 발표자가 한다.

마. 시간 관리자는 12분이 되면 종을 한 번 울리고 15분이 되면 종을 연타한다.

바. PT평가표를 작성하게 한다.

사. PT평가표는 F/B후 모아서 발표자에게 준다.

아. 시작 시 본인의 이름과 소속을 크게 말한 후 시작한다.

자. 강평 시 같은 내용은 중복되게 하지 않도록 한다.

차. 강평 시에도 실제로 강평하는 것과 같이 한다. 즉, 강단에 서서 하는 것처럼 하게 한다.

카. 일반적인 관대화 경향으로 평가하지 말고 동료를 위한다는 생각으로 충고하게 한다.

타. 피드백 받는 사람은 한마디의 변명도 해서는 안 된다. 실제 강의 시 학습자들에게 변명할 여지가 없는 것과 마찬가지이다.

파. I Message를 사용한다. '당신은 이런 부분이 마음에 안 듭니다. 고쳐 주십시오'라는 식의 표현이 아니라 '제가 생각하기에 이렇습니다', '이렇게 느껴집니다'라는 식의 표현을 쓰게 한다.

준비사항

가. 각자 강의안

나. P/T 평가표

다. 시계

라. 종

강의 평가표

평가요소	착안사항	평가수준
준비도입	• 교안작성	1 2 3 4 5
	• 시간계획	1 2 3 4 5
	• 학습 성과 설정	1 2 3 4 5
	• 도입방법	1 2 3 4 5
강의진행	• 몸의 움직임(제스처)	1 2 3 4 5
	• 시선	1 2 3 4 5
	• 소리 고저	1 2 3 4 5
	• 말씨 · 간투어	1 2 3 4 5
	• 질문	1 2 3 4 5
	• 요점강조	1 2 3 4 5
	• 칠판 사용법	1 2 3 4 5
	• 교보재 사용법	1 2 3 4 5
	• 시간통제	1 2 3 4 5
강의 내용	• 내용의 충실성	1 2 3 4 5
	• 논리적, 체계적 전개	1 2 3 4 5
	• 논리의 일관성	1 2 3 4 5
	• 중점 강조	1 2 3 4 5
종결	• 내용 요약정리	1 2 3 4 5
	• 재 동기 부여	1 2 3 4 5
	• 학습 성과의 도달정도	1 2 3 4 5
종합평가		

일자	년 월 일	실습시간	예정 분	피 평가자		평가자	

장점	개선점	개선방법

부록

- 1. In Basket
- 2. Game Method
- 3. 완전일치 토의법
- 4. CCT 문제
- 5. 코칭사례 1과 2의 차이점
- 6. 개인차이 실습 확인 피드백

1. In Basket

선행학습 금지 수정 법안 제출 보고서

1. 현황

• 선행학습 금지에도 사교육비가 더 늘어남
 – 선행학습의 금지로 학생들이 학원으로 유입됨
• 사교육에 대한 법안의 효력 미비
 – 사교육은 선행학습 관련 광고만 규제함으로써 실질적 규제효과 미비
 – 실질적 제재수단 미흡
• 공교육 기능의 약화로 저소득층 학생 피해가 우려됨
 – 공교육에서 제공하던 방과 후 학습의 금지로, 저렴한 비용으로 학습이 가능했던 학생들의 학습 피해가 우려됨
 – 현직 교사들의 항의 증가
 – 4일 이후 방과 후 학교의 선행학습 규제를 푸는 개정안 마련 중
• 학원 연합회의 항의
 – 학원단체 연합회의 항의 증가, 릴레이 시위 및 농성 준비 중

2. 문제점

• 저소득층 학생들의 학습권 침해 가능성 증가
 – 법안의 애초 목적과 다르게 사교육비가 더 증가하고 있음
 – 저렴한 수업료를 내고 학교에서 수업을 받을 수 있던 학생들이 학원으로 유입됨에 따라 저소득층 학생들이 비싼 학원비를 부담해야 하는 상황이 증가하고 있음

－학원비를 감당하지 못하는 학생들은 학습할 기회를 잃게 되고 학업에서 뒤처질 가능성 증가

• 사교육 관련 법안의 효력 미비
  －광고 금지 외의 실질적 규제 방안 미비함
  －풍선 효과로 사교육에 학생 유입량이 늘어남에 따라 법안의 실제적 효력이 약화됨

• 학원 연합회와의 마찰
  －법안 시행과 관련해서 학원 측의 항의 및 시위가 진행 중

3. 개선 방안

• 공교육 방과 후 학교에 한하여 선행학습 금지법 규제 완화
  －저소득층 학생들의 학습권 및 학습기회 보장
  －사교육으로서의 학생 유입 완화 기능 모색

> 수신: 학원단체 연합회 유한석 님 귀하
> 발신: 교육부 학교정책관 권상순 사무관
> 제목: 전국 학원 연합회 단체 항의 민원에 대한 회신
>
> 안녕하십니까? 교육부 학교 정책관 권상순 사무관입니다.
>
> 보내 주신 민원에 대한 내용은 잘 읽어 보았습니다. 학원단체 연합회에서 요구하는 선행학습 금지 및 학원시간 자율결정에 대해서 잘 검토해 보도록 하겠습니다.
> 간담회에 있었던 내용을 바탕으로 정책에 잘 반영하도록 노력하겠습니다.
>
> 감사합니다.
>
> 권상순 사무관 드림

수신: 차관 비서실 정형돈 사무관
발신: 교육부 학교정책관 권상순 사무관
제목: 학원단체 연합회 간담회 후속 조치 마련 지시에 대한 회신

안녕하십니까? 교육부 학교 정책관 권상순 사무관입니다.

간담회 관련 하여 보내주신 자료는 잘 읽어 보았습니다.

학원단체 연합회 간담회에서 제안된 내용들을 바탕으로 가장 우선되는 일을 순서대로 정리했습니다. 각 제안되는 일들마다 관계된 담당자들을 파악하여 이들을 중심으로 해결할 수 있도록 하는 것이 좋을 것 같습니다. 추진 할 때는 단기간 내에 해결할 수 있는 내용들을 바탕으로 빠르게 해결할 수 있도록 최대한 노력해야 합니다.
이러한 문제들을 해결할 때 법안과 부딪히는 내용들은 관련법 제도를 정비하는 것이 우선되어야 합니다. 그러한 관련법안의 제도를 통해 내용을 개선해 나가야 합니다. 또한 이러한 내용 해결 시 관련 기관들의 협의가 필요할 경우에는 관련기관들에게 연락하여 협의할 수 있도록 해 주시길 바랍니다. 현재 학원가들의 민원이 빗발치고 있으므로 빠른 시일 내에 해당법안을 개정해야 합니다. 소요재원으로는 제안사항 총 10건을 해결하는 데 최종 200억 미만으로 해결하여 주시길 바랍니다.

감사합니다.

권상순 사무관 드림

2. Game Method

9 POSITION 정답 작성
–정리된 정보를 가지고 정답을 풀어나가면 됨.

• 정보정리에 나와 있는 내용을 가지고 표에다 정답 안 도출

가. 정보카드에서 '~가 아니다'라고 하는 형태에서 얻은 것은 /
나. 독신과 기혼의 정보를 조합해서 얻은 정보는 X
다. 하나가 결정됨에 따라 사라지는 것은 V
라. 키의 정보는 맨 나중에 ◎
마. 숫자는 결정되는 순서를 나타낸 것

피드백(FEED-BACK)

먼저 정답을 제시한다. 그런 후 9명의 포지션의 회고 표를 작성한 후 발표하게 한다. 발표 시 8번과 9번 항목에 대해서 학습자들이 적은 내용을 칠판에 받아 적은 후 피드백 한다. 학습자들이 적은 내용을 재정리해 준다. 그 정리된 내용을 가지고 간단히 설명해 줌으로써 학습자들 스스로 학습에 참여하여 깨달은 것을 인식시켜 준다. 이 학습은 강의식교육이 아니라 체험 학습식 교육이다. 강의식의 경우 일반적으로 강의 내용을 학습자들에게 일방적으로 전달하지만 체험 학습식 교육은 학습자들이 스스로 학습내용을 깨닫게 하는 것이 특징이다. 따라서 8번과 9번 항목에 나온 내용은 학습자들이 스스로 깨달은 내용이라고 보아도 무방하다. 이 게임은 ICE BREAKING효과를 가져온다. 따라서 학습자들이 스로 모르는 상태에서 처음 시작하는 것이 좋다. 왜냐하면 자기가 가지고 있는 정보를 구성원에게 반드시 알려주어야 정답이 나올 수 있다. 따라서 전원참여를 유도할 수 있고 상호 모르는 상태이므로 정보에 나와 있는 내용을 가지고 정답을 도출해 나가다 보면 서로 친해질 수 있는 효과도 가져온다. 또한 정보마인드를 함양시킬 수 있다. 왜냐하면 낱낱의 정보를 잘 정리해 나가야 정답을 도출해 낼 수 있다. 즉, 정보카드에 나와 있는 내용은 정보라기보다는 DATA로 볼 수 있다. 정보정리가 바로 INFORMATIN으로 볼 수 있으며 그 INFORMATION을 가지고 도표에 나와 있는 것처럼 잘 정리, 가공하여 정답을 만들어 나가는 것이 바로 진짜의 정보 INTELLIGENCE라고 보면 된다. 매트릭스적인 사고(합리적, 논리적, 분석적)를 키울 수 있다. 즉, 자료를 정리해 나갈 때 대부분의 사람들이 서술식으로 정리를 함으로써 많은 시간과 노동을 투자하게 된다. 그러나 위에서 본 것과 같이 자료를 정리할 때 표를 가지고 정리하면 훨씬 더 정보를 잘 정리할 수 있다. 예를 들면 어떤 문제점이나 개선점 또는 장단점을 알아볼 때 대개의 경우 서술식으로 1. 문제점, 2. 장점, 단점 3. 개선점으로 정리해 나가는데, 그렇게 하기보다는 표로 한눈에 볼 수 있게 잘 정리해 나가는 것이 훨씬 더 효과적이라고 본다. 연수 시 학습자들에게 실시해 본 결과 보통 조별로 실시 1개 조 7명 정도로 해서 5~6개 조가 정답을 맞히는 조는 기존사원의 경우 1~2개 조 신입사원의 경우 3~4개 조가 정답을 맞힌다.

구분	투수	포수	1루수	2루수	3루수	유격수 (내야)	좌익수 (외야)	중견수 (외야)	우익수 (외야)	독신/ 기혼
이강돈	5		v			v				
이순철		7	v	v	v	v				
김재박			3				v			독신
김동기				2		v	v			독신
선동렬	v		v	v	6					
김기태			v			4				독신
강기웅							1			기혼
구동우	v						v	◎8	v	
류중일	v	v		v	v	v	v	v	◎9	
독신/기혼	기혼	기혼		독신	기혼			독신	독신	

• 키의 정보: 중견수(센터) 〉 우익수(라이트)
1루수 〉 김동기 〉 구동우 〉 류중일

1. **이강돈 선수는 3루수와 같은 아파트에 살고 있다고 한다.**
   이강돈 선수는 3루수가 아니다.

2. **김기태 선수 누이동생은 2루수와 약혼 중으로 결혼식은 아무래도 내년 봄일 것 같다.**
   2루수는 독신이고 김기태는 2루수가 아니다.

3. **유격수와 3루수, 그리고 구동우 세 사람은 곧 잘 어울려 경마 구경을 하러 간다고 한다.**
   구동우는 유격수와 3루수가 아니다.

4. **외야 중 한 사람은 아무래도 류중일 선수나 선동렬 선수 같다.**
   외야 중 한 사람은 아마 류중일 선수나 선동렬 선구 같다.

5. **선수들은 곧 잘 어울려 골프를 치러 간다고 하는데 김재박, 이강돈, 구동우, 는 아무래도 포수와 2루수에게는 못 이긴다고 한다.**
   김재박, 이강돈, 구동우는 포수와 2루수가 아니다.

6. **선동렬 선수는 포수와 매우 사이가 좋다고 한다.**
   선동렬 선수는 포수가 아니다.

7. **김동기 선수는 구동우 선수보다 키가 크고, 류중일 선수는 구동우 선수보다 키가 작다. 그러나 이 세 사람은 모두 1루수보다 키가 작다.**
   김동기, 구동우, 류중일 선수는 1루수가 아니다.
   키의 크기는 1루수 〉 김동기 〉 구동우 〉 류중일

8. **투수, 포수 등 내야전원은 이순철, 이강돈, 선동렬 이 세 선수를 제외하면 모두 외야수 강기웅 선수보다 키가 작다.**

이순철, 이강돈, 선동렬은 외야수가 아니다.

강기웅은 내야수가 아니다.

9. **유격수는 우익수보다 키가 크지만 발은 우익수 쪽이 빠르다고 한다.**

키의 크기는 중견수 〉 우익수

10. **포수의 장남과 3루수의 차녀는 초등학교의 같은 반이라고 한다.**

포수와 3루수는 기혼이다.

11. **투수는 마작을 매우 잘한다고 한다. 이번 달에도 김재박 선수와 이순철 선수에게서 5천 원씩 땄다고 한다.**

김재박, 이순철은 투수가 아니다.

12. **강기웅 선수는 부인과 사이가 좋지 않다고 한다. 가까운 시일 내에 이혼할 것이라는 소문이 나돌고 있다.**

강기웅은 기혼이다.

13. **투수의 부인은 3루수의 여동생이라고 한다.**

투수는 기혼이다.

14. **선수들 중 독신자는 김기태, 김재박, 김동기 선수, 그리고 중견수와 우익수 등 5명이다.**

김기태, 김재박, 김동기는 중견수와 우익수가 아니다.

김기태, 김재박, 김동기, 중견수, 우익수는 독신이다.

15. 선수들 중 술을 마시지 않는 사람은 김재박 선수와 선동렬 선수, 그리고 유격수, 세 사람이라고 한다.

김재박, 선동렬은 유격수가 아니다.

16. 김기태 선수는 외야수의 친구와 마작을 하는 일이 많다고 한다.

김기태는 외야수가 아니다.

바다에서의 조난 정답

전문가의 의견에 의하면 해상에서 조난당했을 때의 필요물품은 구조대에 보내는 신호물품과 구조대가 도착할 때까지의 생존에 필요한 물품이라고 한다. 항해에 필요한 물품은 거의 가치가 없다고 한다. 비록 어느 정도 항해를 한다고 하더라도 육지는 너무 멀기 때문이다.

1위(면도거울) 태양광선을 이용 구조대에 신호를 보낸다.
2위(혼합기름) 야간에 불을 붙여 구조대에 신호를 보낸다. 주간에는 기름이 바다 표면에 넓게 퍼져 식별을 용이하게 한다.
3위(식수) 물 없이는 오래 견디지 못함. 낮 동안의 수분증발이 심하다.
4위(식량1상자) 기본식량이다.
5위(양동이) 빗물을 받아 식수로 활용한다.
6위(초콜릿) 보조식량이다.
7위(낚시도구) 초콜릿보다 하위인 것은 "숲속에 있는 두 마리의 새보다 내 손에 있는 한 마리의 새가 가치 있기" 때문이다. 낚시로 고기를 잡을 수 있다는 보장은 없다.
8위(나일론 줄) 물건들이 파도에 휩쓸리지 않도록 묶는 데 쓴다.
9위(방석) 사람이 물에 빠진 경우 구명대로 쓴다.
10위(상어 퇴치약) 만약의 사태를 위해서 필요하다.
11위(술) 소독약 대용. 그러나 가치는 거의 없다. 섭취 시 탈수현상을 가속시킨다.
12위(라디오) 먼 바다에서는 거의 소용이 없다.
13위(태평양지도) 항해장비 없이는 쓸모가 없다.
14위(모기장) 바다 가운데에는 모기가 없다.
15위(기계) 평평한 책상과 크로노미터가 있어야 사용 가능하다.

3. 완전일치 토의법

4, 1, 3, 7, 2, 5, 6

4. CCT 문제

1, 4, 4, 3, 2, 2, 4, 4, 2, 2, ○, ○, ○, ○, ×, ○, ○, ○, ○, ○

5. 코칭사례 1과 2의 차이점

※ 코칭 사례 1과 2의 차이점은?

주제	토의 내용
대화1의 문제점은 무엇입니까?	• 팀장이 문제해결에 도움이 되지 않는 자기 경험 중심적으로 대화를 진행 • 해결된 것이 아무것도 없음
대화2는 대화1과 어떤 차이점이 있습니까?	• 질문과 피드백을 통해 상대방이 스스로 문제에 대한 해답을 찾도록 유도 • 훌륭한 코치는 ① 설명하기보다는 질문하기를 잘하며 ② 말하기 보다는 듣기를 잘하며 ③ 수혜자가 되기보다는 가치 있는 공헌자가 됨

6. 개인차이 실습 확인 피드백

가. 다음 그림들과 유사하게 그린 경우(단순 명쾌형)

–매사에 분명함을 좋아하는 타입

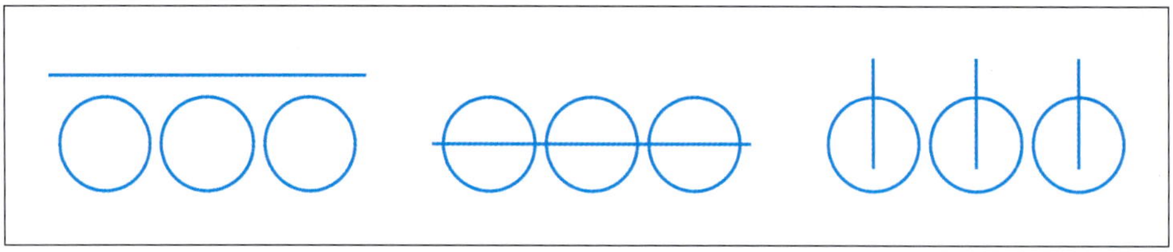

나. 다음 그림들과 유사하게 그린 경우(예술적 감각형)

–예술적 감각이 뛰어난 사람이 잘 그리는 타입

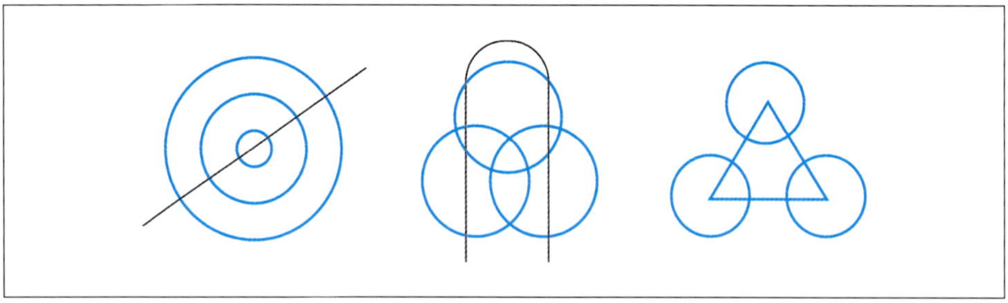

다. 다음 그림과 유사하게 그린 경우(구성적 감각형)

–구성력이 뛰어난 사람이 잘 그리는 타입

참고문헌

곽삼근, 박현옥, 강은철(2014). 대학평생교육 연구동향분석: 1989~2012년 학위논문 및 학술 논문을 중심으로. 평생교육학연구, 20(1). 63-92.
기영화(2002). 평생교육 프로그램 개발 매뉴얼. 학지사.
기영화(2011). 평생교육 프로그램개발. 학지사.
김달수 편저(1998). 산업교육 실무. 도서출판 보성.
김용현, 정기수(2013). 평생교육방법론. 양서원.
김종표, 이복희(2012). 평생교육방법론. 양서원.
김진화(2008). 평생교육방법 및 실천론. 서현사.
김진화(2012). 평생교육프로그램개발론. 교육과학사.
김학수(1991). 현대교수-학습론. 교육과학사.
김현주, 전상길(2006). 역량기반 인적자원관리의 적용에 관한 연구: 한국 기업을 위한 상황론적 접근. 인사·조직연구, 14. 107-139.
나일주, 임철일, 이인숙 편저(2003). 기업교육론. 학지사.
다카하시 야츠코 저, 배정숙 역(2003). 3분 코칭. 북스캔.
류재석(2008). 멘토링 운영 매뉴얼. 한국학술정보.
류재석(2011). 멘토링 활동 촉진기술: 인간관계 활성화 대안. 이담북스.
류재석(2013). 멘토링 활동 핸드북. 한국학술정보.
류지헌, 김민정, 김소영, 김혜원, 손찬희, 이영민, 임걸(2013). 교육방법 및 교육공학. 학지사.
미샬 쿡 저, 서천석 역(2003). 코칭의 기술. 지식공작소.
민혜리, 최경애(2011). 교수·학습방법과 실천전략. 교육과학사.
박동건(2001). 역량과 역량모형화의 정체와 활용. 한국인사관리학회 발표논문집.
박성희(2013). 노인교육론. 양서원.
박성희, 송영선, 나항진, 황치석, 문정수, 박미숙(2013). 평생교육방법론. 학지사.
박우성(2002). 역량중심의 인적자원관리 혁신 방안에 대한 연구. 기업경영연구, 6(1), 115-137.
백영균(2003). 교육방법 및 교육공학. 학지사.

변영계(2011). 교수·학습이론의 이해. 학지사.
변영계, 김영환, 손미(2003). 교육방법 및 교육공학. 학지사.
서울대학교 교육연구소(1994). 교육학용어사전. 하우.
스즈키 요시유키 저, 최재호 역(2015). 바로 활용할 수 있는 상황별 코칭스킬 50. 올림.
신용주(2012). 평생교육방법론. 학지사.
안희정, 최은석(2003). 역량모델의 개념과 구축방법론에 대한 개관. 사회과학연구, 42. 43-59.
연세대학교 사회발전연구소(2014). 2014년도 한국 어린이-청소년 행복지수. 국제비교연구 조사결과보고서.
오현석(2007). 역량중심 인적자원개발의 비판과 쟁점 분석. 기업교육연구, 9(1). 191-213.
원형희, 안정선, 배진형(2010). 사회복지사의 역량모델링에 근거한 교과과정 발전 방향 모색. 한국사회복지교육, 13. 189-215.
유승우, 임형택, 권충훈, 이성주, 이순덕, 전희정(2013). 교육방법 및 교육공학. 양서원.
윤옥한(2008). 명강의 교수법. 학지사.
윤옥한(2011). 괜찮은 나·우리 만들기. 교육과학사.
윤옥한(2014). 평생교육프로그램개발론. 양서원.
윤옥한(2015). 삶은 교육사회학. 양서원.
윤옥한(2015). 평생교육 20년(1995-2014) 연구동향 분석: 『평생교육학연구』 학술지를 중심으로, 평생교육학연구, 21(2). 1-22.
윤옥한(2016). 기업교육 연구 동향 분석: 기업교육 학회지(2000-2014) 논문을 중심으로. 기업교육연구, 18(1), 159-177.
윤옥한, 이윤옥(2014). 팀 기반학습에서 개념명료화시험 교수전략이 대학생의 학업성취도와 수업흥미도에 미치는 영향. 학습과학연구, 8(2). 1-18.
이동운(2014). 코칭의 정석: 창조력을 깨우는 대화의 기술. 뷰티플휴먼.
이성흠(2005). 교육·훈련 프로그램 반응평가. 교육과학사.
이성흠, 이준(2009). 교육방법 및 교육공학. 교육과학사.

이소희, 길영환, 도미향, 김혜연(2014). 코칭학개론. 신정.
이신동, 조형정, 장선영, 정종원(2012). 교육방법 및 교육공학. 양서원.
이원회(1998). Competency Model 개발을 통한 HRD system 구축. 기업교육학회 학술대회 발표자료집.
이준, 김지경, 이윤옥, 구양미, 임진숙, 정순원, 이은환(2012). 청소년의 SNS 활용 실태 분석을 통한 스마트교육 적용방안 연구. 교육과학기술부.
이토 마모루 저, 이수경 역(2008). 3분 코칭. 21세기북스.
이홍민, 김종인(2003). 핵심역량 핵심인재: 인적 자원 핵심역량 모델의 개발과 역량 평가. 한국능률협회.
이화여자대학교 교육공학과(2000). 교육방법 및 교육공학. 교육과학사.
임철일(1998). 효과적인 교육과정개발의 방향성: ISD로부터 ID로. 기업교육학회, 학술대회 발표자료집.
전영욱, 김진모(2005). 기업체 인적자원개발 담당자의 핵심직무역량모델 개발. 농업교육과 인적자원개발. 37. 111-137.
정기만(2013). 교수학습 방법에 따른 학습효과 분석. 한국상업교육학회, 27(5). 1–24.
조형정, 이영민(2008). 학습과정과 성과개선을 위한 팀 기반 학습의 개념적 탐색. 한국교원교육연구, 26(2). 47-73.
진위교 외(1986). 현대 수업의 원리. 정민사.
켈러 저, 송상호 역(1999). 매력적인 수업 설계. 교육과학사.
패트릭 멜러비드, 데니스 브지도자 저, 박진희, 최인화 역(2012). 코칭, 멘토링. 한국비즈니스코칭.
피에르 앙젤, 파트릭 아마르 저, 홍성호 역(2012). 코칭: 이론과 실행. 성균관대학교출판부.
한국교육심리학회 편(2001). 교육심리학 용어사전. 학지사.
황인수, 배응환, 강주현(2004). 고위공무원단 핵심역량 강화를 위한 교육훈련 프로그램 개발. 한국행정연구원.
후쿠시마 마사노부 저, 박화 역(2008). 멘토링 노하우. 제우미디어.

Alheit, P. & B. Dausien(2002). "The 'Double Face' of Lifelong Learning: Two Analytical Perspectives on a 'Silent Revolution'", *Studies in the Education of Adults, 34,* 3-23.

Cervero, R. M.(2000). Trends and issues in continuing professional education. In V. W. Mott & B. J. Daley(Eds.), *Charting a course for continuing professional education: Reframing professional practice*(pp.3-12). New Directions for Adult and Continuing Education No. 86. San Francisco: Jossey-Bass.

Douglas Harper(2013). Online Etymology Dictionary. Web. Nov.(http://www.etymonline.com).

Grzeda, M. M.(2005). "In competence we trust?: Addressing conceptual ambiguity", *Journal of management development, 24*(6), 530-543.

Lengrand, P.(1989). Lifelong education: growth of the concept, *Lifelong education for adults: an international handbook,* In Colin J. Titmus(Eds.), Oxford: Pergamon Press., London: Croom Helm.

Lisa Quast(2013). Debunking Common Mentoring Myths. Forbes, 1 Jan.(http://www.forbes.com/sites/lisaquast/2013/01/14/).

Lisa Quast(2013). 4 Tips For Finding Great Career Mentors. Forbes. 2 Jan.(http://www.forbes.com/sites/lisaquast/2013/01/02/).

Kirkpatrick, D.(1994). *Evaluating training program: The four levels*. San Francisco: Berrett-Koehler.

Merril, M. D., Tennyson, R. D. & Posey, L. O.(1992). *Teaching concept: An instructional design guide*(2nd ed.). Englewood Cliffs, NJ: Prentice-Hall.

Molenda,M., Pershing, J. & Reigeluth, C.(1996). Designing instructional system. In R. Craig(Ed.), *Training and development handbook*(4th ed.). NY: McGraw-Hill.

Rosset, A.(2002). From training to training and performance. In R. Reiser & J. Dempsey, *Trends and issues in instructional design and technology.* Upper Saddle River, NJ: Person Education.

Susan R. Meisinger(2013). Redefining the Mentor. Human Resource Executive Online, 28 Oct.(http://www.hreonline.com/HRE).

찾아보기

저자소개

윤옥한

교육학 박사, 국민대학교 교육학과 교수

• 주요저서

괜찮은 나 만들기(1996), 대인관계 Q(1997),
능력 있는 나 만들기(1999), 자신 있게 만나라 (2002),
명강의 교수법(2008), 괜찮은 나·우리 만들기(2012),
평생교육 프로그램 개발론(2013),
삶은 교육사회학(2015),
평생교육프로그램개발-이론과 실제(2017) 外

평생교육방법론

1판 1쇄 발행 2017년 9월 5일
1판 2쇄 발행 2024년 2월 15일

저 자 | 윤옥한
발 행 인 | 박철용
발 행 처 | 양서원
주 소 | 경기도 파주시 직지길 522 파주출판도시
전 화 | 031-955-8000(代)
팩 스 | 031-955-8005
홈페이지 | www.yswpub.co.kr
이 메 일 | yswgroup@naver.com
출판등록 | 1987년 11월 24일 제 406-2003-037 호

ISBN 978-89-994-0677-5

정가 19,000원

※ 저자와 협의하여 인지는 생략합니다.
※ 저작권법 제136조(권리의 침해죄)에 따라 위반자는 5년 이하의 징역 또는 5천만 원 이하의 벌금에 처하거나 이를 병과할 수 있습니다.